感谢声网、广东省和的慈善基金会
与韶关市乡村振兴公益基金会对本研究的资助

CASE STUDIES OF
RURAL REVITALIZATION
INNOVATION

乡村振兴创新案例分析

邓国胜 王猛 等 著

中国社会科学出版社

图书在版编目（CIP）数据

乡村振兴创新案例分析 / 邓国胜等著 . —北京：中国社会科学出版社，2023.4

ISBN 978-7-5227-1683-1

Ⅰ.①乡…　Ⅱ.①邓…　Ⅲ.①农村—社会主义建设—案例—中国　Ⅳ.①F320.3

中国国家版本馆 CIP 数据核字（2023）第 052897 号

出 版 人	赵剑英
责任编辑	王　衡
责任校对	王玉静
责任印制	王　超

出　　版	中国社会科学出版社
社　　址	北京鼓楼西大街甲 158 号
邮　　编	100720
网　　址	http://www.csspw.cn
发 行 部	010-84083685
门 市 部	010-84029450
经　　销	新华书店及其他书店
印　　刷	北京明恒达印务有限公司
装　　订	廊坊市广阳区广增装订厂
版　　次	2023 年 4 月第 1 版
印　　次	2023 年 4 月第 1 次印刷
开　　本	710×1000　1/16
印　　张	19.75
字　　数	295 千字
定　　价	108.00 元

凡购买中国社会科学出版社图书，如有质量问题请与本社营销中心联系调换
电话：010-84083683
版权所有　侵权必究

目　　录

第一章　农村"时间银行"创新探索：基于大余县水南村的
　　　　案例分析 …………………………………………………（1）
　　第一节　大余县水南村农村"时间银行"的起源 …………（2）
　　第二节　水南村农村"时间银行"的相关主体分析 ………（7）
　　第三节　大余县农村"时间银行"的主要做法 ……………（10）
　　第四节　水南村农村"时间超市"的案例分析 ……………（16）
　　第五节　结论与建议 …………………………………………（26）

第二章　构建多元主体参与的农业社会化服务体系：莱西市
　　　　金丰公社案例研究 ……………………………………（34）
　　第一节　莱西市金丰公社参与莱西市农业社会化服务
　　　　　　背景分析 ……………………………………………（35）
　　第二节　莱西市金丰公社农业社会化服务主体分析 ………（40）
　　第三节　莱西市金丰公社主要做法与效果分析 ……………（49）
　　第四节　莱西市金丰公社创新模式分析 ……………………（59）
　　第五节　莱西市金丰公社案例经验总结及对其他地区的
　　　　　　启示 …………………………………………………（63）
　　第六节　结论与建议 …………………………………………（69）

第三章　发展集体经济　促进乡村振兴：西滑封村案例
　　　　研究 ……………………………………………………（72）
　　第一节　西滑封村概况 ………………………………………（72）

第二节　西滑封村乡村振兴的发展历程 …………………… (73)
第三节　西滑封村乡村振兴的主要做法与效果分析 ……… (79)
第四节　西滑封村集体经济发展的创新模式分析 ………… (87)
第五节　结论与建议 ………………………………………… (92)

第四章　信息赋能社区治理：黄山甘棠镇甘棠社区案例研究 …………………………………………………………… (95)

第一节　甘棠社区信息赋能社区治理的背景分析 ………… (95)
第二节　甘棠社区信息赋能社区治理的关键主体分析 …… (101)
第三节　"甘棠为村"赋能社区治理的经验做法分析 …… (112)
第四节　甘棠社区信息赋能社区治理的效果分析 ………… (125)
第五节　结论与建议 ………………………………………… (129)

第五章　科技赋能乡村治理：杭州市萧山区戴村镇乡村振兴案例研究 ………………………………………………… (135)

第一节　研究背景 …………………………………………… (135)
第二节　数字技术赋能乡村治理的主体分析 ……………… (138)
第三节　戴村镇数字技术赋能乡村治理的主要做法 ……… (142)
第四节　数字技术赋能乡村治理的效果分析 ……………… (147)
第五节　数字技术赋能乡村治理的经验总结 ……………… (154)
第六节　杭州萧山戴村镇案例的启示 ……………………… (156)

第六章　社会工作参与乡村治理的创新模式：以赵庄子村为个案 ………………………………………………………… (159)

第一节　赵庄子村引入社会工作的背景与现状 …………… (159)
第二节　益民社工的服务类项目与特点 …………………… (162)
第三节　专业化与本土化的双向建构：益民社工的培养模式分析 …………………………………………………… (165)
第四节　益民社工在乡村振兴中的角色与功能 …………… (171)

第五节　农村社工的专业突围与未来展望……………………（181）

**第七章　乡村留守儿童问题的创新探索：以"童伴妈妈"
　　　　　为例**……………………………………………………（187）
　第一节　乡村留守儿童问题现状………………………………（187）
　第二节　"童伴妈妈"项目的介入模式与效果分析……………（192）
　第三节　"童伴妈妈"项目的创新模式分析……………………（203）
　第四节　"童伴妈妈"项目助力乡村振兴的经验总结与
　　　　　启示……………………………………………………（208）

**第八章　构建不同产业的晕轮效应：日本小布施町打造
　　　　　比较优势的乡村发展之路**……………………………（213）
　第一节　小布施町乡村发展背景分析…………………………（213）
　第二节　小布施町乡村发展的行动主体分析…………………（220）
　第三节　小布施町乡村发展的主要做法与效果分析…………（228）
　第四节　结论与启示……………………………………………（242）

**第九章　三重空间生产：日本香川县直岛艺术振兴乡村
　　　　　案例研究**……………………………………………（248）
　第一节　直岛开展艺术振兴乡村的背景分析…………………（249）
　第二节　直岛艺术振兴乡村的行为主体分析…………………（255）
　第三节　直岛艺术振兴的主要做法与效果分析………………（262）
　第四节　直岛艺术振兴乡村创新模式分析……………………（276）
　第五节　结论与启示……………………………………………（278）

**第十章　乡村产业的转型升级：韩国清道郡一只柿子的
　　　　　六次产业**……………………………………………（281）
　第一节　背景……………………………………………………（281）
　第二节　韩国清道郡发展柿子产业的主体分析………………（283）

第三节　主要做法——以柿子为依托的产业转型升级 ……… (286)
　　第四节　产业振兴的效果与原因分析 …………………… (290)
　　第五节　结论与启示 ……………………………………… (293)

第十一章　让沉寂的乡村活化起来：韩国山清郡蒲公英共同体的社区营造案例 ……………………………… (296)
　　第一节　背景 ……………………………………………… (296)
　　第二节　参与主体分析 …………………………………… (298)
　　第三节　主要做法 ………………………………………… (301)
　　第四节　社会组织社区营造的效果与走出去经验 ……… (304)
　　第五节　结论与启示 ……………………………………… (306)

后　记 ……………………………………………………… (308)

第一章

农村"时间银行"创新探索：基于大余县水南村的案例分析

社会关系原子化、社会结构松散和公共精神缺失是很多农村地区开展乡村治理工作的痛点、难点。尤其是在城镇化、工业化的时代进程下，一方面大量农村人口向城市流动，另一方面市场逻辑进入乡土社会，正在逐步改变农村社会面貌。在这一转型过程中，乡村出现了诸如社会关系原子化、无道德个人[1]、人情式微与传统社会功能性互助关系萎缩[2]、社会结构松散等问题，体现在乡村治理方面，最为要紧的就是公共精神的缺失，具体表现为村民个体间联系的弱化以及集体行动能力的缺失[3]，农村社会团结纽带的疏离与弱化使村民的行为准则不再基于他人利益或是公共利益考虑，而是基于个人利益[4]，农村社会道德和伦理秩序逐步解体[5]，村民参与乡村公共事务意愿降低，乡村公共性日渐萎缩[6]。

公共精神的培育对于乡村治理的转型和乡村社会的和谐发展具有

---

[1] 阎云翔：《礼物的流动：一个中国村庄里的互惠原则与社会网络》，龚小夏译，上海人民出版社2017年版。
[2] 王向阳、吕德文：《"人情式微"：近年来中国农村社会关系变迁研究——基于劳动力市场化视角的过程—机制分析》，《学习与实践》2022年第4期。
[3] 孙立平：《转型与断裂：改革以来中国社会结构的变迁》，清华大学出版社2004年版。
[4] 贺雪峰：《论中国农村的区域差异——村庄社会结构的视角》，《开放时代》2012年第10期。
[5] 李文钊、张黎黎：《村民自治：集体行动、制度变迁与公共精神的培育——贵州省习水县赶场坡村组自治的个案研究》，《管理世界》2008年第10期。
[6] 李增元：《"社区化治理"：我国农村基层治理的现代转型》，《人文杂志》2014年第8期。

重要的意义①。围绕这一现实问题，近年来产生了诸多实践创新，积分制就是其中之一。积分制将乡村治理的方方面面细化成具体积分指标，通过积分激励引导的形式鼓励村民主动参与公共事务，激活内生动力，对加强和改进乡村治理具有积极作用②。大余县水南村是国内较早开展积分制探索的乡村之一，不同的是，水南村的实践没有停留在积分制，而是进行了治理工具的迭代升级，创新性地将"时间银行"与积分制结合起来，对积分制的内容和运作模式进行了完善，形成了"时间换积分，积分换服务"的"时间银行"新模式，"时间银行"以"时间币"为桥梁，连接服务、积分与时间，通过重构农村邻里互帮互助的乡土氛围，弘扬"我为人人，人人为我"的新风气。通过案例分析，水南村"时间银行"对重建乡土社会关系、培育村民公共精神、提升乡村治理水平具有正向作用。水南村的"时间银行"回应的正是大部分农村所面临的由社会关系原子化、社会结构松散等因素带来的公共精神缺失问题，对于大部分具有类似困境的农村来说，具有一定的实践指导意义。

第一节 大余县水南村农村"时间银行"的起源

一 "时间银行"的发展背景

"时间银行"（Time Bank）这一理念最早由旭子水岛在1973年提出，用于探讨日本开展互助养老的可行性，即运用志愿劳动获取养老服务③，参与者服务他人获得时间积分，使用这些积分换取他人对自己的服务。20世纪90年代，美国学者埃德加·卡恩（Edgar S. Cahn）系统地阐述了"时间银行"这一概念，"时间银行"的目的是缓解社会排斥，增进社区融合，让因各种原因而被社会排斥在外的边缘群体通过服务的形式融入社会，以重新实现自身价值，促进社区发展，达到双赢状

---

① 王丽：《公共治理视域下乡村公共精神的缺失与重构》，《行政论坛》2012年第4期。
② 农业农村部关于在乡村治理中推广运行积分制有关工作的通知。
③ 景军、赵芮：《互助养老：来自"爱心时间银行"的启示》，《思想战线》2015年第4期。

态，从根本上重建社区经济，使社区经济与商业世界并存①。"时间银行"的预设是在时间和服务面前人人都是平等的，人人都可以通过自己的劳动体现自身价值。"时间银行"利用时间作为一种"货币媒介"，其实质是一种区别于市场交换的互惠交换形式，以承认并回报人们对他人所做的贡献，这种"货币"既可以储蓄，又可以流通②。

20世纪90年代，"时间银行"开始传入中国。"时间银行"理念引入时正值我国人口老龄化趋势不断凸显，养老压力增加之时，在养老资源有限的情况下，破解养老问题的关键在于建立起低收入老龄化群体的自我保障体系③。面对老龄化加重的发展背景，"时间银行"成为解决城市养老服务提供问题与回应老龄社会治理的创新手段之一。1998年，上海虹口区晋阳居委会首次引入"时间银行"，探索"时间储存式养老服务模式"。相比传统的养老模式，"时间银行"具有经济性、平等性、互利性和循环性等显著特征④。随后，北京、南京等城市陆续开始了以解决养老服务问题为核心关切的"时间银行"实践。但是，从实践发展来看，我国城市地区"时间银行"一直未能形成规模，影响力与作用有限。与国外"时间银行"的实践内容相比较，国内的实践探索与学术研究更多地聚焦于城市养老服务场景。但是，通过对"时间银行"概念进行追溯可以发现，"时间银行"的设立初衷是以社区发展为关切，实现

---

① 陶士贵、张瑛：《"时间银行"互助养老的机理与路径：基于时间货币视角》，《新视野》2022年第2期。
② Whitham M. M., Clarke H., "Getting is Giving: Time Banking as Formalized Generalized Exchange", *Sociology Compass*, 2016, Vol. 10, pp. 87–97.
③ 李海舰、李文杰、李然：《中国未来养老模式研究——基于时间银行的拓展路径》，《管理世界》2020年第3期。
④ 经济性特征主要表现为"时间银行"不以营利为目的，通过成员之间的互帮互助，使养老金不足或经济状况不好的人通过合理使用时间以实现劳务养老保障。平等性特征可归纳为"时间银行"不仅是一个社区建设工具或志愿服务工具，也是一种社会民主载体，用户的身份在"时间银行"中是相同的，这有助于减少与金钱、地位和权力相关的等级差距，拉近人们之间的社会距离。互利性特征主要体现在用户将自己的服务时间等值换取被服务时间，在帮助别人的同时解决自身的困难，促进了人与人之间的互利互惠。循环性特征可概括为"时间银行"较好地组织和利用了社会闲置的人力、物力资源，用户通过自己现在的付出换取别人未来的帮助，加强了彼此之间的互动。参见李海舰、李文杰、李然《中国未来养老模式研究——基于时间银行的拓展路径》，《管理世界》2020年第3期。

社区经济与商业经济的共同发展。突破养老服务视角来理解"时间银行"的功能,尤其是在我国提出乡村振兴、第三次分配、共同富裕的发展语境下,"时间银行"有助于发掘社会潜力,激发社会活力,提升社会治理效能。

二 大余县水南村农村"时间银行"的起源和发展

大余县地处赣、粤、湘三省交汇处,面积1368平方千米,辖11个乡镇120个村(社区),总人口31万[①]。水南村隶属于新城镇,总面积5.2平方千米,辖8个村民小组,人口693户2411人,全村党员38人,常年在村的1700多人[②],其中有老人700余人[③],人口结构在大余县具有一定的典型性。2020年,大余县开始在11个乡镇的21个试点村开展农村"时间银行"的实践探索,其中,水南村是21个村中第一个开展"时间银行"的试点村,也是大余县开展"时间银行"的样板村,积累了很多实践经验,具有一定的典型性。

水南村"时间银行"始于其面临的实际问题,即谁来为农村老人、残疾人等困境群体提供必要的生活服务,并在发展过程中不断迭代,不仅仅局限于生活服务领域,而是将"时间银行"作为乡村治理工具,构建互帮互助的邻里氛围,促进乡风文明,实现乡村有效治理。这一落脚点与"时间银行"关怀社区发展的理念最为契合。并且,水南村的"时间银行"探索完全是基于本村实际情况摸索出来的一套做法,较少借鉴同时期国内外的运作模式。整体来看,水南村"时间银行"的起源与发展可以总结为"村民有需求、农村有传统、政府有政策",这三者共同推动了水南村"时间银行"的发展。具体来说,水南村的"时间银行"发展经历了三个阶段,如表1-1所示。

---

① 整理自大余县相关部门材料。
② 《时间银行储蓄互助温情——江西大余县着力构建乡村治理新格局》,《人民日报》2021年11月25日第5版。
③ 农业农村局"时间超市"座谈会,时间:2022年7月12日,地点:大余县农业农村局。

表 1-1　　　　　水南村"时间银行"发展阶段总结

阶段	现实背景	核心内容
第一阶段	老人、残疾人生活照顾问题突出	开展助老助残志愿服务
第二阶段	村民积极性不高、农村基层治理缺抓手、志愿服务发展缓慢	积分制与"时间银行"相结合
第三阶段	大余县推进"时间银行"积分制规范化建设	在县域范围内推广

（一）第一阶段：以解决养老助残问题为核心的志愿服务初始阶段

水南村"时间银行"的前身最早可以追溯到 2018 年 3 月设立的"道德积分超市"，其定位是提供养老、助残、便民等各种服务的公益互助平台。根据村两委工作人员回忆，"水南村留守老人、独居老人现象比较普遍，很多老人缺少基本生活照料"①。怎么为老人、残疾人，包括村里面的"五保户""低保户"提供一些基本生活服务是当时比较紧迫的问题。留守老人、残疾人的福利保障主要是民政部门负责，在人力、财力等资源都比较欠缺的情况下，民政部门便提出通过发动有积极性的村民开展志愿服务的形式来为村里面的老人提供一些必要的生活服务。据介绍，"水南村在成立道德积分超市之前，很多村民想提供志愿服务却因为缺少平台而找不到服务对象，村里的一些留守老人、'五保户'等人群想要别人帮忙，却又不知道去哪里找到志愿服务，单靠村干部的力量也很有限，那么，成立这样一个平台，就很好地解决了我们这个问题"②。为了鼓励村民积极参与养老志愿服务，2018 年，水南村引入了当时在农村地区还比较新的"积分"概念，成立了"道德积分超市"，参与志愿服务的村民可以按照要求兑换相应的物品。随后，在村两委的带动下，水南村成立了志愿者服务队伍，为一些生活不太方便的老人提供家具

---

① 村两委及"时间银行"人员访谈，时间：2022 年 7 月 11 日，地点：大余县水南村。

② 整理自大余县农业农村局提供的材料——水南村"时间银行"总结。

家电维修、买米买油之类的生活服务。

（二）第二阶段：以激发村民内生动力为核心的"积分制—时间银行"融合探索

2020年，中央农办、农业农村部发布了《关于在乡村治理中广泛使用积分制有关工作的通知》①，推动积分制在全国范围推广。同年，大余县被列为全国乡村治理试点县，为全国乡村治理探索先进经验。积分制是大余县乡村治理的一大创新和工作亮点，作为较早探索积分制的水南村，同样也面临乡村治理当中的普遍问题，即村民主体缺位、参与积极性不高、农村基层治理缺抓手，体现在日常工作方面主要是人居环境整治、移风易俗等工作较难开展。水南村"时间银行"工作人员说道，"这些治理工作单靠镇村干部和村两委的力量是不够的，尤其是村里的环境卫生整治，过去都是通过花钱请人做事，效果一般，村民也不太理解"②。面对治理难题，志愿服务虽然能够回应养老问题，但是无法回应村庄层面的治理需求。尤其是在脱贫攻坚收官阶段，如何改变部分贫困户家庭"脏乱差"的面貌，基层压力很大。在访谈中，地方工作人员告诉我们，"很多贫困户家里是很脏乱差的，生活环境可以说是很差了，生活环境和他自身的动力是会有相互影响的，所以我们也希望引导贫困户能够搞好家庭卫生，把家里搞好了，再想着如何在社会上来生存，也是引导一个贫困户能够让他自力更生的一个方式，'时间银行'就是尝试解决这个问题"③。为了提高村民的参与度，也为了让村民从精神层面获得激励，2020年，水南村在国家推动积分制的大背景下，进一步将积分制与原先的养老志愿服务结合起来，有了"时间银行"这个概念。

---

① 《通知》中提出，乡村治理中运用积分制，是在农村基层党组织领导下，通过民主程序，将乡村治理各项事务转化为数量化指标，对农民日常行为进行评价形成积分，并给予相应精神鼓励或物质奖励，形成一套有效的激励约束机制。
② 水南村"时间银行"工作人员访谈，时间：2022年6月13日，地点：线上。
③ 大余县农业农村局工作人员及水南村"时间银行"工作人员访谈，时间：2022年6月13日，地点：线上。

此外，第一阶段的志愿服务发展也遇到了"瓶颈"。在志愿服务阶段，由于缺乏激励机制，村民之间互相帮助的方式基本是建立在信任度高低以及感情深浅上，这也就限制了志愿服务的范围和深度，制约了志愿服务的发展。为了破解这个难题，水南村引入了"时间银行"的理念，拟订1个小时等于1个时间币，通过这样的计算方式，让村民对自己的付出和收获有了一定概念，鼓励村民走出亲戚关系圈，去帮助陌生人，与更多的人建立联系。

（三）第三阶段：以规范化发展为核心的经验推广阶段

经过两年多的探索，水南村的"时间银行"已发展形成了稳定的模式，并且取得了一定的效果。在访谈过程中，"时间银行"负责人员与村民都说道，"自从引入'时间银行'以后，人与人之间的关系变得更加融洽了，乡村面貌也发生了改变"[1]。这一时期，"时间银行"试点工作取得了进展，大余县政府开始制定一系列政策来引导和规范"时间银行"的发展，例如《大余县推进"时间银行"积分制规范化建设实施意见》《大余县"时间银行"储户评优评星实施方案》等。并且，政府对"时间银行"的内涵进行了扩充，在规范化、规模化发展的基础上探索运用"时间银行"提升乡风文明水平与乡村治理水平。"当整个村都愿意参与到这种自己把自己家里的卫生搞好，同时愿意帮助别人，不管是环境卫生的帮助，还是说买菜买油、送米送饭的帮助，可以让整个村里乡风民风变得更加的和谐，有利于乡风文明和乡村治理"[2]。

第二节　水南村农村"时间银行"的相关主体分析

水南村"时间银行"实践是党委领导、政府引导、社会调节，村民

---

[1] 水南村"时间银行"工作人员及村民访谈，时间：2022年7月11日，地点：大余县水南村。

[2] 大余县及水南村"时间银行"工作人员访谈，时间：2022年6月13日，地点：线上。

自治良性互动理念在乡村治理领域的具体应用①。相关主体主要包括各级党委，县、乡镇政府，村委、村民理事会以及村民。需要注意的是，我国城市社区开展的"时间银行"参与主体除了党委、政府、居委会、社区居民，还有一个重要的角色就是社会组织或企业，社会组织一般通过承接项目的形式进入社区，负责"时间银行"的运营管理工作。在水南村实践中，社会组织的角色功能主要由乡镇工作人员与村委工作人员替代。

一 党委的角色

"时间银行"是乡村治理模式的重要创新，一开始没有人清楚地知道如何开展这项工作，在这种情况下，创新成本高且由创新的不确定性而带来的风险也比较高，这个时候就需要各级党委层层把关，在工作推进过程中进行方向性指导。具体来说，党委的角色体现在两个方面。一方面是发挥党委引领的作用，统筹乡村治理创新发展的方向，确保村民在"时间银行"实践中的主体地位，确保村民从中受益。因此，水南村探索之初就是坚持各级党委对"时间银行"推进工作的全方位领导，党员干部以身作则带头加入"时间银行"，发挥先锋模范作用，进一步推进"时间银行"的开展，同时增强基层党组织的凝聚力，强化基层党组织在乡村治理中的领导地位。另一方面是发挥党管农村工作的优势，统筹多方资源为"时间银行"的开展提供动力，确保各方资源的投入真正用于"时间银行"的开展。

二 政府的角色

从经典的公共管理理论出发，政府的核心角色是提供公共物品，在一项政策创新活动中，政府的主要角色是"搭台者"。具体到"时间银行"这一治理创新当中，政府的角色主要体现在政策支持、财政支持与硬件支持三大部分。在政策支持方面，大余县及乡镇政府相继出台了一系列政策

---

① 整理自大余县"时间银行"新城镇水南支行管理制度。

文件，例如《大余县推进时间银行积分制规范化建设实施方案》《大余县时间银行新城镇水南支行运行办法》等。这些政策文件为"时间银行"发展提供政策引领，同时也起到规范发展的作用。在财政支持方面，县级政府、乡镇政府为"时间银行"发展，尤其是起步阶段提供一定的财政支持，这些财政支持主要用于场地设置以及积分兑换的物品购买等。在常态化运营阶段出现社会捐赠不足情况时，由财政资金进行兜底保障。在硬件支持方面，"时间银行"的兑换系统相对复杂，需要一定的技术硬件支持，大余县政府委托县电信公司开发"时间银行 App"，搭建"时间银行"数字平台，建立县镇村三级管理账号，将纸质版的积分储蓄存折同步转换成电子存折，通过电脑端进行积分兑换、积分登记、积分统计、积分归档的管理工作。村民通过登录大余"时间银行"微信小程序，可以随时随地使用积分上报、服务需求发布、志愿服务接单等功能。

三 村委会、村民理事会及村民的角色

村委会作为村民自治组织，主要的角色是调动村民的积极性，将村民组织起来参与"时间银行"相关规则内容的制定。依照参与式发展的理念，通过鼓励村民参与"时间银行"制度内容、评分标准、运行程序等环节的商定，广泛征求村民的意见和建议，强化村民的主人翁意识，激发村民持续参与的积极性与内生动力。组织村民讨论这一具体工作由各个小队的村民理事会负责落实，村民理事会的成员由各个小队推选产生，一般是受村民认可的具有威望的"乡村能人"。村民理事会的另外一个重要职能就是负责所在小队的时间币审核工作，监督"时间银行"的日常运营管理。最后，村民是乡村治理的主体，也是"时间银行"的主要参与者，村民可以对"时间银行"的积分内容与服务内容、积分兑换办法提出建设性的意见，也可以对"时间银行"的管理工作提出不同的看法。村委会的角色就在于将村民组织起来，引导村民积极参与，建立起村民与基层党组织、基层政府的互动渠道，促进村民自治与党委领导、政府负责的良性互动。

第三节 大余县农村"时间银行"的主要做法[①]

一 组织架构

为了推进"时间银行"实践,大余县的21个试点村形成了"一组一会一场所"的组织架构。"一组"即在乡镇成立镇级"时间银行"积分制工作领导小组,主要负责推进辖区村级"时间银行"建设工作。"一会"即在试点村成立村级积分评议委员会(或称"时间银行评议委员会"[②]),村级积分评议委员由村党总支牵头建立,负责"时间银行"运作的大部分工作,其成员由村民在"一会三长"[③]以及村两委成员中选举产生,成员共7名,负责"时间银行"积分的评定和日常工作的开展。其职责主要包括,定期对各储户申报情况以及公益活动参与情况进行审定;对"时间银行"时间币评定存在异议等情况进行复核;严格执行"时间银行"评分标准并及时开展各类兑换工作,确保"时间银行"的正常运行;对在村辖区内发生的违背《村规民约》的事件及时进行劝阻;推举季度"优秀家庭"和年度"星级家庭"。"一场所"即在试点村成立"积分超市"作为积分线下兑换物品的网点,"积分超市"一般由村妇女主任或者村新时代文明实践员兼任。为了确保"积分超市"规范运营,"积分超市"需要统一标志、标牌,物资接收、服务时间兑换及时准确,台账清楚,账物相符。

二 管理制度

水南村"时间银行"的管理制度主要涉及人员管理制度,"积分

[①] 本节主要参考了以下公开材料:大余县"时间银行"新城镇水南支行运行办法、水南村"时间银行"管理制度、水南村"时间银行"积分评定细则、水南村"时间银行"时间币兑换办法、水南村社区兑换点物资兑换清单、水南村"时间银行"储户存折,以及政府内部资料——"时间银行"助推乡村善治。

[②] 评议委员会的人员构成一般与村民理事会高度重合,因为具体的评议工作一般由村下放到各个小队来进行,一些村庄的村民理事会便直接发挥了评议委员会的职能。

[③] 一会即村民理事会,三长即村民小组长、党建小组长、妇女小组长。

超市"的物资接收与物资兑换制度,积分使用管理办法、积分兑换办法、积分奖励办法,也即"1+2+3"制度。

"1"即"时间银行"人员管理制度,主要包括两个方面。一方面是"积分超市"工作人员管理制度,明确工作人员的具体职责;另一方面是搭建专业志愿服务人才库,记录每一位"时间银行"参与者的基本信息,例如特长、身体状况、日常需求等。水南村的志愿者人才库共有45名志愿者,每一位志愿者都有一份信息表。

"2"即物资接收与兑换制度,物资接收主要以辖区内机关企事业单位及社会各界人士开展爱心捐赠为主体,"时间银行"物资接收坚持自愿捐赠、无偿接收的原则,捐赠物资以米、面、油、衣、被等基本生活必需品为主,辅以现金捐赠。工作人员对接收的捐赠物资要进行详细登记,建立台账,同时,接收捐赠物资要进行定期公示,接受民政、纪检监察等部门和社会各界监督,确保物资兑换和时间兑换公平、公正、公开。

"3"即积分使用、积分兑换和积分奖励相关制度安排。积分的使用与兑换以时间币为核算单位,参与者可以通过完成"七积"的相关内容获取对应的积分奖励,用来兑换相应的时间币,物资兑换与服务时间的支取坚持公开、公平、公正的原则,接受政府相关部门和人民群众的监督[1]。在具体的激励机制设计方面,水南村设置了"红黑榜制度",每月初由村委会对上月积分进行排名,并在村务公开栏和村务公开群对积分排名靠前和靠后的村民进行红黑榜公示。此外,水南村以年度积分为依据,对全村总积分、总服务时间进行排名,对排名靠前的家庭予以一定的奖励。

三 运行办法

根据《大余县时间银行新城镇水南支行运行办法》,"时间银行"的服务对象为水南村辖区内村民或者长期在水南村居住的村民,以户

---

[1] 整理自大余县推进"时间银行"积分规范化建设实施方案。

为单位参与"时间银行"。具体运行包括积分申报、积分评定、积分公示和归档四个环节。在积分申报环节，由村民本人在完成相应服务或获得相应积分奖励后，随时随地通过口头、电话、短信、微信等方式进行申报。为了确保申报的真实性，村民个人在申报时需要向工作人员清楚地告知行为发生的时间、地点、事由，并提供相关证据，也可由他人代为申报。如果是乡村内部组织统一的公益活动，由各组织者在公益活动结束后统一申报，也可由被服务对象在服务结束后告知工作人员。积分申报之后就进入到评定环节，由评议委员会根据已经确定的评定细则，每月对村民申报积分、服务时间及其他相关情况进行评定，并上报村委会。评定无误后，村委会将每月积分、服务时间在村部醒目位置进行公示，公示期为5天，为了增强信息公开透明度，公示内容将一并发至村务公开群。村民对积分、服务时间的存储有异议的，可随时到本村"时间银行"查询。若双方有争议，可向评议委员会进行申诉。公示期满后，对公示无异议的，由村委会建立积分、服务时间管理台账，并填写好储户存折，村民可以根据账户积分即时或者延后兑换相应服务或者物品。

四 服务时间的评定与时间币的获取

服务时间的评定和时间币兑换是水南村"时间银行"的核心内容。水南村"时间银行"的时间币获取主要有两种渠道，一是完成"七积"项目获得积分，二是完成志愿服务后存入与志愿服务小时数相对应的时间币。根据《水南村"时间银行"积分评定细则》，"七积"包括积美、积孝、积善、积信、积勤、积俭和积学七个项目（见附录1-1）。每一项目下面分别设立了不同的积分兑换标准，例如"七积"项目之一的"积美"又分为七个子标准，分别如下：第一，被评为"清洁家庭""五好家庭""文明家庭""优秀党员""致富能人"等荣誉称号的按国家级50分、省级30分、市级20分、县级10分、乡镇级5分、村级3分予以计分；第二，现役军人在部队获得优秀士兵及以上荣誉的计10分/次；第三，当年家中有人入伍的计 10 分/人；第四，因自身原因被部队退兵的扣除 30 分/人；第五，被评为"不清洁家庭"或进入道德红黑榜黑榜的扣除 5 分/次；第六，有偿退出宅基地的拆除 60 平方米以内的计 30 分，超出 60 平方米，每增加 20 平方米，增加 10 分；第七，自愿无偿退出宅基地给村、组使用的拆除 60 平方米以内的计 30 分，超出 60 平方米，每增加 20 平方米，增加 10 分。

志愿服务主要包括家政服务、维修保养和其他服务三大类，每一大类又包括具体的服务内务和每一项服务内容所对应的时间积分（见附录 1-2）。例如，家政服务包括买菜做饭、家庭搞卫生、陪老人去医院看病、老人看护、教育辅导和家庭搬运几项服务内容。服务时间换算成时间币后便可以存入"时间银行"账户。

"七积"的具体细则由各村村民共同讨论制定，各村需要成立积分评议委员会，什么和怎么存，兑换什么和如何兑换，都由村民最终讨论决定。在初始阶段，县级政府首先会根据县域乡村治理的核心内容提出一个草案，乡镇政府与村两委根据每个村的实际情况对草案进行细化完善，然后交由村民进行讨论决定，村民有权对积分内容提出看法，村民真正参与进来发表自己的看法和意见，就会发掘出村民日常生活中真正的需求。例如，新城镇政府工作人员与村两委在入户调研询问村民关于积分评定内容的看法时，有一位村民反映自己的孩子目前还没有成婚，想让村两委帮忙介绍对象，这么一个看似有些"不着边际"的要求，最终却被写进了"七积"里面——为本村单身青年做媒成功的计 20 分/次。原来，村两委与乡镇工作人员摸底后发现，村民反映的儿女大龄未婚并非个例，而是一个相对普遍的现象。

"七积"的内容一经制定并非一成不变，而是定期根据实际情况做出调整。例如，大余县成为全国农村宅基地制度改革试点县之后，为推动农村宅基地制度改革工作，将农村宅基地制度改革纳入了积分奖励范围，对主动进行农村宅基地制度改革的农户进行一定的积分奖励。近年来，水南村将"七积"与治理工作相结合，将村民参与农村宅基地制度改革工作、春耕生产工作、应征入伍工作等纳入积分奖励内容，将森林防火宣传、疫情防控、人居环境整治等纳入志愿服务内容。但是，在调研过程中发现，在积分内容中过多地加入基层政府与村两委的治理指标有可能产生降低村民参与积极性的风险，自下而上的村民需求和自上而下的治理任务之间在一些情况下需要分配协调。

五　时间币的兑换

水南村"时间银行"的参与方式是以户为单位，有别于国外"时间银行"个人参与的形式，以户为单位既契合了乡土社会注重家庭的伦理观念，也可以让在外的家庭成员参与进来，为家人和家乡尽一份力，通过捐款、返乡参与志愿活动等形式为家里的老人积累时间币，这一方式有利于建立乡村留守人群与外出人员之间的乡土连接，充分调动外出人员参与本村乡村治理的积极性，实现"不在场的在场"。"时间银行"以户为单位统计时间币，全家人共用一个账户，父母存的时间可以给小孩用，青壮年存的时间可以给老人用，受益最大的群体就是村里面的老年人和未成年人[1]。水南村的张阿姨在赣州市工作，但是每到周末就会回到村子里面做志愿活动，每到暑假的时候也会回到村里面为参加"暑期三下乡社会实践"的大学生免费做饭。张阿姨这几年一直坚持参加"时间银行"的活动，不仅自己参与，也带自己的小孩一起参与。在问到为什么愿意带小孩一起参与"时间银行"时，张阿姨回答道："我小时候在困难的时候也受过别人的帮助，现在就要给出去，我让自己的小孩也参与，重点就是要把孩子带到这个氛围里面，让孩子通过参与这些活动学到感恩和奉献，从小就有乐意帮助他人的心和感恩的心。"[2] 为了方便时间币的获取和兑换，水南村每个参与"时间银

---

[1] 《时间银行储蓄互助温情——江西大余县着力构建乡村治理新格局》，《农民日报》2021年11月25日05版。

[2] 水南村张阿姨访谈，时间：2022年7月11日，地点：大余县水南村。

行"的家庭可办理一本"储蓄存折",村民通过向有需求的村民提供服务或者完成"七积"要求的内容来获取时间币,然后经过评议小组审核后存入储蓄存折。志愿服务时间、家庭积分转换的时间都可存入"时间银行",如改善村级环境卫生的志愿服务,对下岗失业、"零就业"家庭推荐就业岗位服务,为困难老人、残疾人提供志愿服务等。

时间币的兑换包括兑换物资和兑换服务两种。存入的时间币可在自己需要帮助时用于兑换志愿服务或捐赠给需要帮助的储户,也可以通过积分定期到"积分超市"兑换相应的物品,如图1-1所示。依据《水南村"时间银行"时间币兑换办法》,每名储户在参与之初有基础积分100分,基础积分不能兑换,超出100分以上的积分可按每10分转换成1个时间币存入"时间银行",储户存入的服务时间每1小时等于1个时间币,也即"10分=1小时=1个时间币"。如果时间币余额不够的储户,村民可以在支取服务时向"时间银行"贷款,村民也可以将自己的时间币赠送出去。时间币可以在本县任一兑换点兑换物资,具体物资种类由兑换点安排。自时间币产生当天起,时间币长期有效并可随时进行兑换,村民将时间币进行兑换并消费以后,扣除相应时间币,但兑换的时间币仍可作为本年度创先评优的依据。

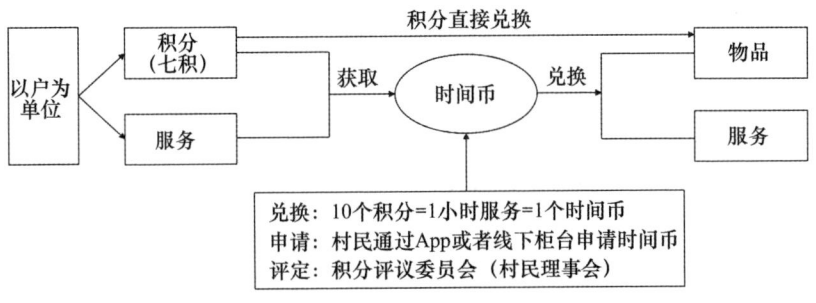

图1-1 水南村"时间银行"时间币获取与兑换

第四节　水南村农村"时间超市"的案例分析[①]

一　水南村"时间超市"的效果分析

经过四年时间的发展，水南村"时间超市"已经形成了一定规模，有效回应了村庄的养老助残问题，形成了互帮互助的村庄氛围，提升了乡风文明和乡村治理水平，为大余县"时间超市"全覆盖积累了经验。截至2022年7月底，水南村"时间超市"参与户数613户，共积累时间币2415.2个，已经兑换时间币79.5个，剩余时间币2335.7个。此外，水南村培育了常态化的志愿服务队伍7支[②]，共计42人，截至2022年7月底，参与志愿者服务的人次有1400人次[③]，志愿服务内容覆盖安全、社区培训、家政、维修等方面。除了上述常态化志愿服务项目，水南村还根据本村实际情况，形成了诸如上户宣传疫情防控、送老人到卫生院打疫苗、开展环境整治、捐资助学活动等志愿活动[④]。

根据工作人员反馈与研究团队实地走访，水南村自开展"时间超市"以来，解决了老人、残疾人的日常生活问题，形成了团结友爱的

[①] 中国银保监会于2022年1月发布的《关于不规范使用"银行"字样的风险提示》中提出，明确各地不得在地方公用项目、相关方案文件以及对外挂牌宣传中使用未经批准的"银行"字样，协调推进规范使用"银行"字样使用清理工作。大余县也向乡镇、县有关单位发出了《关于开展规范使用"银行"字样清理工作的函》。在调研过程中，我们了解到大余县正在推进这项工作，基本思路是将"时间银行"表述修改为"时间超市"，以服务换服务，其互帮互助的内核保持不变。因此，为了规范表述，同时为了案例的完整性，在征求大余县相关工作人员意见的基础上，案例在行文过程中，将2022年1月前的事实表述（也即第一部分，第二部分和第三部分）定为"时间银行"，将2022年1月以后的事实表述（即第四部分和第五部分）定为"时间超市"。"时间银行"与"时间超市"表述不同，但在案例中的概念、内涵完全一致。
[②] 7支志愿服务队伍分别是水南村党员志愿者队伍、水南村平安志愿者队伍、水南村社区培训志愿者队伍、水南村社区家政服务志愿者队伍、水南村社区维修保养志愿者队伍、水南村青年志愿者队伍、水南村巾帼志愿者队伍。这些服务队伍是比较稳定的参与"时间银行"志愿服务的志愿者队伍。
[③] 整理自大余县农业农村局工作人员提供的数据。
[④] 整理自"时间银行"助推乡村善治（大余县内部材料）。

互帮互助氛围。在调研过程中，村民讲述了一件令人备受鼓舞的事迹，村里的一位老奶奶不慎摔倒后做饭成了问题，志愿者和村民共同参与每人负责一天，接力为老人做饭。"这件事情在村里面产生了不小的影响，很多村民受到激励，也开始参与志愿服务，通过'时间超市'主动为别人做一些力所能及的事情"①。根据村书记的日常观察，"时间超市"开展以来，一个明显的感觉就是邻里关系变好了，村里面矛盾纠纷事件连年下降，涌现了一批道德模范，例如坚持每天为村庄打扫卫生的游兰英老奶奶，村庄的环境变得比以前更加干净整洁有序。另外，"时间超市"开展以来，村两委的工作变得更好开展，形成了良好的关系基础，通过将具体的治理任务纳入"七积"，发动志愿者、村民参与乡村治理，有效缓解了村两委的工作压力，提升了工作效率②。同时，通过对水南村开展"时间超市"前后的问卷数据进行对比分析，发现在开展"时间超市"以后，村民参与社交活动、参加志愿服务频率以及参与志愿服务的意愿都有较大提升（见表1-2），村民参加社交活动频率的平均值由4.26提升到2.90，参加志愿活动频率的平均值由

表1-2　　　　　　　　"时间超市"建立前后对比

时间节点	您多久参加一次社交活动（1—5）	您多久参加一次志愿活动（1—5）	您是否愿意参加志愿服务活动（1—5）
"时间超市"建立前	4.26	4.43	3.30
"时间超市"建立后	2.90	3.23	4.00

注：研究团队在水南村共发放43份问卷，"时间银行"建立前的相关数据主要采用问卷问题回溯的形式，多久参加一次志愿服务、社交活动的题项分别是，1：一周一次；2：半个月一次；3：一个月一次；4：三个月一次；5：半年一次。数据录入后取平均值，平均值越小说明参与频率越高，平均值越大说明参与频率越小。是否愿意参加志愿活动主要是测量参与的意愿，1—5分别是非常不愿意、比较不愿意、一般、比较愿意、非常愿意。取平均数后数值越大则意愿越强。

---

① 水南村村民访谈，时间：2022年7月11日，地点：大余县水南村。
② 农业农村局"时间银行"座谈会，时间：2022年7月12日，地点：大余县农业农村局。

4.43 提升到 3.23，参加志愿活动的意愿由 3.30 提升到 4.00。此外，问卷调研对象对"时间超市"的信任程度也比较高，平均值为 3.98[①]。

在参与"时间超市"活动方面，水南村调查样本中，7%的村民一周参加一次"时间超市"活动，另有 7%的村民半个月参加一次，25%的村民一个月参加一次，52%的村民一年参加一次，从整体来看，村民参与频率仍然有待提升。在参与时间方面，33%的村民为他人提供服务的时间约为 2 小时/次，41%的村民为 2—4 小时/次。过去 12 个月，调查样本平均每人参与了 7 次"时间超市"活动，每人每次参与时间平均在 1.5 小时左右。在参与"时间超市"的原因方面，"为社区做出贡献，创造美好社区"（4.21）"在空闲时间里做一些有价值的事情"（3.90）"时间超市是村两委筹建的"（3.90）"感觉被需要或有用，从帮助他人中获得满足感"（3.88）是受访者在回答决定加入"时间超市"这一问题时同意度较高的四个选项[②]，如图 1-2 所示。

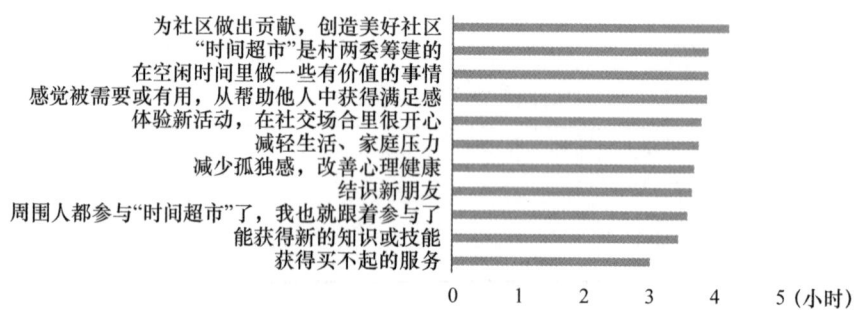

图 1-2 受访村民参与"时间超市"的原因

在参与"时间超市"的收获与"时间超市"发挥功能方面，"'时间超市'促进了成员之间的相互尊重和相互理解"（4.21）"'时间超

---

① 1—5 分别为非常不信任、比较不信任、一般、比较信任、非常信任。平均值越大说明信任程度越强。

② 1—5 分别为坚决不同意、比较不同意、一般、比较同意、很同意，平均值越高，说明同意程度越强。

市'促进了成员之间的感情交流"(4.21)"'时间超市'有助于成员之间共享资源"(4.21)"'时间超市'促进了成员之间的相互信任"(4.19)"'时间超市'让村民遵守交换规则,具有公共精神"(4.17)"'时间超市'提高了参与志愿服务的积极性"(4.17)"'时间超市'增强了我的集体荣誉感"(4.14)"'时间超市'促进了成员之间的平等互惠"(4.10)"'时间超市'增强了我在社区中的责任感"(4.05)这几项是受访者同意程度比较高的选项(见图1-3)。

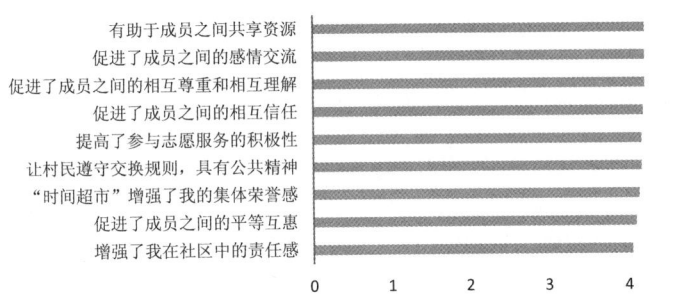

图1-3 受访村民对于"时间超市"发挥功能的同意程度

基于问卷数据基本可以认为,"时间超市"在促进成员间社会交往,促进资源共享与互助互惠,激发志愿精神[①]与公共精神方面作用明显[②]。水南村作为大余县最早探索"时间超市"的农村,积累了许

---

① 志愿精神是一个非常复杂的概念,在不同文化情境下有着不同的概念界定。有学者侧重志愿性,认为只有纯粹的利他主义行为才可以称得上志愿行为。有学者侧重相互帮助和相互关照的实质,认为不要以报酬为特征来界定志愿活动,纯粹的利他主义的志愿活动是不存在的,所有的志愿行为背后都存在一定的交换动机和互惠互利目的,应当允许志愿者接受一定的报酬,当然这些报酬不一定是物质性的,也可以是精神的。中国历来有互帮互助的文化传统,形成了具有中国文化情境的志愿精神,在国外"助人"和"服务"的志愿精神内涵之中,结合中国传统文化,"互助"的精神也体现出来(参见江汛清《关于志愿服务若干问题的探讨》,《中国青年政治学院学报》2002年第4期;穆青《如何理解志愿服务与志愿精神》,《北京青年政治学院学报》2005年第3期)。在我国志愿实践中,中国志愿服务联合会也将志愿精神定义为奉献、友爱、互助、进步(详见:http://www.cvf.org.cn/cvf/channels/12105.shtml)。综上所述,在案例中,我们认为强调的互帮互助是符合农村志愿精神的发展趋势,"时间银行"形成的"我为人人、人人为我"、互帮互助的精神也属于志愿精神的范畴。

② 更加可靠的结论需要后续更大样本的研究设计进行论证。

多发展经验，已经成为大余县开展"时间超市"的样板村。水南村"时间超市"曾获得央视农业频道、《农民日报》、澎湃新闻、江西电视台等媒体报刊的专题报道，产生了较大的社会影响，尤其是从乡村治理视角出发，将"时间超市"作为治理工具这一理念对于提升乡村治理水平具有启发意义，在集体荣誉方面，水南村曾先后获得"全省文明示范村""全省社区建设示范社区"等荣誉。水南村村民共获得国家级表彰2人次，市级表彰1人次，游兰英奶奶一家被评为第二届全国文明家庭、全国最美家庭。根据《大余县关于"时间超市"积分制规范化建设的实施方案》，接下来，大余县将在完成21个试点村工作基础上总结经验做法，在全县105个村全面推进"时间超市"，实现县域"时间超市"全覆盖①。

二 从积分制到"时间超市"：基于萨拉蒙治理工具理论框架的分析

水南村"时间超市"是治理工具的迭代创新。治理包括制度安排层次、手段技术层次和治理能力层次②，手段技术层次即"治理工具"，指的是参与各主体为了实现治理目标而采取的行动策略或方式，重点关注治理主体如何选择实现治理目标的合适方式和手段，将治理理念转化为实际的治理行动③。萨拉蒙（Lester M. Salamon）在《政府工具——新治理指南》一书中对治理工具进行了系统的论述，萨拉蒙认为治理工具是一种明确的方法，通过这种方法集体行动得以组织，公共问题得以解决④，萨拉蒙的概念界定突出了任何治理工具都

---

① 整理自大余县关于"时间银行"积分制规范化建设的实施方案。
② 治理理论的三个层次是环环相扣的。其中，治理结构强调的是治理的制度基础和客观前提，公共管理是治理主体（尤其是政府机构）采取正确行动的素质基础和主观前提。而治理工具研究的是行动中的治理，是将治理理念转化为实际行动的关键。因而治理理论的核心应该是治理工具，尤其是政府治理工具。新公共管理运动以来，治理理论尤其强调自组织的重要作用。参见张璋《政府治理工具的选择与创新——新公共管理理论的主张及启示》，《新视野》2001年第5期。
③ 张璋：《政府治理工具的选择与创新——新公共管理理论的主张及启示》，《新视野》2001年第5期。
④ 萨拉蒙：《政府工具——新治理指南》，北京大学出版社2016年版。

是以解决公共问题为目标,对于待解决的公共问题的界定是治理工具分析的重要部分。也有学者认为,治理工具是把实质性的治理目标或政策目标转化为具体的行动,以改变政策目标群体的行为,从而最终实现政策目标的手段和机制。在政府主导的治理理论发展时期,治理工具主要包括组织性工具、规制性工具和经济性工具①,新公共管理运动以来,治理工具更多地强调一种混合路径,尤其是强调第三部门在治理实践中所发挥的重要功能。在公共行政实践中,强制—混合—志愿的三分法则被广泛接受②。

根据萨拉蒙治理工具理论框架,治理工具包括以下几个方面的内容。第一,提供一种类型的物品或服务;第二,一种提供物品或服务的工具;第三,提供物品或服务的部门;第四,一套规则,这些规则既包括正式的或者非正式的,它主要是界定各提供者之间的关系③。此外,国内学者在相关研究中提出,除了治理工具本身的属性,也需要考虑治理工具运行的具体环境的影响④。进一步地,治理情境本身也是不断变化的,在乡村治理领域,治理工具的运用与乡土逻辑存在一个适应、反馈与调试的过程。因此,案例在萨拉蒙的治理工具理论框架之上,纳入了动态变迁的视角,加入了治理工具运行情境这一分析变量,如图1-4所示。治理工具所作用情境的变化也要求治理工具不断迭代创新,以适应新的治理情境。

在类型迭代方面,"时间超市"比积分换物品的逻辑更进了一步,时间币作为一种"通用媒介",既可以兑换物品,也可以用来兑换他人的服务⑤。但是,水南村不提倡村民只是停留在兑换物品这一层面,

---

① 张璋:《政府治理工具的选择与创新——新公共管理理论的主张及启示》,《新视野》2001年第5期。
② 陈振明、和经纬:《政府工具研究的新进展》,《东南学术》2006年第6期。
③ 萨拉蒙:《政府工具——新治理指南》,北京大学出版社2016年版。
④ 陈振明、张敏:《国内政策工具研究新进展:1998—2016》,《江苏行政学院学报》2017年第6期。
⑤ 问卷数据印证了服务创新与村民需求的一致性。在多选题"您想用时间币去兑换什么(生活用品、服务、其他)"的回答中,选项最多的为"通过时间超市去兑换服务"(73.81%)。

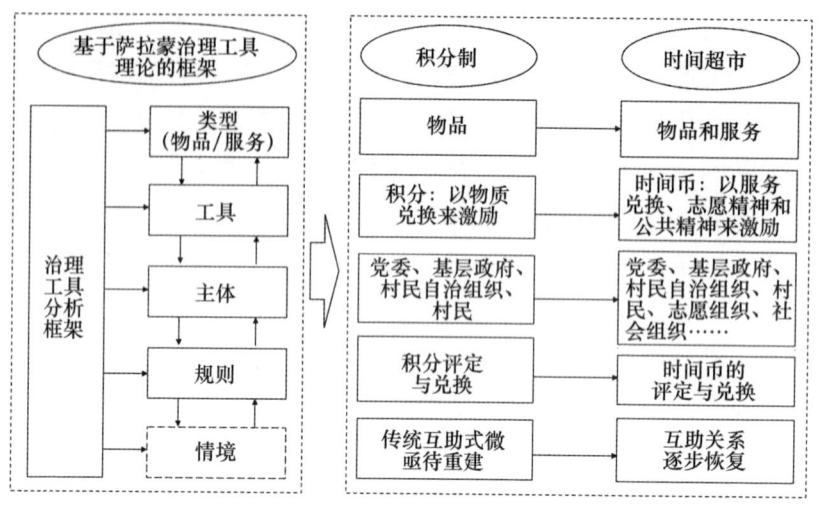

图 1-4　从积分制到"时间超市":基于萨拉蒙治理工具理论框架的分析

而是鼓励村民之间互帮互助,以服务换服务,打造以时间币为媒介的"我为人人、人人为我"的乡村治理新生态,这一创新是在理念层面对积分制的迭代,也更好地回答了如何动员村民参与以及村民为什么要广泛参与乡村治理的问题①。

在工具迭代方面,传统的"积分"变成了时间币,时间币作为乡村内部的"一般等价物",连接了积分、时间与服务,串联起了村民与村民之间的互动行为。时间币是村民之间社会交往的一种媒介,类似于乡土社会的人情,但是与人情不同的是,时间币是一种稳定的、持续的、被记录且是任何人都可见的媒介,既是村民与村民社会行动的中介,也是村民与其他人发生互动和社会交往的投射,在积分兑换物品的物质奖励的基础上,时间币侧重精神激励,强调村民之间的互帮互助,以及志愿精神、公共精神的构建。通过"时间超市"这么一种治理工具激励村民参与公共事务,培育公共精神和志愿精神。

---

① 莫志超:《互帮互助的乡村治理新生态》,《农民日报》2021年11月25日05版。

在参与主体方面，水南村"时间超市"形成了"党委引领、政府负责、村民参与"的运作模式，此外，农村志愿组织也与"时间超市"互帮互助的机制属性相契合，是"时间超市"的重要参与主体之一。例如，水南村党员志愿者队伍、水南村平安志愿者队伍、水南村社区培训志愿者队伍等志愿组织嵌入在"时间超市"的组织架构之中，这些志愿者基本上都是"时间超市"的持续参与者，志愿活动多以"时间超市"为载体开展。参与主体的多元化有助于多方位整合动员乡村力量，充分激发乡村的内生动力，形成自主治理氛围。从大余县"时间超市"的整体发展来看，乡镇政府与村两委是主要的运作主体，村民理事会负责具体的时间币认定工作，但是，社会组织等主体的参与比较有限。

"类型""工具"与"主体"的迭代也带来了规则体系的变化。例如，时间币评定，这一工作一般由各个小队的村民自组织——村民理事会来负责，村民理事会需要与村民讨论形成评定细则，按照评定细则进行本村的积分评定与审核工作。"时间超市"相关规则体系的核心是积分获取规则与兑换规则。这一系列规则对"时间超市"在具体运行过程中的各主体间的互动关系及其背后的行为准则进行了界定，即村民在提供服务或满足"七积"内容时向"时间超市"负责人申报，由村民理事会按照细则进行审核，审核通过后计入时间储蓄存折，村民可以按照兑换标准即时或者在以后有需要的时候兑换物品或服务。时间币既可以兑换，也可以通过捐赠的形式转给指定的村民。通过这样的规则体系，一方面鼓励村民之间互帮互助；另一方面，通过时间币这种形式形成一种长期激励机制，来激励村民参与公共事务，培育村民帮助他人的志愿精神和参与社区事务的公共精神。

乡村治理情境是动态演化的，治理情境的变化衍生出对治理问题和治理工具的调整，也即因时势而变。积分制与"时间超市"的最终目标都是要激发村民的志愿精神与公共精神，培育志愿精神与公共精神是一个长时期的治理目标，积分制与"时间超市"在不同时期针对具体的情境，运用了不同的治理工具，起到了不同的作用。积分制所面临的是传统互助精神式微亟待重建的治理情境，首要的治理目标是要让村民从不参与到参与，在治理工具选择方面以短期的物质激励为主。"时间超市"是在积分制实施效果基础上的治理工具迭代，这一时期，互帮互助的乡情逐渐恢复，治理目标是要探索常态化、可持续的村民参与机制，因此也就需要从志愿精神与公共精神培育方面入手，通过服务互助的形式建立村民间互帮互助的常态化机制，同时，以时间币的形式引导村民建立稳定的交往关系，从而获得精神上的持续激励，通过这种志愿激励、精神激励的形式实现乡情的重建与公共精神的培育。时间币虽然不是真正意义上的货币，但是它的社会意义却胜过货币，尤其是在"低头不见抬头见、乡里乡亲"的村子里面，时间币积累的多少具有明确的社会意义。对于在市场逻辑及工具主义逻辑下人情关系日益冷漠、人际交往日趋功利的变化趋势而言，"时间超市"对于重建互帮互助的人际关系、构建和谐友善的乡土氛围具有重要的实践指导意义。

三 农村开展"时间超市"的可行性分析：基于城乡比较视角

"时间超市"理念进入我国后，首先在城市地区开始实践探索，但是其发展遇到了很大的"瓶颈"。水南村的案例让我们观察到在农村开展"时间超市"的可能性。通过对水南村案例的分析，对城乡开展"时间超市"的可行性进行分析后认为，"时间超市"在农村具有更易扎根的社会现实基础与社会伦理土壤。

从基础设施与公共服务来看，城市相比农村具有更完备和更加便捷的基础设施与公共服务体系，例如社区学校、社区医院、老人日间照料中心等，这些公共设施与公共服务体系能够在人口聚集的城市产生规模效益。此外，城市地区随着市场分工的日益细化，围绕生活服务也产生了诸多市场主体，市场主体为城市居民提供专业化、个性化的生活服务。但是，多数农村地区并不具备上述的条件。一方面，农村人口居住较为分散，限制了公共设施的规模效益；另一方面，一些农村地区的公共服务体系仍处于基础阶段，距离城乡基本公共服务一体化仍然存在差距，不能很好地满足村民的生活需求，最为明显的就是，农村养老服务体系建设严重滞后于老龄化趋势，养老成为农村的一大难题。城乡之间在基础设施与公共服务体系方面的差异，使农村地区在生活服务方面的相对需求更大，在现实基础受限制的情况下也就为通过互帮互助的形式提供服务打下了基础。

从生活伦理层面来看，改革开放以来，我国从"乡土社会"进入快速流动的"城乡社会"，在工业化与市场化进程中，城市与农村的社会面貌都发生了巨大转型变革。但是，市场化与工业化进程对于城市与农村的影响程度存在差异。农村地区虽然受到了市场化的冲击，大量劳动力向城市流动，出现空心化和原子化趋势。但是，如果深入农村社会内部，从长期居住在农村的村民的互动方式来看，农村社会则相对稳定，仍然具有传统乡土伦理的底色，人与人之间重视"情理"，传统的伦理秩序仍然主导着村民之间的互动。乡土社会中的人在长期共同的生活互动中积淀了一套习惯规则，即乡土社会的"底蕴与恒常"。在急速变迁过程中，乡土社会具有相对稳定且不易改变的实质内核，这一社会底蕴体现在日常生活中的恒常上，如生活智慧、家本位文化、道德伦理、人缘口碑等方面，社会底蕴并非以一种消极对抗的形式出现，而是不断与新的历史条件相结合，并由此生发出建设性和包容性的面貌[1]。因此，"时间超市"能够在提升乡风文明、促进乡村有效治理方面起到作用，是因为"时间超市"契合了乡土逻辑，巧妙解决了以往村民自治领域中"做好事要报酬"的难题，时间币模拟货币流通的形式，既是一种劳动报酬，又不用实际支出金钱成本，淡化了做好事的功利属性[2]，也即调和了市场逻辑对乡土生活逻辑的"过度殖民"。

---

[1] 杨善华、孙飞宇：《"社会底蕴"：田野经验与思考》，《社会》2015 年第 2 期。
[2] 《时间银行储蓄互助温情——江西大余县着力构建乡村治理新格局》，《农民日报》2021 年 11 月 25 日 05 版。

相比较而言，城市受市场逻辑影响更为深刻彻底，如果借用哈贝马斯"生活世界殖民化"的概念，这一现象可以总结为"市场逻辑殖民社会逻辑"，也即用市场交换的思维去对待社会生活。随着工业化、城市化进程的推进，城市社会交往层面原子化趋势凸显，人与人之间呈现出以"个体为中心"的互动形式，市场交换逻辑也成了人们安顿生活的逻辑准则。市场逻辑对社会生活的"殖民"也影响了城市居民对于生活需要的获取形式。在快节奏的生活方式下，城市居民更倾向于通过市场购买这一更加"高效"的方式获取服务，例如护工、月嫂、家政等，而非花费时间通过"时间超市"服务交换的形式获取服务。

第五节 结论与建议

一 结论

基于萨拉蒙治理工具理论框架，对水南村"时间超市"的发展历程进行案例分析发现，"时间超市"是重构互帮互助乡情、培育志愿精神与公共精神的治理工具之一，能够有效且低成本地回应乡村振兴时期农村社会治理的痛点和难点，具有推广的潜力。"时间超市"在大余县乡村治理中的定位是为提升乡风文明水平，激发群众内生动力，鼓励和引导群众互助互帮、道德互助而推行的全县统一品牌的积分制管理模式[①]。从兑换物品到服务的类型迭代和从积分到时间币的工具迭代是"时间超市"治理工具迭代的核心内容，以服务换服务的机制设计也符合互帮互助的乡土情理。从成效来看，水南村"时间超市"回应了最为迫切的养老助残等问题，在发展时期回应了村民参与意愿低、公共精神不足等问题，在村庄内部形成了"我为人人，人人为我"的良好氛围，对于培育村民志愿精神与公共精神、提升乡风文明水平与乡村治理效能具有积极作用。农村因为基础设施与公共服

---

① 整理自水南村"时间银行"总结材料。

务水平有限更容易开展互助行为，邻里守望相助的乡土伦理也有助于"时间超市"的开展，但是，从水南村的经验来看，农村地区开展"时间超市"的一大挑战是如何解决可持续发展的问题。水南村虽然有613户参与"时间超市"，前期参与积极性很高，但是发展到现在，一些村民参与的热情有所下降，参与程度有限，缺少常态化的活动和持续的参与。研究团队在走访过程中发现，目前水南村持续活跃参与"时间超市"的人员主要是村两委成员、党员、村民理事会成员和三小组长，人数在40人左右。通过对储户存折的时间币兑换信息进行比较，也可以发现随着时间的推移，兑换记录呈现出逐步减少的趋势。

二 农村发展"时间超市"完善乡村治理的建议

"时间超市"在我国主要广泛应用于城市社区养老，通过开展服务互助解决养老服务问题。水南村的案例让我们看到了在农村地区从乡村治理视角切入开展"时间超市"的实践尝试。在全面推动乡村振兴战略的背景下，"时间超市"是实现治理有效的工具之一。但是，目前我国农村"时间超市"发展处于自下而上的探索阶段，顶层设计不足，政策体系尚不完善，公众知晓度低，从规模和质量来看都有较大的提升空间。建议从加强顶层设计、完善治理工具、提升数字技术使用水平三大方面入手，促进我国农村"时间超市"高质量发展，助力乡村善治。

（一）加强顶层设计，助力农村"时间超市"规范化规模化发展

充分发挥"时间超市"在乡村治理方面的功能，要加强顶层设计，引导农村"时间超市"规范化规模化发展。一是完善现有政策体系推动"时间超市"标准化建设，具体包括政策扶持体系、资金保障体系与监管评估体系。在政策扶持方面，建议基层政府结合乡村治理创新工作，有序开展"时间超市"试点，因地制宜，制定促进当地"时间超市"发展的政策文件，引导"时间超市"健康发展；在资金保障方面，建议基层政府协助村一级建立制度化多元化的资金

支持体系，可以借鉴水南村的做法，构建"村集体经济划拨、乡贤及社会捐赠和政府财政支持"的多元化资金支持体系；在评估监管体系方面，可以由政府委托建立研究与实践相结合、多方主体参与的专家团队，发布关于"时间超市"的统一运营标准和评估指标体系，以评估促发展[①]。

二是加大宣传力度提升"时间超市"的社会知晓度。"时间超市"作为外来概念，在我国知晓度较低，尤其是农村地区。调研发现，大余县一些已经开展"时间超市"的村民不了解什么是"时间超市"，什么是时间币，一些村民不清楚自己的"时间超市"账户上大概有多少时间币，一些村民做了志愿服务却因为不知道有"时间超市"而没有兑换时间币。村两委及乡镇工作人员在访谈中也说道，"时间超市进一步发展存在的问题之一就是前期宣传力度不够，村民对时间超市不了解，主要还是党员、干部参与，村民参与较少"[②]。问卷数据基本证实了这一点，关于"第一次听说时间超市是通过什么途径"这一问题，选择"经过时间超市办公场所"这一选项占比52.38%，选择"兴趣组织、志愿组织等"占比26.19%，选择"邻居、同事"占比23.81%。因此，建议政府及社会加大对"时间超市"理念的宣传力度，可以尝试通过新闻媒体、宣传标语、科普视频、入户宣讲、发放传单等形式提升农村地区村民对"时间超市"的知晓度，为后续工作的推进打好基础。此外，重视对年轻人群体理念普及，可以尝试通过学校教育、参与式体验等形式向年轻人普及"时间超市"理念。

（二）完善治理工具，探索"时间超市"参与乡村治理的可持续发展新模式

"时间超市"的最终目的在于回应乡村治理的痛点、难点，激发

---

① 陈功、索浩宇、张承蒙：《共建共治共享的社会治理格局创新——时间银行的可行路径分析》，《人口与发展》2021年第1期。
② 引自农业农村局"时间超市"座谈会，时间：2022年7月12日，地点：大余县农业农村局。

和培育村民的志愿精神与公共精神，增强社会团结。目前来看，水南村的"时间超市"发展还处于初步阶段，面临如何持续的问题。基于治理工具框架，建议重点从服务内容和组织形式两方面完善现有"时间超市"体系，探索"时间超市"参与乡村治理的可持续发展模式。

一是优化内容设计，进一步激发村民参与度。村民参与积极性的维持和公共精神的培育是一个长期的过程，在落实层面需要有常态化的服务内容设计来维持村民的参与度。目前，水南村"时间超市"开展活动的形式与内容比较单一，对于村民自身需求发掘有限。针对这一问题，建议充分运用乡村的志愿服务资源，结合志愿服务设计"时间超市"的服务内容与参与机制。一方面，建议各村结合志愿服务队伍设计常规活动，依托志愿队伍资源保证常规活动的常态化开展，例如环境卫生打扫、老人服务、代购服务、儿童兴趣班、护理培训等，保持志愿者、村民参与的活跃度。另一方面，在内容设计上进一步发挥村民理事会、志愿服务队等自组织的主体性作用，鼓励各村依据自身情况建立村民参与活动设计、积分内容制定、服务内容设计的常态化机制。只有村民自下而上地表达自身的实际需求，才能确保村民认可设计出来的活动、服务、积分内容，对于自身参与且认可的活动，村民才会更愿意参与。

二是探索组织创新，助力农村"时间超市"可持续发展。基于组织理论，组织可持续发展的一个关键就是通过提升组织核心能力，降低外部环境变化对组织发展造成的影响，组织形式创新是提升组织能力的途径之一。在"时间超市"发展较早、发展较为成熟的一些地区，"时间超市"一般由民间组织（如志愿组织、基金会）发起并负责运营，地区协会进行规范和指导[1]。民间组织负责"时间超市"的运营一方面能够分担政府管理压力，降低行政成本，另一方面也避免

---

[1] 陈功、黄国：《时间银行的本土化发展、实践与创新——兼论积极应对中国人口老龄化之新思路》，《北京大学学报》（哲学社会科学版）2017年第6期。

了关键管理人员流动所导致的发展停滞问题。调研发现，水南村的"时间超市"近一年来基本上没能取得进一步发展，原因之一就是因为核心管理人员流动。因此，建议通过组织创新的方式探索"时间超市"多元化发展模式，提升农村"时间超市"的可持续性。操作层面，可以通过培育乡村自组织的形式实现可持续发展，在开展"时间超市"之初便重视培育发展村民自组织，开展"时间超市"管理运营方面的培训，探索村民自组织负责"时间超市"的管理运营的实践路径。有条件的村也可以通过引入专业社会组织的形式进行"时间超市"的运营管理工作。

（三）运用数字技术，探索技术赋能"时间超市"发展新路径

人工智能、区块链、大数据等数字技术的发展已经成为社会趋势，数字技术的应用能够在一定程度上解决"时间超市"的记账难题。学者们研究发现，现期"时间超市"的一大问题在于记录的随意化和人工操作，很多记录无法长期保存，即使部分已经实现信息化的"时间超市"，也并不注重各个"时间超市"之间的信息分享与交流[①]。因此，借助移动互联网、大数据和人工智能等完善"时间超市"操作体系，实现运营管理的信息化、数字化、智能化和网络化，对于推动"时间超市"的广泛应用具有重大作用，可以降低人力成本、提高运行效率、打破区域限制并提高公信程度[②]。但是，在农村场景普及数字技术需要考虑到老年群体运用数字技术的能力。大余县虽然开发了"时间超市"微信小程序，但是由于多数村民对于技术的接受程度和使用能力仍然有限，小程序使用频率不高。因此，建议在开展"时间超市"之前，以行政村为单位进行智能手机等信息化设备使用情况摸底。一方面由乡镇政府负责为辖区行政村的"时间超市"管理人员提供信息技术培训，

[①] 陈功、黄国桂：《时间银行的本土化发展、实践与创新——兼论积极应对中国人口老龄化之新思路》，《北京大学学报》（哲学社会科学版）2017年第6期。

[②] 李海舰、李文杰、李然：《中国未来养老模式研究——基于时间银行的拓展路径》，《管理世界》2020年第3期。

提升其运用信息平台开展日常工作的能力；另一方面，由各行政村"时间超市"管理人员为村民尤其是老年人提供智能手机和"时间超市"App 的使用培训，提升村民使用信息终端录入信息和发布服务需求的能力。

附录1-1 "时间银行"积分评定细则

事项	积分内容	分 值
积美	1. 被评为"清洁家庭""五好家庭""文明家庭""优秀党员""致富能人"等荣誉称号的或者经评议进入道德红黑榜红榜的	按国家级 50 分、省级 30 分、市级 20 分、县级 10 分、乡镇级 5 分、村级 3 分予以计分
	2. 现役军人在部队获得优秀士兵及以上荣誉的	计 10 分/次
	3. 当年家中有人入伍的	计 10 分/人
	4. 因自身原因被部队退兵的	扣除 30 分/人
	5. 被评为"不清洁家庭"或进入道德红黑榜黑榜的	扣除 5 分/次
	6. 有偿退出宅基地的	拆除 60 平方米以内的计 30 分，超出 60 平方米，每增加 20 平方米，增加 10 分
	7. 自愿无偿退出宅基地给村、组使用的	拆除 60 平方米以内的计 30 分，超出 60 平方米，每增加 20 平方米，增加 10 分
积孝	1. 被评为"好媳妇""好婆婆"等荣誉称号的	按国家级 50 分、省级 30 分、市级 20 分、县级 10 分、乡镇级 5 分、村级 3 分予以计分
	2. 家庭成员不和睦、不赡养老人、不抚养小孩的	扣除 20 分/次
积善	1. 见义勇为、拾金不昧等，获得县级以上荣誉的	按国家级 50 分、省级 30 分、市级 30 分、县级 20 分予以计分
	2. 积极参与化解邻里矛盾纠纷的	计 10 分/次
	3. 与邻里产生纠纷等其他需要上级调解的家庭事件的	扣除 10 分/次
	4. 为本村单身青年说媒成功的	计 20 分/次

续表

事项	积分内容	分　值
积信	1. 诚实守信、积极履行合约、获得文明信用商户称号的	按国家级 50 分、省级 30 分、市级 20 分、县级 10 分、乡镇级 5 分、村级 3 分予以计分
	2. 未按时缴纳医保、社保的	扣除 10 分/人
	3. 无理取闹、缠访闹访、非正常上访的	扣除 10 分/次
	4. 未能及时归还银行贷款并纳入失信人员名单的	扣除 30 分/人
	5. 参与黄赌毒、黑恶势力、邪教活动的	扣除 20 分/次
	6. 有未批先建、批东建西、少批多建等违法、违规用地行为发生的或者拒不交纳宅基地有偿使用费的	扣除 20 分/次
	7. 家中出现耕地抛荒又不肯复垦种植的	扣除 20 分/次
	8. 主动拆除无保留价值房屋、闲置破旧空心房的	计 20 分/次
积勤	1. 经上级部门认定为创业致富带头人/产业基地/家庭农场示范基地等	计 10 分/次
	2. 主动参加技能培训并获得结业证书的	计 5 分/次
	3. 因无故旷工被原单位开除的	扣除 10 分/次
积俭	1. 彩礼 3 万元以下的	计 15 分/起
	2. 婚事、满月酒等不大操大办并在 10 桌以下的	计 15 分/起
	3. 彩礼 3 万元以上的	扣除 15 分/起
	4. 婚事、满月酒等大操大办在 10 桌以上的	扣除 10 分/起
	5. 未实行火化、不文明安葬的	扣除 20 分/起
积学	1. 家中有人考取博士研究生的	计 20 分/人
	2. 家中有人考取硕士研究生的	计 15 分/人
	3. 家中有人考取 985、211、双一流、一本大学的	计 10 分/人
	4. 家中有人考取在二本院校的	计 10 分/人
	5. 家中有人考取在大余中学的	计 5 分/人
	6. 家中有人考取在新城中学、梅关中学的	计 3 分/人
	7. 获得学校奖励及各类学校荣誉的	计 5 分/次
	8. 家中出现九年义务教育阶段辍学情况的	扣除 15 分/人
	9. 在学习强国 App 每学习 500 分	计 5 分/次，2021 年 9 月后生效

附录1-2 "时间银行"服务时间评定细则

服务内容	服务时间值	备注
家政服务	买菜做饭	2小时	做饭不买菜计1小时
	家庭搞卫生	1小时	—
	陪老人去医院看病	按实际时间定	—
	老人看护	按实际时间定	—
	教育辅导	按实际时间定	—
	家庭搬运	按实际时间定	不超过8小时
维修保养	家电维修	1小时	按难度系数可加1—2小时
	房屋维修	2小时	捡瓦等、按劳动强度可加1—2小时
	家具维修	1小时	按难度系数可加1—2小时
	水电维修	1小时	按难度系数可加1—2小时
其他服务	纠纷调解	1小时	—
	代办服务（证件类办理）	1小时	按劳动强度可加0.5小时
	打扫公共卫生	1小时	1000平方米1小时
	购物接送	1小时	—
	健康检查（测血压、量血糖等）	0.5小时	—
	参与森林防火宣传、疫情防控等	按实际时间定	—
	参与"清洁家庭"卫生评比	按实际时间定	—
	公益事业（爱心捐款）	按实际金额定	人民币100元=1小时

第二章

构建多元主体参与的农业社会化服务体系：莱西市金丰公社案例研究

党的十八大提出"确保谷物基本自给、口粮绝对安全"的新粮食安全观，明确了粮食安全是关系我国国民经济发展、社会稳定和乡村振兴成效的全局性重大战略问题。但随着城市化和城镇化进程的加快，大量农村中青年进城，导致农村空心化和老龄化程度不断加深，进而导致农村土地面临无人耕种情况的出现。农村地区耕地资源"量减质降"不仅直接导致了粮食播种面积的减少，同时也会造成土壤侵蚀和土地退化，可以说，耕地撂荒导致的耕地资源变化已引起各类农业生产要素分配的不均衡[1]。土地撂荒抛荒严重、乡村碎片化程度较高、农业生产科技含量不足等问题的存在成了守住国家粮食安全底线和农业农村建设的阻碍因素。习近平总书记指出："保障粮食安全，要加快转变农业发展方式，推进农业现代化，既要实现眼前的粮食产量稳定，又要形成新的竞争力，注重可持续性。"[2] 为此，政府、企业、社会组织、村民等在内的各类乡村建设主体开始转变思路，探索为农业产前、产中、产后各环节提供服务的社会化服务方式，为进一步提升农业发展的规模化、现代化水平和促进乡村振兴战略的实施找寻了新的路径。2018年5月，山东省委、省政府印发《山东省乡村振兴战略规划（2018—2022年）》，规划中明确指出要进一步完善农

---

[1] 李雨凌、马雯秋、姜广辉等：《中国粮食主产区耕地撂荒程度及其对粮食产量的影响》，《自然资源学报》2021年第6期。

[2] 《习近平关于"三农"工作论述摘编》，中央文献出版社2019年版，第84页。

业社会化服务体系,培育多元化农业社会化服务组织,向农村延伸农资供销、农机作业、农机维修、土地托管、统防统治、烘干储藏等服务职能,打造为民服务综合平台。莱西市政府也积极推进农业社会化服务体系构建,2021 年召开了青岛市农业生产社会化服务现场观摩会,指出大力发展农业生产社会化服务是破解"谁来种地、怎么种地"难题的重要抓手,是加快构建现代农业经营体系、完善农村基本经营制度、促进农业节本增效和农民增收的有效手段。在此背景下,如何通过社会化服务推动土地规模化经营,政府、企业、村两委(村民)在社会化服务中扮演什么样的角色,如何构建多元主体共赢的社会化服务体系是亟须回答的问题。对此,本章选择莱西市金丰公社的社会化服务实践作为研究案例,尝试对上述问题进行回应。

第一节 莱西市金丰公社参与莱西市农业社会化服务背景分析

一 莱西市概况及农业社会化服务现状分析

莱西市为青岛市下辖县级市,位于青岛市北部,胶东半岛东部,面积 1568.2 平方千米,家庭承包土地总面积 93.65 万亩。由 3 个街道、8 个镇以及 1 个省级经济开发区组成,户籍人口 74 万,农业人口占 59%,农村居民人均可支配收入为 25875 元[1]。2018 年,莱西市被确定为全国主要农作物生产全程机械化示范市,2019 年被确定为全国农民合作社质量提升推进试点县、全国乡村治理体系建设试点县,2021 年被确定为全国农业社会化创新服务试点县、全国小农户和现代农业有机衔接体制机制创新试点县。

2003 年 3 月 1 日《中华人民共和国农村土地承包法》实施后,莱西市开始推进农村土地承包经营权的流转。在最初阶段,土地仅在

---

[1] 《2021 年莱西市国民经济和社会发展统计公报》,莱西市政务网,2022 年 5 月 11 日,http://www.laixi.gov.cn/n1/index.html。

农户与农户之间流转，还没有形成大面积的规模化流转。2010年开始培育农业合作社，2013年开始培育家庭农场，土地规模化经营承接主体相继出现，莱西市土地规模化经营进入快速发展时期，到2014年，莱西市土地流转面积共30.2万亩[①]。2017年，为带动不愿流转经营权的农户参与土地流转、培育农业社会化服务组织等新型适度规模经营主体，莱西市开始出台相关政策文件以提升本地区农业社会化服务水平，为促进土地的规模化流转、带动农民增收、增强农村发展新动能、深入推进乡村振兴战略实施提供政策保障（见表2-1）。

表2-1　莱西市推进农业社会化服务相关政策文件汇总

印发时间	政策文件/政协提案	制定目的
2018年	《莱西市人民政府关于扶持培育新型农业经营主体发展壮大的实施意见》（西发〔2018〕36号）	引领农业适度规模化经营发展，培育农业生产服务新型农业经营主体，引导新型农业主体规范、有序、健康发展
2019年	《关于推进整建制土地规模流转的实施意见》（西发〔2019〕13号）	进一步推进本市整建制土地规模流转，优化土地资源配置，发展农业适度规模经营，优化村庄建制
2020年	《莱西市农民专业合作社质量提升整市推进试点实施方案》（西政办发〔2020〕36号）	促进全市专业合作社高质量发展，增强合作社综合能力，使其成为乡村振兴、脱贫攻坚、引导小农户和现代农业发展有机衔接的中坚力量
2020年	《关于进一步规范土地规模流转推动农业高质量发展的意见》（西办发〔2020〕15号）	规范本市土地规模流转，优化资源配置，促进乡村产业振兴，为美丽宜居乡村建设工作夯实基础
2020年	关于加强农业社会化综合服务培育力度案的答复（政协莱西市九届四次会议会字第20号）	回复政协关于加强农业社会化综合服务培育力度案，进一步完善镇级农业社会化综合服务中心建设，发挥镇级农业社会化综合服务中心作用
2021年	《莱西市农业专业化社会化服务机制创新试点实施方案》（西办字〔2021〕10号）	建立覆盖全程、综合配套、便捷高效的农业社会化服务体系，开展农业专业化、社会化服务机制创新试点工作

资料来源：莱西市农业农村局，http://www.laizhou.gov.cn/col/col20430/index.html。

---

① 《2014年莱西市国民经济和社会发展统计公报》，莱西市政务网，2015年5月29日，http://www.laixi.gov.cn/n1/index.html。

莱西市借助社会化服务组织的全程标准化、机械化的优势，为农户参与土地规模化经营提供了便利。目前，全莱西市共有开展农业社会化服务的专业合作社、农村集体经济组织、企业等各类社会化服务组织800多家，服务以小农户为主的农业经营主体20.35万个，各个环节全托管面积达到23.6万亩，为全市9万多小农户节本增收2000多万元①。

二 莱西市金丰公社概况分析

萨拉蒙的新治理理论认为，社会这一大系统是由政府、市场及公民社会三部分有机构成，三个部门分别承担着不同的职责，发挥着不同的作用，社会治理效益的提升以及公共问题的解决需要依靠各方主体共同协作②。其中，社会资本在农业社会化服务体系构建中可以在资金筹措、人力资源服务、设施供给等方面提供支持。2015年中央一号文件要求稳定和加强基层农技推广等公益性服务机构，采取购买服务等方式，鼓励和引导社会力量参与公益性服务；青岛市2018年10月发布的《青岛市支持农业生产社会化服务发展项目指导意见》及2019年制定出台的《关于创新发展农业社会化服务 壮大村级集体经济的实施意见》，均指出市场化、多元化服务主体已成为青岛市农业社会化服务的主力军，并要进一步强化公益性服务组织的基础性作用。民营经济在农业农村发展过程中一直扮演着重要参与者的角色，无论是农业民间投资增速，还是农业民间投资占全部民间投资比都在不断上升③，在提供农业社会化服务过程中发挥着重要作用。

金正大生态工程集团股份有限公司作为我国最大的民营化肥企业，顺应农业领域和农资行业的双重挑战和发展新形势，致力于发展

---

① 《我市农业生产社会化服务加速推进乡村振兴》，2022年6月2日，莱西市人民政府，http://www.laixi.gov.cn/n1/n23/n25/220602093337542123.html。
② ［美］莱斯特·M.萨拉蒙：《新政府治理与公共行为的工具对中国的启示》，李靖译，《中国行政管理》2009年第11期。
③ 李志萌、邱信丰：《民营企业参与乡村振兴现状、问题与对策》，《金融与经济》2019年第2期。

成为一个为农民服务的现代农业合作服务组织，以"让世界为你种田"为口号打造农业生产性服务的"金丰模式"，并计划到2022年在全国建立1000个县级社、服务5000万农民、覆盖3亿亩土地①，在此背景下，青岛莱西市金丰公社作为其中一个县级服务机构应运而生。莱西市金丰公社注册资金1000万元，占地12000平方米，目前有青岛惠泽农业投资开发有限公司（国有企业）、金丰公社农业服务有限公司、莱西市金丰公社农业技术合作企业以及四个个人股东，分别占股20%、40%、15%、25%，其中青岛惠泽农业投资开发有限公司是青岛莱西城市建设投资集团有限责任公司100%持股，如图2-1所示。自2014年财政部发布《财政部关于印发政府和社会资

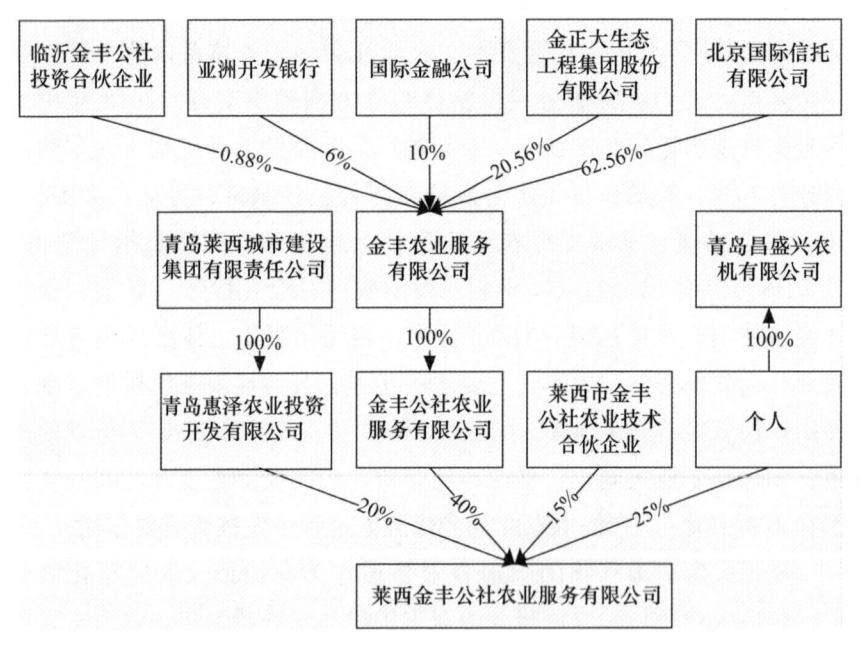

图2-1 莱西市金丰公社股权结构

资料来源：莱西市金丰公社农业服务有限公司，https://aiqicha.baidu.com/company_detail_32116661806981。

---

① 张红宇、胡凌啸：《工商资本如何为农民服务——金丰公社调研》，《农村经营管理》2019年第9期。

本合作模式操作指南（试行）的通知》规定了政府可指定相关机构依法参股项目公司后，政府与社会资本合作项目中政府持股便成为新的特点和趋势。莱西市金丰公社作为首家有政府入股、参股的公司，在实际进行农业社会化服务的过程中无形增强了自身项目运行的合法性、公益性和权威性，政府持股为推动村民进行土地流转和土地入股提供了合法性保障，成为促进莱西市土地适度规模化经营和农业发展现代化水平提升的助推剂。

莱西市金丰公社的前身是青岛昌盛兴农机有限公司，该公司主要的经营业务范围为农业机械销售、农业机械服务、农林牧副渔业专业机械的安装与维修、农业生产托管服务、农作物收割服务及其他相关服务等，后来随着农业社会化服务业务的兴起，公司法人决定在原来公司的基础上按照金正大金丰公社：莱西市政府：昌盛兴农机有限公司＝2∶2∶6的出资比例转型成立莱西市金丰公社。依托青岛昌盛兴农机有限公司在农业机械方面的资源优势，莱西市金丰公社在推进农业社会化服务方面具有先天的优势，先后购置进口拖拉机3台、大型180马力以上拖拉机10台、高秆作物喷雾机10台、无人植保机46台、液压式翻转犁10台、玉米专用免耕深松精良播种机18台、小麦打捆机10台等。[①] 除了农机供给，莱西市金丰公社依托青岛昌盛兴农机有限公司的业务经验与充分的农业服务经验能够较快地适应农业社会化服务项目的服务流程。

在实际运作过程中，莱西市金丰公社坚持市场导向和农民主体地位，立足于莱西市夏格庄镇经济相对落后、核心产业匮乏、各个村庄老龄化、空心化较为严重的现状，在政府的大力扶持与村两委和村民深度参与中，运用先进的数字化、智能化管理平台，建立了集农资供应、农技服务、技术研发、金融保险和"耕、种、管、收、售"农

---

① 整理自《莱西市金丰公社：完善利益联结机制 打造"四位一体"服务模式》，莱西市金丰公社内部资料，2020年5月6日。

机作业等为一体的农业全产业链托管服务体系①,加快推动农业转型升级,进而促进乡村振兴产业全面振兴。一场由民营企业为主导的农业社会化服务参与乡村振兴的尝试在莱西市夏格庄镇正式展开,如图2-2所示。

图2-2 莱西市金丰公社农业服务有限公司

第二节 莱西市金丰公社农业社会化服务主体分析

农业社会化服务体系的建设不能仅依靠某个单一主体实施,而应是一个包含多元化主体协同参与的复杂性、系统性工程。不同主体之间通过展开全方位、多层次的合作,有助于促进社会化服务体系的完善,从而实现"产业兴旺、生态宜居、乡风文明、治理有效、生活富裕"的乡村振兴目标。通过对莱西市金丰公社项目案例进行分析,可以将农业社会化服务的参与主体分为外生型参与主体,包括政府、农业社会化服务组织等,以及内生型参与主体,包括村两委、村民等。

---

① 《政府入股莱西市金丰公社,深度参与现代农业服务模式落地》,金正大国际,2017年7月4日,http://cn.www.kingenta.com/news.aspx?id=7213。

一 外生型主体分析

（一）政府的定位与功能

在农业社会化服务体系中，政府应该积极作为、切实履行自身责任、打造责任政府。朴晓、叶良均指出，农业社会化服务存在包括人才、金融、农机、农技等在内的多方面需求，并对政府在健全新型农业经营主体培育体系、发展金融社会化服务体系、完善农业保险制度、创新农业科技推广等方面应发挥的作用提出要求[①]。张国峰认为，政府应当担任基础设施建设者、政策扶持者、服务人才培养者等角色，为农业社会化服务组织创造良好的发展环境，以增强组织自身可持续发展能力[②]。在莱西市农业社会化服务的建设过程中，政府的角色定位可以归纳为政策制定者、资源供给者和基础设施建设者。

首先，在政策制定者定位上，不同层级的政府围绕农业社会化服务分别制定出台了不同的扶持政策。在中央政府层面，2015 年中央一号文件指出，农业社会化服务是促进农民增收的主要途径之一，必须要完善农业服务体系，帮助农民降成本、控风险。党的十七届三中全会通过的《关于推进农村改革发展若干重大问题的决定》，指出新时期农业社会化服务体系建设要按照建设现代农业的要求，建立覆盖全程、综合配套、便捷高效的服务体系，形成多层次、多形式、多主体、多样化的农业社会化服务格局。2022 年，山东省政府发布《山东省农业农村厅关于推动农业社会化服务高质量发展的实施意见》，指出将通过壮大服务主体、整合服务资源、吸引社会投入等主要措施推动农业社会化服务的发展。青岛市农业农村局则对上级政府出台的政策措施进一步细化并增强其可操作性，出台了《青岛市 2022 年度农业生产社会化服务项目实施方案》，将莱西市纳入项目实施范围，

---

① 朴晓、叶良均：《家庭农场农业社会化服务体系研究》，《内蒙古农业大学学报》2015 年第 3 期。
② 张国峰：《多方发力扶持农业专业化社会化服务组织》，《中国农机监理》2021 年第 10 期。

出台补贴标准，规定了提供农业生产托管的服务组织应具备的标准和托管服务应达到的标准等，并针对服务组织的绩效考核和绩效自述出台了一系列具体指标，为组织的项目运行提供了具体行动依据。最后，莱西市政府根据本地实际出台了各类政策，如2022年出台了《我市农业生产社会化服务加速推进乡村振兴政策》，其中包括农业社会化服务专项资金3728万元、为服务组织提供金融贷款800余万元、在全市建设100家村级农业社会化服务站点等普惠性政策内容。可见作为政策制定者的各级政府在农业社会化服务建设方面，中央政府进行顶层战略规划，规定总体方向和发展目标；省级和市级政府起到承上启下作用，既对上级政府的政策进行解读和细化，又为下级政府制定具体政策提供依据；地方政府作为实际执行部门负责具体方案和工作办法的制定与实施，并将政策传达给相关利益主体。在这个过程中各级政府各司其职，为农业社会化服务的发展提供了合法性，同时由于政策自身具有的公共性和普惠性又在一定程度上提高了政府合法性。

其次，在资源供给者角色定位上，主要体现在政府为莱西市农业社会化服务提供资金、补贴和保险等方面的资源。第一，在资金供给方面，当地政府为莱西市金丰公社提供了1亿元的专项债资金用于打造数字化产业园，产业园涉及莱西市杜家疃村、小李家疃村、大李疃村等6个行政村，建设规模约为5310亩。产业园内将配备有数字智慧农业设施、烘干设备机库、粮库、初加工车间等。数字产业园由政府提供资金进行建设，但是，莱西市政府与莱西市金丰公社之间签订回购协议，后期根据经营情况由金丰公社进行回购。此外，政府还以入股的形式助推了莱西市金丰公社的成立与运作。莱西市政府国资控股的农业投资开发公司青岛惠泽农业与莱西市金丰公社正式签署股权转让协议，莱西市政府将持有莱西市金丰公社20%的股份，莱西市金丰公社也成了首家有政府入股、参股的公司。第二，在农业补贴方面，中央财政安排资金稳步实施农机购置补贴，莱西市政府按照规定的标准为当地从事农业服务的农户、组织或者是公司提供农业机械购置补贴，很大程度上调动了农民种粮积极性，保护和提高了粮食生产能力。第三，为规避自然灾害等风险带来的损失，公社流转的每一亩土地都购买了投入成本保险、收入成本保险等农业保险，其中政府财政承担了保费中约80%的费用，政府保险兜底打消了农民和公社的顾虑，为农业社会化服务发展起到了保障作用。可以看出，在莱西市农业社会化服务建设过程中，政府以资金扶持和政府持股等形式为莱西市金丰公社社会化服务提供了硬件基础和运作保障，以农业补贴的方式调动了公社和农民的积极性，以购置农业保险的措施为农业社会化服务筑起最后一道防线。

最后，在基础设施建设者方面，2021年9月农业农村部发布的《全国高标准农田建设规划（2021—2030年）》指出，要持续推进高标准农田建设，以此支撑粮食和重要农产品生产能力的提升，并在高标准农田建设任务中明确提出山东省到2025年预计累计建成高标准农田面积7791万亩、累计改造提升面积870万亩的目标[1]，以形成更高层次、更有效率、更可持续的国家粮食安全保障基础。莱西市金丰公社自2017年成立至今托管土地面积20余万亩，土地集中连片、高产稳产、生态良好，拥有相关配套设施，并采用现代农业生产方式和经营方式，为此，政府提供了莱西市金丰公社在土地流转、实施规模化、集约化经营过程中所需的基本农田灌溉设施、土地平整工程、灌溉与排水工程、田间道路工程等硬件设施，以及政策咨询、公共信息服务等软件设施，软件和硬件相结合，为农业社会化服务提供了必要的基础设施保障。

（二）农业社会化服务组织的地位与功能

农业社会化服务组织以自身先进的管理模式、高度机械化的设备、完备的农业技术、完善的销售渠道等优势可以有效将小农户与农业现代化发展衔接起来，有助于新型农业经营主体的培育和促进土地

---

[1] 《全国高标准农田建设规划（2021—2030年）》，农业农村部官网，2021年9月6日，http://www.ntjss.moa.gov.cn/zcfb/202109/t20210915_6376511.htm。

适度规模经营的步伐。孔祥智等将农业社会化服务组织分为七类，不同类型的服务组织各有其优势，一是依托政府公共服务机构的农业社会化服务，当地农口部门牵头联合相关机构建立现代农技服务咨询平台，这类组织的权威性和组织化程度较高；二是农口以外部门如科技部，针对某一具体领域展开具有针对性的、专业化程度较高的社会化服务；三是"村集体+合作社+农户"形式，服务过程中村集体能够利用村内资源开展内外协调和联络；四是农民通过加入合作社，实现农业生产活动与农业经营活动的合理分工，农户专心于农业生产而将其他农业经营活动交由农民专业合作社来统一经营；五是龙头企业提供的农业社会化服务，龙头企业可以有效解决小农户与大市场之间的矛盾，提高农业经济效益；六是不同民间服务主体提供的农业社会化服务；七是农村金融机构提供的农业社会化服务。[1] 莱西市金丰公社是以民营企业为主体的典型代表，作为中国首家开放的现代农业服务平台，以标准化生产、专业化运作、科技化指导、社会化服务，促进了涉农资金和农产品品牌的整合。具体来说，莱西市金丰公社在促进土地适度规模化经营、提高农户收入以及提升农业现代化水平等方面发挥着一定的作用。

首先，莱西市金丰公社前身是农机销售企业，具有较强的资金优势和资源整合能力，有优势开展大面积的土地托管服务并形成规模效应。自2017年成立以来共托管了20余万亩土地，并以其提供的各类农业社会化服务实现了大规模的集中连片作业，大幅提高了农业机械的利用率。规模化经营下，莱西市金丰公社通过批量购买化肥、农药等生产资料以及农机等农业设备，降低了农业机械的使用成本和粮食生产成本，提高了现有农业资源的配置效率，完善了适度规模经营从而实现了规模经济。

其次，合作社通过统一购买生产资料和统一机械化作业，可以降

---

[1] 孔祥智、楼栋、何安华：《建立新型农业社会化服务体系：必要性、模式选择和对策建议》，《教学与研究》2012年第1期。

低农户的生产成本,在内部开展资金互助,为农户提供一定的借款,年终进行分红,从而提高农民收入[①]。第一,莱西市金丰公社凭借自身科学化种植和智能化管理能够有效实现粮食增产,公社进行统一批量售卖平均每公斤比农户单独售卖高出2—3分钱,最后的收入将以分红形式转变为农户收入;第二,土地托管服务可以使农户从繁重的农活中解放出来,从而有时间外出务工;第三,莱西市金丰公社在机械化生产的同时也需要一定的人工进行辅助,且工作内容对于农民来说简单易上手,这种临时性用工需求为本地农户提供了一定数量的工作岗位,以上种种措施都在一定程度上提高了农户的收入。

最后,现代农业要求农业发展充分利用现代物质条件、现代科学技术、现代产业体系、现代经营形式等推进农业、发展农业,农业社会化服务组织通过统一经营可以让农业发展向"发展农户联合与合作,形成多元化、多层次、多形式经营服务体系"的方向转变,作为从事机械设备行业的莱西市金丰公社拥有高精尖机械设施储备,为提升莱西市夏格庄镇农业现代化、机械化水平奠定了物质基础,此外其与夏格庄镇政府共同打造的智慧农业系统、现代化产业园提升了当地农业发展的智能化、数据化水平。

(三)乡镇级农业投资开发平台公司的定位与功能

莱西市政府作为莱西农业社会化服务的重要推动者,基本在每个乡镇都成立了乡镇级政府独资的农业投资开发平台公司,主要负责整合农村资源、资产和资本,打破村与村之间的行政界线,推动规模化土地流转,并对流转土地进行统一管理、统一运营、统一对外合作。在该案例中,乡镇级农业公司负责与莱西市金丰公社对接,是除村两委以外第二类介于农户与金丰公社之间的服务平台,具体流程为,乡镇级农业投资开发公司首先将各个乡镇的土地进行流转集约,将流转集约后的土地作为合同的标的物与莱西市金丰公社签订土地入股或土

---

① 穆娜娜、孔祥智、钟真:《农业社会化服务模式创新与农民增收的长效机制——基于多个案例的实证分析》,《江海学刊》2016年第1期。

地托管合同,再由莱西市金丰公社进行土地的评估整理和规模化种植,如图2-3所示。这种方式不仅使由当地政府牵头成立的乡镇级农业投资开发平台公司担任了间接担保人的角色,增加了农户对农业社会化服务以及土地入股的信任感,并且对公社来说大大降低了与原子化的农户进行沟通的成本耗费,提高了服务效率。

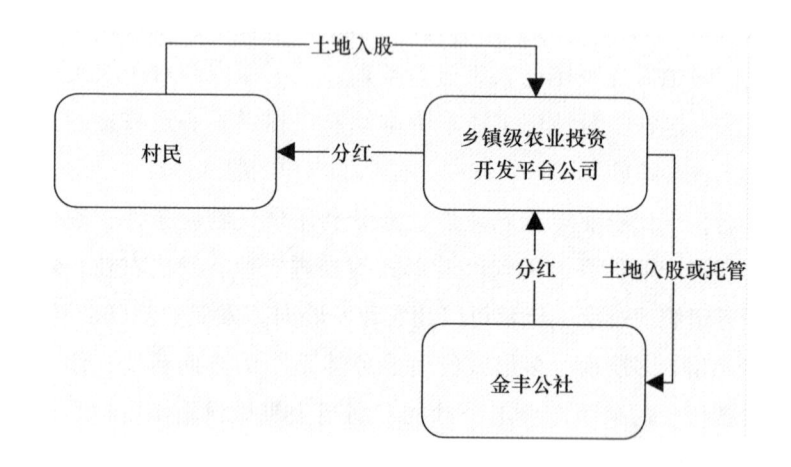

图2-3 乡镇级农业投资开发平台公司运营模式

二 内生型主体分析

农业社会化服务体系的构建不仅需要政府和社会化服务组织等外生型主体的嵌入,还要重视乡村内部组织及村民等内生型主体的地位与作用。相较之下,内生型主体是社会化服务的直接利益相关者,其实际需求是社会化服务体系构建的逻辑起点和内在动力。因此,要使农业社会化服务体系真正发挥作用、确保乡村振兴的正确发展路径,需要重视内生型主体的主体地位。在莱西市夏格庄镇案例中,内生型主体主要是指村两委和村民,他们生活在本村,对本村的实际状况更为了解,对于农业社会化服务的发展方向更有发言权,村两委主要承担着组织动员、利益协调的职责,村民主要扮演委托者、股东、劳动者的角色。

(一)村集体(经济合作社)的定位与作用

村集体(经济合作社)因其处在农村治理触角的最前端,对所在地区的方方面面都有较深的了解，能够有针对性地、因地制宜地进行领导和组织，可以说村集体（经济合作社）作用发挥的程度在一定意义上决定了农业社会化服务实施的成效。在莱西市推进农业社会化服务的过程中，村集体（经济合作社）主要发挥了以下作用。第一，组织动员作用。村集体（经济合作社）负责把党和国家的方针政策转化为具体行动，因此不断深入群众内部，坚持走访联系群众，对症下药地向农户普及土地托管以及规模化、机械化、科学化经营的益处，精准了解他们的诉求和需要，宣传农户加入莱西市金丰公社。在此过程中村集体（经济合作社）每年可以获得公社一成的利润分红以作激励。莱西市金丰公社经理说道："分红四六分的六我们是给农民的，四是我和村集体的，我拿三村集体拿一，比如说那个村1000亩地，去年都分了1000多块钱，村集体这一年下来也分了几万块钱，那也非常好，因为村集体有收入了也愿意干这个事，村集体一旦把这个土地集约化了之后就会减少很多纠纷。"[1] 村集体（经济合作社）的积极介入为土地流转进程和打造现代农业起到了推动作用。第二，利益协调作用。村集体（经济合作社）负责化解农业社会化服务过程中可能产生的各种利益矛盾，保证各主体之间的利益协调、关系和谐以及农村社会的稳定。村集体（经济合作社）作为莱西市金丰公社与村民之间沟通的桥梁，代表公社直接面对村民进行土地集约，不仅化解了以前不同农作物种植户之间可能产生的摩擦与纠纷，而且有效解决了公社与农户沟通交流成本高这一现实困境。此外，每年粮食收割时村集体（经济合作社）都会派人去参加产粮评估，增强了粮食产粮评估结果的准确性和权威性，避免了不必要的利益纠纷，"这个地块都是连在一起的，然后我们做一个综合评估，他们村里村集体出一个人、会计，还有他们当地出两个人，统一在地里做一下评估。老百姓也能看见，就这个数，这个每年是没有任何纠纷的"[2]。

---

[1] 莱西市金丰公社总经理访谈，时间：2022年4月22日，地点：莱西市夏格庄镇金丰公社会议室。

[2] 莱西市金丰公社总经理访谈，时间：2022年4月22日，地点：莱西市夏格庄镇金丰公社会议室。

(二) 村民的定位与功能

习近平总书记指出:"充分发挥农民主体作用和首创精神……坚持不懈推进农村改革和制度创新。"[①] 村民作为乡村振兴的真正主体和直接利益相关者,应该被给予足够的重视,自身也应深度参与农村公共服务机制和农业社会化服务体系构建过程,在莱西市金丰公社案例中,村民可以定位为委托主体、股东主体和劳动者主体,如图2-4所示。

第一,委托主体。委托代理关系实际上是一种契约关系,在这种契约关系下,委托人为了实现自己的某些利益或目的,以签订协议的方式授权代理人代替其进行某些活动。在该案例中,村民借助村集体(经济合作社)或者乡镇级农业投资开发平台公司与莱西市金丰公社建立土地托管协议,将自己的土地半程或全程交由给公社进行经营、管理,在此过程中,村民与公社之间实际上形成了委托—代理关系,村民作为委托主体每年向公社缴纳约1100元的托管费用,莱西市金丰公社作为托管方按照农民的需求为其土地提供"耕、种、管、收、售"等环节的农业社会化服务。与一般意义上的委托—代理关系相比,由于农民属于弱势群体,所以在农户与金丰公社之间的委托—代理关系之中互助互惠也成了公社的原则之一,对互惠的关注已经成为公社领导人及社员处理农业服务事项时所必须考虑的重要因素。

第二,股东主体。股权制度是确定小农户与外部主体财产结构和收益分配的重要安排,也是农民从产业发展中获益的一个主要方式[②],在公社提供的"土地入股+保底分红"模式中,农民通过入股的方式将土地流转给村集体(经济合作社)或乡镇级农业投资开发平台公司,再由后者将土地流转给莱西市金丰公社,自身成了股东。这种模式下,农民不需要参与农业生产的任何环节便可获得该年最终农作物收成的六成利润分红,即使当年庄稼长势不好,在颗

[①] 《中共中央关于推进农村改革发展若干重大问题的决定》,人民出版社2008年版,第9、10页。

[②] 杨帅、唐溧、陈春文:《内生性视角下的"农民变股东"——以陕西省袁家村为例看农村股权制度演变逻辑》,《学术研究》2020年第11期。

粒无收的情况下也可获得至少 300 元的保底收入。与委托主体相比，土地入股能在更大程度上将农民从土地中解放出来，农民也可以获得更加稳定的收入。

第三，劳动者主体。目前全莱西市共有 5000 余名农户加入公社，招募农机手 500 余名，干旱年份的农田灌溉有时会需要人工辅助，这时公社内的农户社员便成了招工的对象，作为劳动生产者的农民通过进行一些简单易操作的体力活参与农业生产过程。所以莱西市金丰公社通过劳务外包的形式不仅增加了农民收入，同时也激发了他们作为内生主体的活力。

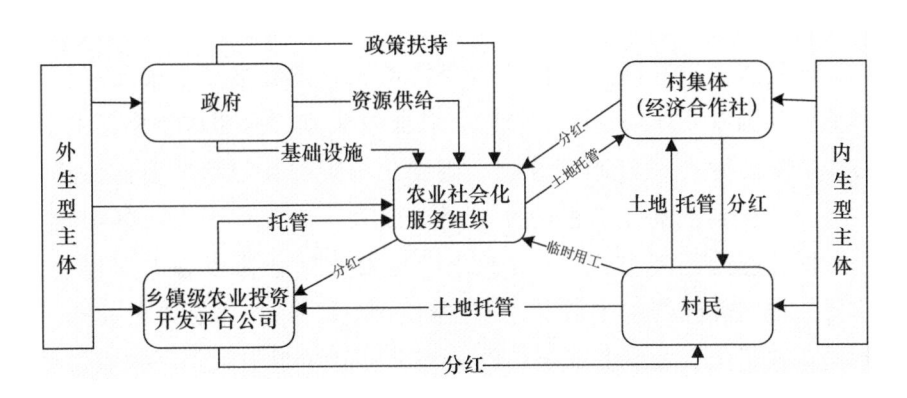

图 2-4 莱西市金丰公社农业社会化服务各参与主体关系

第三节 莱西市金丰公社主要做法与效果分析

2017 年 11 月 6 日，莱西市金丰公社在莱西市体育中心召开成立大会，宣布由莱西市政府入股的莱西市金丰公社正式落地。公社从"树立服务形象""构建服务能力""招募服务对象"等方面入手，以"培养休闲地主，我做快乐长工"为发展目标[1]，通过土地托管、土地入股等方式加速土地有序流转、提升土地集约化程度；注入科学

---

[1] 《政府入股莱西市金丰公社，深度参与现代农业服务模式落地》，金正大国际，2017 年 11 月 7 日，http://cn.www.kingenta.com/news.aspx? id = 7213。

化、智能化要素打造智慧农业系统，提高农业发展的科技化水平；加大全自动机械化设备投入，构建包含"产前、产中、产后"的全产业链农业社会化服务体系，提高农户种植收益，加速农业现代化进程，完善农业社会化服务体系构建，助推乡村振兴战略实施。

一 莱西市金丰公社的主要做法分析

自党的十九大报告正式提出实施乡村战略之后，加快培育各类农业社会化服务体系，培育农业产业化联合体，将小农户融入农业产业链等措施被陆续写入中央一号文件。农业社会化服务组织能够以其自身先进的管理模式、高度机械化的设备、完备的农业技术、完善的销售渠道等助力农村地区经济增长并发展适度规模化经营。目前，我国农业发展进入新阶段，农业发展方式由粗放型向集约型转变，农业生产经营的专业化、组织化、集群化趋势明显。然而，各类农业社会化服务组织的发展还难以充分满足广大农民的需求，公共服务能力还不够强[1]。因此，加强农业社会化服务组织建设，培育新型农业经营主体和服务主体刻不容缓。莱西市金丰公社作为中国首家现代农业服务平台，以莱西市夏格庄镇为试点，依托智慧化农业系统和高度机械化生产方式，探索形成了以土地托管为核心的农业社会化服务方式。

（一）土地托管服务

土地托管，也称农业生产托管，是农业社会化服务的典型形式之一，具体是指农户将农业生产中"耕、种、防、管、收"的一个或多个环节，通过市场向社会化服务主体购买专业服务的过程[2]。托管过程中形成了"社会化服务组织+村集体+乡镇级农业投资开发平台公司"的发展模式，即村集体或乡镇级农业投资开发平台公司对土地进行统

---

[1] 孔祥智、楼栋、何安华：《建立新型农业社会化服务体系：必要性、模式选择和对策建议》，《教学与研究》2012年第1期。
[2] 《"土地托管"与"农地流转"异同点辨析》，中国农业新闻网，2017年2月11日，http://www.Farmer.Com.cn/xwpd/jjsn/201702/t20170211_1274470.htm。

一流转整理，根据农户自身意愿，统一接受农业服务组织提供的不同形式的团购式托管服务，避免了服务组织与一家一户对接协调导致的效率低下、沟通成本较高的弊端。农业社会化服务组织对托管的土地进行统一生产经营，农户向其支付一定的托管费用，托管方的收益则主要来自托管费、农资和粮食价差。根据规模经济理论，土地规模越大，其成本越低、利润越高，由于农业社会化服务组织承接了农民的大面积土地，实现了大田托管，集中连片后的土地可以进行规模经营，由此形成了规模效应，极大地降低了物化成本，促进了农民增收。莱西市金丰公社通过村集体或乡镇级农业投资开发平台公司与农户签订生产托管协议，采取统一供种、统一耕种、统一管理、统一防治、统一收获、统一销售的"六统一"方式提供标准化托管服务，保证产量不低于当年当地平均产量。目前，莱西市金丰公社共吸纳农户5000余名，托管20余万亩土地，公社根据社员的差异化、多样化需求研究推广了多种托管模式结合的农业服务方案，由社员根据自身实际情况自主选择，如图2-5所示。

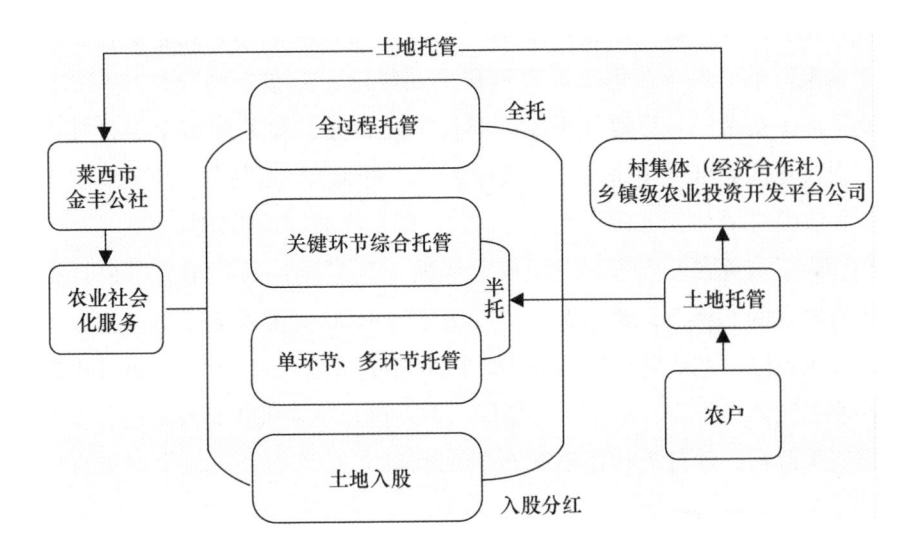

图2-5 莱西市金丰公社土地托管模式

1. 全过程托管模式

全过程托管模式顾名思义就是农民在保留土地所有权和经营权不变动的前提下，将自己的土地交由公社代为进行农业生产"产前、产中、产后"全产业链经营管理的活动，目前这种全程托管模式主要应用于小麦、玉米等大田作物的种植，适合于农户家中劳动力常年外出打工、无人种地导致土地抛荒的情况。在实际运作过程中，由莱西市金丰公社与村集体或乡镇级农业投资开发平台公司签订协议，村集体或乡镇级农业投资开发平台公司再直接面对农户签订土地托管协议，并利用自身的组织协调能力置换连片耕地，在不流转土地的前提下，农户只需提前缴纳一定的托管费用，便可享受到莱西市金丰公社为农户提供的"耕、种、管、收、售"全过程托管服务。莱西市金丰公社负责提供种子、化肥、农药、地膜等生产资料的垫资服务，旋耕、施肥、播种、铺膜、中耕、追肥、灌溉等田间作业服务，以及产品收获、加工、销售服务，并且公社凭借自身优势实现了生产全过程的高度机械化和智能化[1]，农户可获得扣除农资成本和服务费后的全部收益。全过程托管模式使农户的生产成本与以往相比大幅下降，托管前，农户要承担种子、农药、化肥等农资费用及耕地、起垄、播种、打药、收割等雇工费用，一亩地每年净利润仅有几百元。而莱西市金丰公社以其规模化优势可以使每亩地农机服务成本降低 40 元左右，小麦、玉米秸秆收储可增加收入 260 元左右，农户每亩净利润能够增加 300 元。此外，为了避免自然灾害等对庄稼收成的不利影响，莱西市金丰公社在政府财政的支持下，给每亩地均缴纳了约 1000 元的农业保险费用，用以分担风险，起到兜底保障作用。2020 年完成全托土地 5100 亩，小麦春季飞防 1.6 万亩，玉米统一植保 1.1 万亩，小麦机收 5 万余亩，玉米机播 4 万亩，秸秆灭茬还田 1.3 万余亩[2]。

---

[1] 《聚资源 建网络 打造托管服务平台》，农业农村部官网，2019 年 5 月 21 日，http://www.hzjjs.moa.gov.cn/nyshhfw/201905/t20190521_6313311.htm。

[2] 王晓艳、马玉玉、刘华彬：《莱西市推进现代农业社会化服务的路径及探索》，《中国农民合作社》2021 年第 12 期。

2. 关键环节综合托管模式

即农户根据签订的托管协议中规定的套餐内容，莱西市金丰公社与农户之间合理分工，其中公社负责招聘专业的农技师、农艺师，他们通过实地考察和自身的专业经验，根据农户种植作物种类及土壤特点，搭配生成具有针对性的特色农作物全程种植方案，并提供种子、肥料、农药等基本农资以及机耕、机播等机械化作业服务和技术支持服务；农户则负责承担部分人工作业内容，包括人工播种、人工灌溉、人工打药、人工采收等日常田间管理。最终庄稼收获后，农户可以根据实际情况自由选择销售方式，既能自行进入市场进行售卖，也可以依据协议约定交由莱西市金丰公社代为销售，收益归农户所有。

关键环节综合托管模式节本增效成果显著。现有胡萝卜托管9000亩，土豆托管4000亩，花生托管4000亩。以农户种植花生为例，传统种植方式的成本需要770元/亩，莱西市金丰公社统一种植成本仅需要639元/亩，传统花生种植平均一亩地的收入大概在400元左右，通过莱西市金丰公社高油酸花生订单种植，每亩收益可以提高到700元左右，减少投入20%，增加收入55%。按照目前订单2000亩的花生计算，共计约为农民增收60万元[①]。2017年，因莱西地区部分农田重复栽种胡萝卜造成了其大面积死苗，阻碍了胡萝卜后续持续种植。夏格庄镇宁家庄村村民江明臣便尝试将自家部分种植胡萝卜的土地托管给公社，莱西市金丰公社的农业专家实地考察后因地制宜采取了"良种+良肥+良法"种植模式，经测土配方施肥和土壤改良后，不仅彻底消除了死苗现象，并且实现了胡萝卜种植增产10%—20%。农户看到了莱西市金丰公社的负责任的态度、科学化的种植方法和相关人员的专业能力，并且考虑到土地托管省出的时间还可用来进行外出务工增加收入，于是2018年在村民江明臣的带动下，宁家庄村以及周边其他几个村庄的农户纷纷加入莱西市金丰公社，总共托管面积达到3000多亩。

---

① 《聚资源 建网络 打造托管服务平台》，农业农村部，2019年5月21日，http://www.hzjjs.moa.gov.cn/nyshhfw/201905/t20190521_6313311.htm。

3. 单环节、多环节托管模式

这种托管方式适合于家庭经营意愿较强的农户，莱西市金丰公社可以为其提供单环节或多环节的托管服务。比如上述提到的提供种子、化肥等生产所需的部分农资，以及提供机插、机收等机械化服务。莱西市金丰公社利用自己前身是农机销售企业的优势，购买南京数溪科技有限公司的技术服务，提升托管土地粮食种植的机械化、科技化、智能化水平，满足不同农户的托管需求。现已提供小麦多环节托管 1277 亩，玉米多环节托管 10452 亩，土豆多环节托管 4104 亩，花生多环节托管 2783 亩①。

4. 土地入股模式

党的十七届三中全会提出，允许农民以转包、出租、互换、转让、股份合作等形式流转土地承包经营权，发展多种形式的适度规模，土地入股模式作为适度规模经营的一种实现方式，指的是农户以土地经营权的方式入股公司或合作社，并通过划分股权比例，按照股权比例给土地入股的农户分红。莱西市金丰公社探索了"土地入股+保底分红"的托管新模式，农户入股后能获得庄稼收割售卖后纯收益的60%，在当年收成不好的情况下农户仍可获得最低300元的保底收入；莱西市金丰公社垫资生产（农资、管理、农机作业），获得40%的盈利分红；村集体可以从公社40%的盈利分红中分得10%；镇村服务站收取每亩200—400元不等的生产托管服务费。这种托管模式是目前莱西市金丰公社最主要的一种托管模式，占到土地托管的80%左右。公社以"利"为纽带，合理兼顾农户、村集体、镇村服务站各方利益，不断完善土地入股、收入保底、盈余分红的利益分配机制，实现了利益共享，充分调动了各方积极性，从而实现多方共赢。截至2019年年底，刘家疃村全村共650亩土地入股莱西市金丰公社托管，小麦、玉米两季作物全年每亩300元作为保底收益，年底

---

① 《聚资源　建网络　打造托管服务平台》，农业农村部，2019年5月21日，http://www.hzjjs.moa.gov.cn/nyshhfw/201905/t20190521_ 6313311.htm。

每亩实际分到收益1000元，仅此一项村集体当年增加收入10万元。为了防止自然灾害等影响，公社和政府财政共同为土地购买了保险进行兜底，使农户即使在全年颗粒无收的情况下也可以获得300元/亩的保底收益，打消了农户的顾虑，为公社的托管服务提供了保障。

（二）构建农业全产业链服务体系

莱西市金丰公社不断拓展服务领域，撬动了上游农资企业、中游农资经销商、下游农户的全产业链变革，并善于利用平台资源对接、联合多家金融机构进行金融助农，总体来说，起到了"聚资源、建网络、做服务"的作用。

首先，在产业链前端整合资源，构建全方位服务体系。莱西市金丰公社前身是农机销售公司，在公司发展过程中聚合了农业种植业产业链的全球优势资源，通过连接、整合多方资源，有利于构建全方位的社会化服务体系。在农业金融环节，有世界银行集团国际金融公司、蚂蚁金服农村金融、华夏银行等多家大型金融机构的支持；在农资和农业生产环节，有金正大、巴斯夫、拜耳等业界领先的农资农机企业扶持；在销售环节，有正大集团、鲁花集团、阿里巴巴等营销龙头企业，从而为莱西市金丰公社提供土壤修复、全程作物营养方案、农作物品质提升、农机具销售租赁、农技培训指导、机播手代种代收等农业社会化服务环节提供了基础。

其次，在产业链中端搭建网络，推动农业现代化发展。莱西市金丰公社立足于互联网、智能化新时代，打造以农化企业为主的开放、协调、共享的为农服务平台，营造网络化的为农服务新空间，从而给所有参与者开展为民服务项目提供了契机。服务网络平台的具体操作上，在县级设立大社长、小社长、农技师、社员，他们按照分工分别承担区域内的管理和相关服务工作，信息融通，统筹整合，共享平台优质资源，共推现代农业发展[①]。

---

① 《临沂乡村振兴典型案例（十一）（产业篇），金丰公社农业社会化服务新模式探索与实践》，在临沂客户端，2020年12月31日，https://App. langya. cn/a/291891. html。

最后，在产业链终端提供服务，满足农户利益诉求。莱西市金丰公社通过土地规模化经营节约成本、提高收益，以信息化手段提高生产率和效率，以优质的产品和服务获取农户信任、提高用户黏性。莱西市金丰公社在具体开展农业社会化服务的过程中，主要是通过实行菜单式土地托管的形式，为农业生产提供耕、种、管、售等全部或部分环节服务，搭建公社与农户之间的稳定产销关系。不仅能够让农民从繁重琐碎的农活中解脱出来，还可以为农户腾出更多的务工时间，减少其因粮食种植、销售事务而耽误的时间与收入，真正实现农户的利益诉求。

此外，莱西市金丰公社还利用现有资源优势对接、联合多家金融机构，获取第三方贷款支持，为产后提供政策险和商业险服务，为农户参与农业生产活动起到了保障作用。截至2020年年底，莱西市金丰公社共完成无息和贴息贷款近800万元，用于农资、农机等设备设施购买的贷款利息全部由莱西市金丰公社承担，农户则可以享受一年无息贷款政策，方便了农业生产大户的农业机械化提升和规模扩大。

二 莱西市金丰公社农业社会化服务效果分析

（一）整体效果分析

近年来，随着农村青壮年劳动力的外流，农民老龄化现象日益凸显。土地不能充分流转，地块难以做到集中连片，土地细碎化成为制约农业机械化发展的"瓶颈"。关于"谁来种地""如何种地"问题，亟须寻找一种科学有效的方法解决。在莱西市的组织引领和政策扶持下，莱西市金丰公社积极创新农业社会化服务路径模式，购置多台拖拉机、高秆作物喷雾机、无人植保机、液压式翻转犁、卷盘式喷灌机、灭茬播种机等智能化机械化设备，可进行土地平整、耕种、植保、收获等农业生产全环节作业，作业范围覆盖莱西全市并辐射到莱阳、即墨、栖霞、威海等多个地区，截至2022年，仅莱西市累计作业面积超过40万亩，年经营收入5000余万元，其中半托管20余万亩、全程托管3万余亩、土地入股1万余亩①。在促进莱西市土地流转和适度规模化经营、促进农民增收、提升农业发展现代化科技化水平、推动乡村振兴建设进程等方面起到了独特作用。

（二）农业社会化服务效果分析

农业社会化服务是指由社会上各类服务机构为农业生产提供的产前、产中、产后全过程综合配套服务，近年来出现的"土地托管"正是农业社会化服务的一种形式。莱西市金丰公社以农机作业切入生产托管服务，依托金丰公社的平台资源，与莱西市政府及相关农业企业建立了长期稳固的战略合作关系，提供粮食生产全产业链服务，满足了农村不同群体的托管需求。

土地托管服务模式提升了粮食生产的规模化、标准化、机械化、专业化"四化"水平。土地托管的核心优势在于，在不改变土地经营权的基础上，通过土地的集中连片和规模经营，降低生产成本，提高生产效率，获得规模经济优势。莱西市金丰公社通过开展社会化服务组织与农户签订社会化服务合同等形式，对土地进行集中整理，形成服务型规模经营。截至2021年，莱西市累计进行土地规模化经营面积共计70.4万亩，其中公社规模经营面积达1.3万亩，占全市规模化经营面积的1.8%②。目前莱西市金丰公社以种植玉米、小麦为主，这两类粮食作物属于土地密集型农业，适用于大型农业机械设备进行作业，目前，我国主要农作物耕种收综合机械化率超过70%，农业机械化得到了广大农户的认可，也为发展农业社会化奠定了基础，公社基于自身机械设备优势，并在农机购置补贴政策支持下，针对粮食生产购置高秆作物喷雾机、无人植保机、液压式翻转犁、卷盘式喷灌机、大马力拖拉机等农业机械，节省了人工成本，提高了生产效率。同时，公社会统一采购生产资料，按照统一的规程进行标准化

---

① 金丰公社总经理访谈，时间：2022年6月8日，地点：莱西市夏格庄镇金丰公社会议室。

② 《2021年莱西市国民经济和社会发展统计公报》，莱西市政务网，2022年5月11日，http://www.laixi.gov.cn/n1/index.html。

管理，并针对粮食生产的不同过程配备专业人员、采用先进适用技术、加强配套服务等，实现粮食生产的标准化与专业化。在生产过程中，通过广泛采用精量播种、病虫害综合防治、测土配方施肥、深松深翻、秸秆还田等先进技术，实现了科学化生产。

土地托管服务实现了农业生产的节本增效。在节本方面，农资用量和农资价格都有所降低。由于莱西市金丰公社对农资进行了集中采购，农资采购数量大，在农资采购市场能以低于市场价的价格采购农资，降低了农资成本，农业服务价格也因此偏低。各种物化成本的大幅下降，一年按小麦、玉米两季算，每亩地节本近200元。在增效方面，以农药喷洒为例，莱西市金丰公社采取飞机飞防的方式进行喷洒，用药浓度大但是喷洒均匀、用时短，极大减少了农药的浪费，提高了喷洒效率，"因为飞机飞防它喷洒的药浓度稍微高一些，但是喷洒的非常均匀，穿透力特别强，它从高空上往下压，第一喷射力度大，刚开始我们从第一批五公斤，五公斤打个不到十亩地就下来了，再下来再喷射，那天的工作量大概二三百亩，现在T40到了40升了，就不断在优化，已经第七代了。现在的飞机一天打1000亩地没问题"[①]。此外，由于粮食生产规模化、标准化、科学化种植水平不断提高，有效提高了土地利用率和粮食品质，平均每亩增产10%以上，每亩收入增加200元左右。以玉米种植为例，玉米实现规模化种植后，吸引了大量的农牧企业如蒙牛乳业、光明乳业等前来预订青贮饲料等，增加了当地收入。由于各社会化服务组织对新品种、新技术、新机具及新模式的接受能力强，通过开展托管服务，全市测土配方施肥、水肥一体化、秸秆还田、植保飞防等技术加快推广应用，粮食良种覆盖率达到98%以上，水肥一体化面积累计达到37.1万亩，主要农作物通防统治率达到90.8%，主要农作物绿色防控覆盖率达到85.4%，秸秆综合利用率达到94%，主要农作物全程机械化率达到

---

① 莱西市金丰公社总经理访谈，时间：2022年4月22日，地点：莱西市夏格庄镇金丰公社会议室。

90%以上①，推动了农业绿色发展，加快了全市农业现代化进程。

土地托管服务提升了农民收入和幸福感。一方面，将农民从繁重琐碎的农事中解脱出来，农民不用干农活就能获得比亲自种地更高的收入。截至2020年年底，莱西市金丰公社共实施小麦打捆离田作业3万亩，玉米多环节托管3万亩，耕、种、飞防、收等多环节托管3万余亩。每亩可为农民节省成本20元，按6万亩计算可为农民节省120万元。其他日常田间管理由农户自己承担，充分体现了农业生产托管的灵活性和多样性。另外，土地托管服务的优势除了增加农户粮食收益，更重要的是为农户腾出了务工时间，"种粮+务工"型农民数量增多，土地托管后进城务工的农民将自家土地交给公社进行经营管理，可以选择受雇于一些长期、稳定的职业，增加了务工人员对"五险一金"等福利待遇的享用机会。此外，公社不仅为农户提供金融贷款方面的便利，使农民享受12个月的无息贷款，还为每亩土地购买了保险，即使在颗粒无收的情况下农民也能获得最低300元的保底收入，最大化地顾及了农民的利益，尊重了农民的主体地位。可见，土地托管等农业社会化服务不仅促进了农民职业化，又化解了土地"撂荒化""非粮化"甚至"非农化"问题，保障了粮食安全。

第四节　莱西市金丰公社创新模式分析

一　培育推进土地适度规模化经营的新型主体

土地规模化经营是对土地进行集中的管理、经营，可分为土地流转和社会化服务两种方式。一种是农户掌握农村土地承包权，流转农村土地经营权，获取土地流转费用。另一种指农户享有土地承包权、经营权，寻求社会化服务组织的帮助，由农业社会化服务组织负责管理种植活动，农户拥有农作物的处理权。截至2021年，莱西市累计

---

①　整理自《莱西市农业生产社会化服务工作情况汇报》，金丰公社内部资料，2021年6月22日。

土地规模化经营面积共计 70.4 万亩，土地经营规模化率达到 75.17%，其中，农户托管（社会化服务）面积约占土地规模化经营总面积的 39.18%，见表 2-2 和表 2-3。

表 2-2 2019—2021 年莱西市土地规模经营面积、土地规模化率及土地规模化经营面积增长率

年份	面积（万亩）	规模化率（%）	同比增长（%）
2019	60.99	62.37	12.29
2020	66.62	70	9.23
2021	70.4	75.17	5.27

资料来源：根据莱西市统计年报数据整理而得。

表 2-3 2021 年莱西市土地规模化经营主体情况

土地规模经营总面积（万亩）	土地经营规模化率（%）	经营土地情况				托管情况
^	^	土地股份合作社（万亩）	农民专业合作社（万亩）	家庭农场（含种植大户）（万亩）	农业企业（万亩）	小农户接受土地耕种防收四环节托管情况（万亩）
70.4	75.17	7.3	9	16.7	9.9	27.6

资料来源：根据莱西市统计年报数据整理而得。

由表 2-3 可以看出 2021 年莱西市土地规模化经营情况主要由以下几方面组成。土地股份合作社经营面积 7.3 万亩，农民专业合作社经营面积 9 万亩，家庭农场（含种植大户）经营面积 16.7 万亩，农业企业经营面积 9.9 万亩，托管面积 27.6 万亩。可以看出，土地托管面积在规模化经营中面积最大，约占土地规模化经营总面积的 39.18%。2017 年出于为带动不愿流转经营权的农户参与土地流转、提高本市农业社会化服务水平等目的考虑，莱西市开始注重在全市范围内培育农业社会化服务组织，社会化服务和土地流转共同构成了现在的土地规模化经营格局。而社会化服务组织以全程标准化、机械化的优势，为农户参与土地规模化经营提供了便利，让普通农户得以共享现代农业发展

红利，农业社会化服务组织成为推进土地适度规模化经营的新型主体。

二 土地托管将成为农业社会化服务的重要手段

2015年中央一号文件提出，要将农业社会化服务作为促进农民增收的主要途径之一。增加农民收入，必须完善农业服务体系，帮助农民降成本、控风险[1]。土地托管作为一种不同于土地流转的农业社会化服务方式，与传统土地流转的最大区别在于，托管农户不仅保留着土地的承包权，也保留着土地的经营权（使用权）和收益权，有效解决了不愿意流转土地经营权农户的种粮需求，农户仅是享用土地托管服务方提供的菜单式服务，并照单支付服务费用。土地托管服务方的收益一方面来自上述托管费，另一方面靠赚取农资、粮食价差[2]。莱西市金丰公社提供的农业社会化服务方式中最主要的构成部分是土地托管模式，土地托管又分为全过程托管模式，关键环节托管模式，单环节、多环节托管模式和土地入股等模式，每种模式各有其适用性，农户可根据自身情况进行自由选择。如对季节性外出打工、家庭劳动力不足或缺少机械、技术的农民，莱西市金丰公社创新开展的"菜单式服务关键环节托管模式"在各服务站公布各类农资和各环节机械化作业服务团购费用，农户根据自身需求，对照公司提供的服务清单按需点单、自愿选购，公司根据农户所选项目定期或预约上门服务。土地托管服务在提高生产效率、促进农民增收、实现小农户与现代农业有机衔接等方面起到了重要的促进作用，完善了农业社会化服务体系并成为其不可或缺的组成部分。

三 推行"服务组织+村集体+乡镇级农业投资开发平台公司"新型联结方式

土地托管事关小农户切身利益与土地托管的可持续发展，若农户

---

[1] 穆娜娜、孔祥智、钟真：《农业社会化服务模式创新与农民增收的长效机制——基于多个案例的实证分析》，《江海学刊》2016年第1期。

[2] 孙晓燕、苏昕：《土地托管、总收益与种粮意愿——兼业农户粮食增效与务工增收视角》，《农业经济问题》2012年第8期。

与服务组织直接对接进行土地托管,一方面,由于土地托管作业规模庞大、监督困难,托管服务组织可能会出现利用信息优势地位降低托管质量或提高托管价格的情况,小农户自身利益受损的情况下极易"退出"托管,产生农户违约风险;另一方面,由于我国农户规模小、数量多且具有碎片化特征,异质性农户的土地托管多样化需求使服务组织对接农户面临较高的交易成本,从而易引发服务组织违约风险[1]。因此,莱西市金丰公社推广发展了"服务组织+村集体+乡镇级农业投资开发平台公司"的新型联结方式,即莱西市金丰公社与村集体或乡镇级农业投资开发平台公司签订协议,村集体通过获得利润分红的激励方式对土地进行统一整理,在尊重村民意愿的前提下,动员组织村民认同农业社会化服务,统一接受农业服务组织提供的不同形式的托管服务,避免了从前公社负责人一家一户上门对接协调的弊端,村集体及乡镇级农业投资开发平台公司共同搭建了公社与农户之间信任的桥梁,有利于增强农户、公社和村集体或乡镇级农业投资开发平台公司之间的利益联结,实现多方共赢。

四 连接多方资源,实现农业现代化

"目前我国从事农业生产的劳动力平均年龄在50岁以上,上海等经济发达地区务农农民年龄已接近60岁。"[2] 而农业社会服务组织进行统一经营可以让农业发展向"发展农户联合与合作,形成多元化、多层次、多形式经营服务体系"的方向转变,从而发展壮大集体经济,增强集体组织服务功能,培育农民新型合作组织。莱西市金丰公社通过积极连接多方资源,实现农业现代化水平。在聚集优势品牌资源方面,公社整合农业种植业全产业链各环节上的优质资源,致力于为农民提供高质量的农业社会化服务。在种苗培育方面,与厦门好利

---

[1] 韩庆龄:《小农户经营与农业社会化服务的衔接困境——以山东省M县土地托管为例》,《南京农业大学学报》(社会科学版)2019年第2期。

[2] 张红宇:《城镇化进程中农村劳动力转移:战略抉择和政策思路》,《中国农村经济》2011年第6期。

得、山东沃华农业等蔬菜种苗培育公司合作，通过营养改善和标准化管理提高种苗成活率和抗病性。在销售方面，与天猫、京东、快手、抖音等电商/媒体合作，开创了"农产品种植—电商/媒体销售"的一体化业务合作模式。在聚集金融保险资源方面，与世界银行集团国际金融服务公司、蚂蚁金服、光大消费金融、华夏银行、农金圈等金融机构确定合作关系，为农业生产全过程提供供应链金融保障服务。同时，与太平保险、太平洋保险等全国和区域性保险机构洽谈合作，为托管区域的农户提供农业政策性保险和商业保险。截至2020年年底，莱西市金丰公社共完成无息和贴息贷款近800万元，有效解决了农户融资难、融资贵的问题。

第五节　莱西市金丰公社案例经验总结及对其他地区的启示

一　经验与启示

（一）建立分级体系，细化服务内容

在莱西市金丰公社成立的初期，为了吸引农户进行土地入股或托管，在面对全镇乃至全市绝大部分农户都是自有土地面积不大的小农户的情况下，公司往往直接面向农户进行农业社会化服务的宣传和介绍工作，由于农户及土地的分散性，协调成本高且难以形成规模经营。为解决托管服务过程中直接与小农户协调难、工作量太大和土地集中难的问题，公司搭建了"中心+镇村服务站+村集体+农户"四级服务网络[①]。由公司直接联系村集体，再由村集体做农户的工作，政府补贴的保险金额承担了化解风险的角色，使农户能够放心地在双重保障的加持下将土地交给莱西市金丰公社管理。此外，在细化服务方面，公司优化整合了原有的农资销售、服务网点，统一建成了"全

---

① 整理自《莱西市金丰公社：完善利益联结机制　打造"四位一体"服务模式》，莱西市金丰公社内部资料，2020年5月6日。

程机械化+综合农事"服务中心,在全市建成30处镇村级服务站,每处服务站辐射周边3000—5000农户,不同的站点之间也具有高效的协调机制,针对农户的服务更加全面。

(二)推行全托模式,实现节本增收

莱西市金丰公社作为农业社会化服务组织,满足农户的需求、为农户提供更优质服务从始至终都是公司的宗旨,虽然提供农业社会化服务的机构在中国近几年的成长速度较快,但莱西市金丰公社通过"先服务,后收费"的方式所提供的统一供种、统一耕种、统一管理、统一防治、统一收获、统一销售的服务模式却比较少有,该服务投入生产以常年外出打工或无劳动能力的农户,经村集体(经济合作社)或农户自发协调置换连片50亩以上为标准。一方面体现了公司服务的多元化和标准化;另一方面也使闲置的土地得到了最大限度、最具成效的耕种,并且在此基础上,全程标准化托管能够保证产量不低于当年当地平均产量。作物收获后,扣除固定的农资成本和服务费后(收费全部公开公示)的收益归农户。同时通过规模化、标准化、专业化生产管理,提升了粮食品质,每亩增产10%以上,有效提高了农民的收入。因此该模式在我国许多地区开展农业社会化服务时都具有借鉴意义。

(三)坚持品牌引领,科技助力服务

打造属于自己的品牌是众多农业社会化服务公司的发展目标之一,在我国,农业社会化服务品牌并不少见,比如云南隆阳建立的"隆阳乡耕"112服务中心平台,也在一定规模上实现了农产品销售额的增长,但莱西市金丰公社与这种平台式品牌不同,其关注点更加聚焦,针对具体的农产品细化品牌分类,比如成功打造了"莓开眼笑""黄金富士"等品牌,并产生了一定的引领效果,实现全渠道布局和全品类扩张,通过品牌农业助力农产品价格。另外,公社也十分注重科学技术的作用,90%以上大型拖拉机安装了北斗导航无人驾驶系统,降低了劳动强度和雇佣成本,提升了作业效率和质量,为农产品的生长和品牌推广提供了技术保障。

第二章　构建多元主体参与的农业社会化服务体系：莱西市金丰公社案例研究

（四）实现政府参股，加快服务步伐

政府的参与能够对莱西市金丰公社提供的农业社会化服务起到很强的民间宣传作用，在莱西市金丰公社落地之时，莱西市政府国资控股的农业投资开发公司——青岛惠泽农业正式入股[1]，自此，莱西市政府将持有莱西市金丰公社20%的股份。政府不仅能以直接控股的方式体现对该行业的支持，而且在项目具体的落地推行中，莱西市金丰公社在关于粮食产收购买保险的保金的承担方面，政府直接负担80%，这一举动不仅仅是为莱西市公社这一单一主体的运营提供了保证，而且给大量入股的小农户和村集体等吃了一剂"定心丸"。因此，政府通过入股和承担保金两方面体现了对大力培育新型农业经营主体和服务主体、积极寻求创新之路发展现代农业社会化服务组织的决心和力度，而莱西市金丰公社作为行业内首家有政府入股、参股的公司，将在政府的大力扶持与深度参与中，快速推进现代农业服务模式落地，推动莱西农业向规模化、标准化、高效化、生态持续化快速发展。

（五）优化沟通方式，降低沟通成本

行动者网络理论由法国社会学家卡龙和拉图尔在19世纪80年代提出，该理论当中的行动者可以是任何东西——可以是个体的或者民众的、拟人的或非拟人的。他们之间的关系是不确定的，每一个行动者就是一个结点，结点之间经通路链接，共同编织成一个无缝之网，而在该网络中，没有所谓的中心，也没有主客体的对立，彼此处于一种平权的地位。主体间是一种相互认同、相互承认、相互依存又相互影响的主体间性的相互关系，各类行动者为实现在参与该互动所赋予的利益而发挥不同的作用或功能[2]。

在莱西市金丰公社的服务模式中，公社为了更加有效地吸引农户将土地流转出来进行规模化生产，在公司与农户之间增加了村集体和乡镇

---

[1] 李爱莲：《政府入股莱西市金丰公社，深度参与现代农业服务模式落地》，金正大国际，2017年11月7日，http://cn.www.kingenta.com/news.aspx? id =7213。
[2] 茅亚平、李广斌、王勇：《农村合作经济与苏南乡村空间互动机制——以基于行动者网络理论的研究》，《城市发展研究》2016年第6期。

农业公司这两个沟通中介主体，由公社直接与村集体沟通，再由集体与农户进行沟通，或者由乡镇级农业投资开发平台公司先行进行土地流转，减少中间环节，此举一方面降低了公社与分散的原子化的农户沟通的成本，提高了沟通的效率；另一方面，利用乡村人情社会的特点和农户普遍信任村集体和政府的心理，将土地托管可能出现的风险转嫁到村集体和基层政府，再通过保险对村集体承担的风险进行补偿，通过这种模式形成了莱西市金丰公社—村两委集体—村民，或者莱西市金丰公社—乡镇级农业投资开发平台公司—村民的两种三级沟通方式，再加之政府和保险公司的作用，形成了无中心的、平权的、相互协调的行动之网，在优化沟通方式的同时赢得了村集体和村民的信任，再通过规模化、科学化生产切实提高农民收入，形成行动的正循环，降低与农民的沟通成本。

二 存在的挑战

（一）小农户生产方式与现代社会化农业服务体系间的矛盾

农民特别是小农户长期以来形成了一种日出而作、日落而息的生产和生活习惯，对外界环境和市场的变化的信息掌握并不及时，有天然的信息不对称的情况存在，难以实现价格谈判、优化管理等，产品销售的价格甚至低于农药、化肥等农资的投入成本，导致小农户农业经营陷入困境。在这种传统观念的影响下，要使其入股甚至托管土地难度很大。另外，近年来，莱西市高效农业发展较好，部分镇（街道）土地产出效益高出农户外出打工效益，土地的收益也比较稳定，以家庭为单位的小农户生产方式在莱西市农村占比依然较高。此外，莱西市金丰公社经理说道："刚开始说实话老百姓对于这种全程托管他们是不认可的。为什么不认可呢，因为我们全程托管有个前提是你的地交到我手里之后，你是要给我托管费的，就是种子、农药、肥料、机耕的费用你是要先付费的"[1]。因

---

[1] 莱西市金丰公社总经理访谈，时间：2022年4月22日，地点：莱西市夏格庄镇金丰公社会议室。

此，可以看出农民由于前期的不信任问题也不利于农村土地的流转。最后，由于土地本身情况的复杂多样，相邻的两个村甚至可能出现完全不同的土壤环境，因此不利于公社开展单一作物的规模化种植，影响总体收益。对此应当加强对农民的宣传教育，树立典型成功案例，同时也应增强服务的专业性。

（二）土地难以集中连片进行规模化生产

莱西市金丰公社在与村集体或者乡镇农业公司沟通的过程中，合同签署的土地范围往往是集中连片的，这种大面积的土地流转形式往往最有利于公社进行农业生产大规模作业。但是也不能排除无法形成规模化土地的情况的出现，在小农户的生产经营观念落后、农户与村集体的关系不佳以及不信任新的农业社会化服务生产理念等的作用下，集中连片土地生产的过程中不乏出现不接受农业社会化服务的农户，其拒不接受土地托管或者入股，也就形成了"插花地"。"插花地"的存在不仅形成了农业规模化种植的真空地带，降低了土地使用效率[1]，不利于大规模农机开展作业；又对村集体和乡镇农业公司进一步开展群众工作以及农户与村集体和政府的相互信任造成严重影响，不利于村集体的增收和村民个人收入的提高。

（三）高标准农田建设规范性有待加强

高标准基本农田是一定时期内，通过土地整治建设形成的集中连片、设施配套齐全、高产稳产、生态良好、抗灾能力强，与现代农业生产和经营方式相适应的基本农田。在莱西市金丰公社目前所托管和入股的 20 多万亩土地当中，高标准农田建设面积不足 1/10，原因既包括相当一部分土地的土质和地形不支持高标准农田的建设，也包括政府对该方面的政策、资金的支持力度不够以及莱西市金丰公社本身申请到的专项资金匮乏等。另外，在已经建成的高标准农田中对作物的灌溉和施肥技术依旧不够成熟，没有形成完整的水肥一体化系统，

---

[1] 《插花地是什么意思》，淮水安南网络，2021 年 9 月 26 日，https://xue.baidu.com/okam/pages/strategy-tp/index? strategyId = 135803541507519&source = natural。

在一定程度上降低了规模化生产的效率，提高了耕种的边际成本。莱西市金丰公社经理谈道："政府可以在我们土地承包的地方进行高标准农田的建设，其实我们现在最缺的就是高标准农田和水肥一体化建设，国家目前这方面的力度比较小。"① 最后，在国土资源部印发的《高标准基本农田建设规范》当中对于高标准基本农田建设的重点区域主要包括三点。一是土地利用总体规划确定的基本农田保护区和基本农田整备区，二是土地整治规划确定的土地整治重点区域及重大工程建设区域、高标准基本农田建设示范县，三是全国农用地质量分等评定的优等、高等、中等耕地集中分布区域②。因此，在如此严格的界定标准下，莱西市金丰公社所托管和入股的土地当中满足条件的面积也有限。对此，应该继续吸引大规模土地进行流转，吸引技术人才完善水肥一体化技术，同时政府也应加强对高标准农田建设的支持力度，在满足高标准农田建设条件的情况下对公社的土地建设行为进行资金和技术的帮助。

（四）社会化服务体系完善程度不高

目前，莱西市金丰公社的农业社会化服务主要包括全过程托管、关键环节综合托管、单环节、多环节托管以及土地入股四种模式，虽然基本能够针对不同类型的农户进行范围较广的服务覆盖，但是针对小农生产的公益性和经营性③服务方式依然有待探索，病虫害防治系统、金融服务系统和销售物流配套等方面的服务大部分小农户还没有享受到，还需要进一步建设完善信息技术以及金融服务系统并将其融入多样化的托管模式中。另外，在这种农业社会化服务模式的体系下，小农户获取收益的方式主要包括提供劳动力、流转土地的收益等，这种收入受到自然环境变化的影响较大，不具有稳定性和可持续

---

① 莱西市金丰公社总经理访谈，时间：2022年6月8日，地点：莱西市夏格庄镇金丰公社会议室。

② 国土资源部：《高标准基本农田建设规范（试行）》，中国节水灌溉网，2011年9月24日，http://www.jsgg.com.cn/Index/Display.asp? NewsID=16113.html。

③ 徐名强：《莱西市农村土地规模化经营中的不足及其对策研究》，青岛大学，硕士学位论文，2022年。

性，莱西市金丰公社则可以流转农户土地，开展规模经营，享受相关政策补贴、涉农项目补贴等政策红利，但是目前还没有比收益分红更加合理有效且稳定的收益分配方式使小农户的收入得到切实地提高。对此应该进一步完善服务体系、细化服务内容，落实各项农业补贴政策，拓宽农民就业渠道，使其真正享受福利。

（五）各参与部门间有机合作关系需进一步完善

围绕农业社会化服务，如何加强不同参与主体之间的横向联系，服务好农民、农业，构建一个基于信任关系和专业分工基础之上的社会组织网络，关系着莱西市金丰公社、政府和金融机构等各参与主体之间能否形成彼此协调的集体行动、实现优势互补。但是由于服务需要的多层次性，客观上增加了服务体系提供服务的难度，加之农机的提供、金融贷款的发放等服务内容都是沿着各自独立的系统与农业生产领域发生联系，莱西市金丰公社在其中起到的作用还不具有联结性，使系统比较分散、供求信息不畅，影响了服务的整体效益。此外由于目前农业生产仍以家庭承包经营的小规模生产为主体，农业贷款和保险具有风险大、经营成本高的特点，导致了金融保险部门对农业生产经营的贷款和保险缺乏积极性，因此莱西市金丰公社不得不充当金融机构等社会组织与村民之间沟通的桥梁，造成服务项目落地的低效。对此，应该在项目服务过程中完善各部门间的协调机制，完善购买服务机制和流程监督机制，让真正有利于农业社会化服务的官方和民间资源参与其中。

第六节 结论与建议

农业社会化服务体系建设是未来农业现代化发展的必由之路，是助推乡村振兴战略实施的重要法宝。通过对莱西市金丰公社打造的社会化服务模式进行分析与总结，可以归纳出其成功的主要原因在于构建了多元主体参与的服务体系以及打造了两种可行的服务模式，对于我国未来农业社会化服务体系建设具有可借鉴之处。

在多元主体参与的服务体系构建方面，莱西市金丰公社的成功首先得益于政府的大力扶持。党的十九大正式提出乡村振兴战略，建设"产业兴旺、生态宜居、乡风文明、治理有效、生活富裕"的农村成为全国上下各级政府进行农业农村建设的重要目标。莱西市政府看到了农业社会化服务组织能够以其自身高度机械化、科学化优势对土地进行集中连片的规模化生产，从而出资20%帮助其由农机销售公司顺利转型为农业社会化服务组织，莱西市金丰公社成了首家有政府入股、参股的公司，政府后续又为公社提供了专项债、补贴、保险、基础设施等方面的支持。其次，莱西市金丰公社引入了村集体和乡镇级农业投资开发平台公司两个中介主体，代替公社直接与分散的农户进行沟通组织、协议签署等工作，从而构建了"服务组织＋村集体/乡镇级农业投资开发平台公司＋农户"四级服务网络，充分发挥了村集体和乡镇级农业投资开发平台公司主体在统一整理、流转土地方面的优势，大大降低了沟通成本和土地集约化成本。最后，莱西市金丰公社通过农业生产提质增效、促进增收等方式真正满足了农户的利益诉求，赋予农户以委托主体、股东主体和劳动者主体三重身份，将农户纳入了社会化服务体系，从而实现多元主体参与体系的服务闭环，发挥"1＋1＞2"的协同效应。

在农业社会化服务的具体模式方面，莱西市金丰公社主要探索出土地托管和土地入股两种模式。莱西市金丰公社打造了包含"耕、种、管、收、售"环节在内的全方位服务体系，农户可根据自身需求购买公社的全程或半程托管服务，最终取得的收益归农户所有，托管后的土地不仅可以实现比农户亲自耕种更低的成本和更高的收入，在科学化种植和提质增效方面也具有明显优势。目前，随着农户对公社信任度的不断提升，越来越多的农户选择直接将土地入股，每年获取公社60%的利润分红，这是可供农户选择的更稳定的一种服务模式。土地托管和土地入股模式不仅将农户从土地中解放出来，为他们增加了更多外出务工的机会，同时也有效缓解了我国土地撂荒、抛荒的现状，对保障我国粮食安全具有重要的作用。

第二章 构建多元主体参与的农业社会化服务体系：莱西市金丰公社案例研究

莱西市金丰公社探索出的土地托管和土地入股等社会化服务虽取得了一定成效，但由于莱西市位于胶东半岛中部，地形以缓岗平原、低山丘陵为主，其中平原面积占到了40.6%[①]，对进行大田托管具有得天独厚的条件，且公社进行机械化作业需要大面积成方连片的土地作为基础，所以，规模化的农业生产方式更加适用于平原地区但并不适用于山区、丘陵地区。对于地势崎岖、丘陵起伏的山区，各农业社会化服务主体应该根据当地地势地形特点和山区交通不便、通信落后、信息闭塞的现状，切实解决山区农民在生产经营过程中急需解决的种子、种苗、机耕、灌排、植保等基础问题，强化服务功能，努力使自己成为集信息、技术、资金、物资于一体的实体，为山区粮食和林副业生产提供及时、优质的服务[②]。

除了推广的适用范围受限，莱西市金丰公社发展的挑战还体现在高标准农田建设不够、土地规模化流转受限等方面。未来应进一步强化基层政府和村集体的作用，基层政府应当根据国家高标准农田建设的要求，完善田间基础设施配套，根据公社需求优化水肥一体化等设施建设，或由公社根据田地实际情况自己配备相关设施，政府对其进行一定的资金补贴；在土地流转过程中面对不配合的农户，村两委应该进一步加强宣传工作，在进行劝说工作时也应注意方式方法，明确接受农业社会化服务的耕地范围，落实工作的监管责任，将责任落实到个人。

[①]《莱西市概况》，青岛·莱西市情网，2015年9月24日，http://qdsq-lx.qingdao.gov.cn/n18810860/n18870900/151229225321784351.html。

[②] 周浩祥：《加快山区农业社会化服务的步伐》，《江苏农村金融》1992年第7期。

第三章

发展集体经济　促进乡村振兴：
西滑封村案例研究

第一节　西滑封村概况

西滑封村位于河南省焦作市武陟县西陶镇，南临黄河、北依沁水，与沿黄高速、焦平高速相连，S309、X029 穿境，依托新洛公路，可直达郑州、新乡、洛阳，距焦作市区 30 千米、县城 20 千米。全村共 1380 余人，区域面积 770 亩，年总产值 22 亿元，其中休闲农业 16 亿元，人均年可支配收入约 5.7 万元。村党委下设四个党支部，103 名党员，系全国先进基层党组织。

该村从 20 世纪六七十年代办小鸡作坊、办副业起家，1991 年成立村办集体企业集团（焦作市黄河集团）开始大力发展集体经济，始终坚持土地集中经营，坚持以工养农、兴工富村。经过 30 多年的发展，该集团现拥有斯美特食品有限公司（国家级农业产业化龙头企业）、造纸厂、电力电缆厂、热电厂等 13 家下属企业，总资产超 10 亿元，年销售 22 亿元，税收过亿元[1]。全村在老书记王在富[2]的带领和影响下，历经三代领导班子努力，由一个贫穷落后的"小糠包村"变成了"全国文明村""中国美丽休闲乡村""全国生态村""全国新农村建设科技示范点""全国创建文明村镇工作先进单位""全国

---

[1] 西滑封村干部访谈，时间：2022 年 7 月，地点：河南省焦作市武陟县西滑封村。
[2] 王在富（1928—2014），男，汉族，1959—1994 年任西滑封村党支部书记。

民兵预备役先进单位""全国农业旅游示范点""河南省明星村"等，荣膺中国名村300强。

第二节　西滑封村乡村振兴的发展历程

一　艰苦创业

（一）苦难记忆

1949年之前，西滑封村是一个只有300口人的小村庄，也是一个十里八乡远近闻名的穷村。那时，全村人均不足半亩薄地，村里人整年累月缺吃少穿，在饥饿线上挣扎。一遇到灾荒，穷人不是卖儿女，就是弃家逃荒。全村112户人家，逃荒要饭的61户，卖儿卖女的24户，全村十室九空，一个个院落都长满了比人还高的黄蒿，被称为"小荒村"[①]。"一头毛驴三条腿，一眼砖井没有水，一亩不打半石粮，一年糠菜难顾嘴"，就是对西滑封村贫穷落后的真实写照。"清早糠，晌午汤，晚上稀饭映月光。"老百姓穷得摆不起供品，就用大萝卜敬大神、小萝卜敬小神。直到解放初期，当地还流传着这样一句顺口溜："金西陶，银白水，交斜铺赛镀金，东滑封粘点边，西滑封是个糠包村。"当年，西滑封村是个名副其实的"糠包村"。

（二）临危受命渡难关

1959年冬天，由于"大跃进"的影响，加上自然灾害，西滑封村又开始闹起了饥荒。此时，还是预备党员的王在富，被西陶人民公社党委作为特殊情况批准提前转正，任命为西滑封村第三任党支部书记。王在富在支部会议上立下誓言："不改变西滑封村的穷面貌，死不瞑目！"王在富上任后的第一件事就是组织发动群众，开展生产自救，采取种山药、割水红芽、砸玉米裤熬淀粉等办法，积极带领群众强渡难关。三年困难时期，西滑封村没有发生一例饿死人现象。为从根本上解决贫穷问题，20世纪60年代开始，王在富带领群众建起了小鸡作

[①]　西滑封村干部访谈，时间：2022年7月，地点：河南省焦作市武陟县西滑封村。

坊、酱醋作坊、榨油作坊等副业。手工作坊的兴办，增加了集体收入，挽救了当时已到崩溃边缘的集体经济。1962 年，西滑封村用卖小鸡赚来的 2.6 万元到湖北买了 30 头黄牛，大大提高了生产力①。

（三）逆境中艰难起步

"苦熬不如苦干"。"文革"期间，党支部书记王在富也受到批斗，背上了"黑劳模""办资产阶级黑工厂""有钱心，没粮（良）心"等罪名。但是，不管被戴上多少顶"帽子"，他始终坚信自己带领群众走致富路没有错。晚上挨批斗，白天接着干，哪里有困难哪里就有王在富的身影。经过十年苦干，集体经济上了一个大台阶。1978 年，西滑封村工农业总产值达 72 万元。十冬腊月，天寒地冻。王在富身穿破棉袄，腰系烂牛绳，带领群众往返 40 多千米从县城和詹店拉水泥管道、沙子，一冬天打了 12 眼机井；从沁河滩拉沙改良土壤，把全村 400 多亩耕地变成旱涝保收田。带领干部群众拾粪积肥，学习农作物间作套种技术，粮食产量成倍增长，吃饭问题得到了解决。1974 年夏天，向国家卖了 24 万斤小麦余粮，全县名列第一②。

为节省资金建厂，西滑封村人一分钱掰成两半花，土法上马，因陋就简，比葫芦画瓢自己干。没钱买锅炉，就用煤烧的锅蒸麦秸；买不起蒸球机和烘缸，就买来钢板自打自焊；没有铁制的打浆机和网笼，就找来木工用木料制。1970 年，西滑封村建成了全县第一家黄纸厂，当年盈利 8 万多元。后来，西滑封村人勒紧裤带又相继建起了酒厂、罐头厂、印刷厂等，进一步增加了集体收入。

（四）自力更生建新村

以往的西滑封村是一个穷村，土坯房多，茅草房多，七零八落，破烂不堪，街道坑坑洼洼，雨天满街泥，晴天满街灰，生活很不方便。经济发展起来后，群众纷纷提出要盖新房。农村盖房是大事，一般农家得省吃俭用一辈子，如果自己盖又占用大量劳力，影响集体生

---

① 西滑封村精神展览馆讲解员访谈，时间：2022 年 7 月，地点：河南省焦作市武陟县西滑封村。
② 整理自西滑封村精神展览馆内文字介绍。

第三章 发展集体经济 促进乡村振兴：西滑封村案例研究

产。为了节约每一寸土地，不让村民为盖房牵累，让更多的劳动力投入工农业生产，西滑封村党支部于1977年决定村里统一规划，统一建设，拆除旧房子，改建新楼房。经过十年奋斗，盖起了820间两层排式楼房，旧貌换新颜，村民们都住上了装有电灯、电话的二层新楼房①。在新村改造中，近千间房统一拆建，工程繁重，耗资巨大。然而，西滑封村人信心满满，坚持自力更生，钱不够就自己干。上山刨石子，到邻县拉砂子，自己烧砖瓦，自制水泥板，开山劈石烧白灰，妇孺皆上阵，轰轰烈烈地开始了第一次全民住房改造。

二 实事求是

1978年12月，党的十一届三中全会后，我国农村开始实行家庭联产承包责任制。当时西滑封村集体经济有相当基础，农业机械化有相当水平，青壮劳力都在企业上班。村党支部不盲动，变化中求不变，反复琢磨中央文件关于"宜统则统、宜分则分"的精神，选择了农业集体经营的道路，不搞大包干，也不沿袭"打呼隆""大锅饭"的方式，采取了"集体经营、专业承包、小段包干、分工合作"的经营方式。西滑封村人称之为"不联产的家庭承包责任制"，既充分发挥了集体的优势，也调动了社员的积极性，保证了集体经济的健康发展。1978年前后，西滑封村耕、种、收一条龙，耕地有"铁牛"，耙地有"圆盘耙"，播种有"24垄播种机"，收打有"康拜因"，浇水有硬化渠，机井水泵配套齐全。西滑封村在成立农业专业队的基础上，还搞起了农业高产、超高产攻关试验，建立了高效农业示范园区，在省内率先实现了电脑控制全年自动化喷灌。1979年，村办集体企业经过20年的发展，集体固定资产已近亿元②。西滑封村的村办企业和集体经济实现了第一次大飞跃。

面对庞大的家当，在党的十一届三中全会"宜分则分，宜统则

---

① 整理自西滑封村精神展览馆内文字介绍。
② 《河南西滑封村》，《湖南农机》2014年第1期。

统"新政策的抉择前,王在富果断选择"不分家"继续发展集体经济。党的十一届四中全会明确提出"大力发展社队企业"的方针,为大办企业撑了腰,壮了胆。从此,西滑封村人解放思想,转变观念,大力兴办企业,开创了异军突起的新局面。王在富及时转舵,淘汰小作坊,建起印刷厂、食品加工厂、板材厂;把集体收入的80%用于企业发展,围绕市场对造纸厂、电缆厂等老企业进行了技术改造和设备更新;依靠科技滚雪球般新建了电缆厂、印刷厂、面粉厂、方便面厂、汽车弹簧厂、UPVC塑料管材管件厂等产品附加值高及市场前景好的企业。

1991年4月,在原有企业的基础上,组建焦作市黄河集团公司——河南省第一家融农、工、商于一体的村办实业集团,确立"突出主导产业,培植龙头骨干企业,一业带动多业兴"的指导思想,把过去的"多路军"变成了"集团军"。公司成立后,发挥了集中财力办大事的优势,促进了企业技术进步和设备更新,鸟枪换炮,企业由小变大,设备由土到洋,一个个初具现代化气息的企业孕育而生,增强了驾驭市场经济的能力,规模经营效益显著,西滑封村进入了发展的快车道。1994年,68岁的王在富推荐焦作市印刷厂的纪检书记王孝江接替自己担任书记。1995年,王孝江[①]上任村党总支书记,通过充分调研论证后,王孝江作出了村办企业要充分发挥当地资源优势的决策,成立了斯美特有限公司,利用本地优质小麦生产方便面,向食品行业进军。至此,西滑封村的经济开始了第二次飞跃。

1993年西滑封村工农业总产值突破亿元大关,利税近千万元,人均纯收入3600元,跨入河南省亿元村行列,成为焦作市首批小康村,被省委、省政府评为"发展乡镇企业先进村""中州新村""文明村""明星村"等。1998年,西滑封村粮食单产创全省最新纪录,小麦亩产达1200斤,玉米亩产达1800斤。经过三次住房改造后,2001年西滑封村村民都住进了六层和十六层"中国农民第一高楼",

---

① 王孝江,男,汉族,1994—2004年任西滑封村党支部书记。

不仅通水、通电、通电话，还通了暖气、液化气、有线电视、宽带网络和中央空调。截至2000年，全村工农业总产值达到4.2亿元，人均总产值由1978年的700元到38万元，西滑封村成为社会主义市场经济条件下迅速崛起的河南农村十个新典型之一[①]。到20世纪末，西滑封村经营规模进一步扩大，民生大幅改善，新农村建设工作走在全省前列，小城镇初具规模。

西滑封村兴办集体企业如下[②]。一是造纸厂。始建于1969年，1976年技术改造转产白纸，占地面积24万平方米，河南省造纸行业"十强企业"和"节能减排科技创新企业"。

二是电力电缆厂。始建于1976年，占地面积7万平方米，国家城乡电网建设和改造入网企业，中国质量信誉保证企业。

三是汽车队。始建于1976年，在郑州市、十堰市购买3200多个零部件组装两台解放牌汽车。1984年，组装了五部东风汽车和两台大卡车。之后，陆续增购30多部大小汽车，成为一支拥有45部汽车的专业运输队。

四是怀川酒厂。始建于1977年，在原酿酒作坊的基础上，经不断改扩建而发展起来的大型酒厂，生产"中国女儿红酒""怀腹香"等20多种白酒，远销日本、马来西亚等国家。

五是面粉厂。始建于1991年4月，11月投产。1992年5月，建成挂面生产线。1998年建成等级面粉生产线，2002年加工能力达1000吨/日。

六是焦作市黄河集团公司。始建于1991年4月，焦作市黄河集团公司成立。注册资金2016万元，下辖造纸厂、电缆厂、酿酒厂、印刷厂、气运公司。

七是汽车弹簧厂。始建于1993年，1994年建成投产，占地4.5万平方米，其开发的低碳少片变截面汽车弹簧钢被国家科委、外国专

---

① 整理自村党支部书记提供的西滑封村简介相关资料。
② 整理自西滑封村精神展览馆内文字介绍。

家局等五部委联合授予"国家级新产品证书"。

八是斯美特。1995年投资500万元成立了中美合资河南斯美特食品有限公司。初期依托北京方便面厂生产"丰杰"牌方便面，后来自主研发"思圆"牌方便面，全国方便面行业前五强，国家农业产业化重点龙头企业。

九是塑胶管厂。始建于1995年，占地4.5万平方米，生产UPVC给排水管材管件、农用排灌管材管件以及电线套管等，产品由中国人民保险公司承保，河南省知名品牌。

十是热电厂。始建于2001年，年供气量50万吨，年发电量4900万千瓦/小时，主要用于集团公司下属企业和居民小区集中供气供暖。

三 改革发展

21世纪以来，集体经济发展遇到了新问题、新"瓶颈"，西滑封村面临着前所未有的困难和挑战。比如，集体企业缺乏市场竞争力、管理落后、干部职工吃"大锅饭"等弊端，导致不少企业"病入膏肓"，集体经济出现"虚胖"现象，很多企业每年靠村集体"输血"生存，一年少则三五百万元，多则上千万元。其中西滑封村预制厂和覆铜板厂，高污染、高耗能、低效益，产品没市场，管理跟不上，都吃"大锅饭"，有些管理、销售人员这边拿工资，那边损公肥私在外做生意。因此，这不仅不能创造财富，而且每年还要靠村集体补亏空。

2004年，西滑封村撤村党总支建立村党委，经党员大会选举年仅40岁的斯美特食品公司总经理王有利[①]担任西滑封村和黄河集团公司党委书记。新的领导班子充分意识到，改革迫在眉睫，班子宁落一时骂名，也不做历史罪人，重长远打基础，以破釜沉舟、壮士断腕的决心和勇气，迈出了改革的第一步。2005年开始，王有利率领导班子成员，分三批先后赴"苏南模式"的发祥地江苏省参观学习，参

---

① 王有利，55岁，男，汉族，2004年至今任西滑封村党支部书记。

考华西村、永联村、长江村等的企业改革改制发展模式，对西滑封村村办企业进行大刀阔斧的改革。具体改革举措如下。先是关停高污染、高耗能、低效益的预制厂和覆铜板厂；按黄河集团公司持股49%、其他股东持股51%的比例，对电缆厂、钢板厂进行股份制改造；以企业现有固定资产和历史最高业绩为基数，公开对外承包，保障集体财产不流失，收益不减少，为企业注入资金和活力。随后大力发展新能源，实行节能减排：投资6000万元，建成日产气量达2000立方米、日发电15万千瓦/小时的以供气供热为主的热电厂，不但满足集团的生产、生活和办公用气用电之需，每年还为集团节约燃煤3万吨，节省资金1000多万元；2006年，先后与中原能源巨头河南中原石油天然气公司实行战略合作，投资新上新能源项目3个；投资4500万元兴建郑州天宏绿源辐照有限公司，开发生产生物灭菌产品；投资2亿元，联手组建焦作中能天然气有限公司，借西气东输之势，为中铝等企业和民生工程供气；投资组建沁济天然气有限公司，为沁北工业集聚区和济源工业集聚区提供能源[1]。经过改革发展，西滑封村的经济已经悄然开始了第三次飞跃。

第三节 西滑封村乡村振兴的主要做法与效果分析

回顾西滑封村发展历程，其始终坚持集体经济道路，以产业发展为核心，以主导产业突出、治理机制灵活、环境和谐宜居、精神文化彰显、人民生活富裕为发展目标，推进"产、城、人、文"四位一体有机结合，促进生产、生活、生态融合发展，稳步实现乡村振兴。主要做法和效果如下。

一 产业兴旺
（一）凝聚改革共识

在西滑封村集体经济发展、企业改革和乡村振兴中，村两委尤其

---

[1] 《河南西滑封村》，《湖南农机》2014年第1期。

村党支部书记发挥了关键性作用。早期的改革，不光普通群众不理解，村里老干部也不支持，外界领导也进行了管制，因体制僵化、管理滞后，出现虚假繁荣。改革过程是艰辛的，在重大决策面前，三代领导班子，充分发扬了民主、集思广益、引导观念转变、广泛凝聚改革共识，坚持"从群众中来，到群众中去"，把党组织的决策转变成村民的意愿和自觉行动，具体实施过程公开透明，体现公平正义，是西滑封村的传统法宝。尤其当股权出售遇到困难时，班子带头执行，书记第一个取出自家存款购买，班子给群众作表率，干给群众看。从王在富老书记创业开始，坚持集体主义道路，坚持土地集中经营、共同富裕、坚持自力更生大力兴办集体企业，率先走上小康村，为乡村振兴打下了坚实的基础。经过第二代村领导班子的努力，经营规模进一步扩大，民生大幅改善，新农村工作走在省市前列，小城镇初具规模。在新时代企业改制过程中，第三代村党支部书记王有利多次强调，一是企业改制过程要公开透明，让村民享有应有的知情权、参与权、监督权；二是改制要充分征求村民意见，只有取得80%以上的村民支持才能开始改制；三是村两委班子不准参与改制企业的经营，改制后企业主要负责人优先从原经营团队中挑选，班子成员不拿全村最高工资；四是要让大家共享改革成果、企业发展红利。

（二）推动创新转型

党的十一届三中全会以后，乡镇企业异军突起，村集体经济得到快速发展，西滑封村抓住机遇，于1991年组建了经济实业——焦作市黄河集团公司，发展步入了快车道。21世纪以后，特别是党的十八大以后，党中央重提农村适度发展村办集体企业，把"三农"工作摆在了更加突出的战略高度，乡村要振兴，产业要先行，为集体企业的发展创造了很好的外部舆论环境和政策支持。该村在确保集体保持增值的基础上，积极探索集体经济可持续发展之路，构建了新型集体经济。随着宏观形势的变化和经济新常态的来临，该村又以公有制为主体，股权合作，创新经营，盘活企业，与时俱进改造老企业、布局新产业，不断推动转型升级，增强企业活力，营造了发展新优势。

新时期，综合考虑国家政策、企业规模、行业发展前景等因素，在确保集体资产保持增值的基础上，该村坚持以资产为基础，引进资本、技术、人才等生产要素，一厂一策、创新转型，灵活机动，投资3亿多元对集体企业进行全面改造布局（出让股份、租赁、关停、重组、新建等），推动改革转型，不断激发企业活力。截至2016年，造纸厂、电缆厂、热电厂、彩印厂、弹簧厂、气运公司、塑胶厂、覆铜板厂八家企业完成了股份制改造或租赁经营，并适时推动纸厂与热电厂的重组。改制前造纸厂年亏损2000多万元，改制后村集体年收益1600多万元；重组前，电厂年经营性亏损200多万元，重组后，年实现收益800多万元[1]。截至目前，改制成效显著，年投资收益在15%以上。改制调动了经营者的积极性，增强了企业内生动力，盘活了企业，变"包袱"亏损为盈利，扭转了集体经济的"虚胖"，改变了集体企业"吃大锅饭"的弊端，村集体取得了实实在在的收益，也成功构建了"产权明晰、债权明确、村企分开、管理科学"的企业管理体系。

（三）发展主导产业

围绕小麦加工主导产业，狠抓集体经济龙头企业"河南斯美特食品有限公司"，延长产业链条，提升价值链，优化产品结构，培育"斯美特"这一核心竞争力强、主业优势明显、带动能力强的主导产业，三产融合发展，实现主导产业上集群、上水平、上层次。2016年前，打破股权界限，出让龙头企业"斯美特"的一期股权4000万元，盘活和升级龙头企业。并推动"斯美特"由单纯"制面"向"功能保健"领域的研发和转变，推动企业经营由产品向品牌的转变。2021年公司新投资3000万元，进行方便面生产线升级改造，使农产品加工产品向多样化延伸。同时公司在未来2年内计划投资1亿元，新上年产10万吨速冻食品加工项目[2]。经过不断升

---

[1] 《走集体经济路，中国明星村西滑封村的历史里满是故事》，《河南日报》2020年7月30日。

[2] 整理自斯美特企业带动农户情况文字简介（企业管理者提供）。

级，龙头企业"斯美特"主要经济指标创历史新高，增长成效显著，企业整体经营企稳向好。

截至目前，"斯美特"现有资产总计4.8亿元，员工3000余名，产品有七大系列、上百个品种的方便食品；拥有国内最先进的班产20万包方便面生产线40余条，有相配套的年加工30万吨小麦的面粉车间；拥有河南焦作、河南周口、湖南郴州、陕西宝鸡、吉林长春五大方便面生产基地；在全国建立一千多家总经销商，近三十万个销售网点，产品销售覆盖全国30多个省份①。通过升级小麦加工主导产业，实现了村集体企业年销售收入20亿元、生产方便休闲食品21万吨、利税1亿元②，龙头企业也先后被评为"国家农业产业化重点龙头企业""中国粮油企业100强""河南省农业产业化集群""省级农业产业化联合体"等。

（四）培育多元动能

在抓好老企业的同时，实施多元化投资，坚持以资金为纽带、股权为连接，牵手"国企"，推进战略转型，大力发展和培育绿色经济、低碳经济、循环经济，形成造纸、方便食品、新能源、第三产业等多元产业。"斯美特"龙头企业的崛起，直接带动了周边县市区小麦种植业结构的调整，延伸到葱、姜、蒜、猪牛肉、花椒大料等农副产品种植加工领域，辐射焦作全境，围绕龙头"斯美特"，配套建有年加工6万吨鲜蔬的调料车间、年加工6000万套的纸箱包装车间、年生产500吨的彩印包装车间和年产气52万吨、发电4900吨的热电厂③；配套成立武陟县西滑封村润泽粮油储备购销有限公司，拥有8个小麦仓储库，每个仓储容量8500吨，主要为武陟县周边面品企业提供粮食储备和购销活动。累计投资五亿元先后组建了中能、沁济两个天然气有限公司、绿源辐照有限公司、青海光科光伏太阳能发电有限公司等一批新业态、新技术、新能源为标志的新的股份合作公司，

---

① 整理自斯美特企业带动农户情况文字简介（企业管理者提供）。
② 整理自斯美特企业调查信息（作者开展的问卷调查）。
③ 整理自斯美特企业调查信息（作者开展的问卷调查）。

产业由单纯的加工制造延伸到能源经营、太阳能发电、生物辐照等新领域，进一步优化了产业结构，培育了发展新动能。

二 治理有效

（一）加强党建引领

该村坚持党建引领、群众主体、三治融合、共建共享的原则，大力构建乡村综合治理体系。打造党建新品牌，依托老书记先进事迹，建成的西滑封村精神干部培训中心，加挂中共焦作市委党校西滑封村教学区牌子，成为全市基层党员党性培训学习的重要基地，全体党员以老书记为榜样，党员先锋表率，支部堡垒坚强，三代村领导班子接力，一张蓝图绘到底。始终全面从严治党，坚持党建教育，深入推进"两学一做"学习教育常态化、制度化，广大党员干部以王在富老书记为榜样，理想信念更加坚定、党性更加坚强，争做"四讲四有"合格党员，起到了先锋模范作用。党委健全完善了监督委员会、村民代表会和市场稽核等机构，制定了集中采购、费用包干、年度述职考核等制度，加强对干部队伍的监督管理。尤其是20世纪面对新村改造的选择、土地"分"与"合"的抉择，党员干部挨家挨户走访，听取群众心声，尊重群众意愿，持续开展党建教育，统一思想坚持集体经营，为乡村振兴奠定了坚实的组织基础。

（二）树立时代先锋

50多年来，三代村领导班子凭着敢为人先的闯劲、甘当重任的干劲、忘我牺牲的拼劲，带领全村干部群众，代代传承艰苦奋斗精神，坚定不移走社会主义道路，自力更生、艰苦创业，把一个穷得叮当响的"糠包村"，变成了闻名全省、全国的小康村和文明村[①]。全国首批"时代先锋"六个代表人物原党支部书记王在富被授予"全国优秀共产党员"，其先进事迹被国家级媒体广泛宣传报道。在他的

---

① 王爱军、杨仕智：《一面高扬的党旗——追记河南武陟县西陶镇西滑封村原党支部书记王在富》，《党建》2014年第7期。

带领和影响下三代班子接力一张蓝图绘到底。第二任书记王孝江，正团职转业的退伍军人王孝江，在老书记的精神感召下，毅然放弃市里工作的舒适条件，回原籍西滑封村挑起了承前启后再创业的重任，当了"芝麻"村干部，被誉为"上校村官"，被评为"全国优秀军队转业干部"，系第九、第十届全国人大代表。现任党支部书记王有利系第十一、十二届全国人大代表，"全国五一劳动奖章获得者"。第三代党支部书记王有利传承红色家风，廉洁自律，对业务往来中的礼金，能退则退，实在劝退不掉的就上交财务。

（三）激励村民参与

深入推进社会主义核心价值观教育，成立基层党建、党风廉政、民主法治、美丽宜居、乡风文明协商创建小组，大力开展精神文明示范村创建活动，大力弘扬志愿服务精神，营造村民自治、德治氛围。坚持四议两公开议事决策程序，推行阳光村务，让村民都享有知情权、监督权，尽最大可能调动村民参与村务管理的监督，把好事做好、做实。制定务实管用的村规民约、十星文明户创建方案，常年开展十星文明户、家风征集传承、最美志愿服务、最美楼长、好媳妇、好公婆、好家风、文体表演等群众性精神文明实践活动，组织社会主义核心价值观讲座、文明户评比等。成立新时代文明实践站，大力开展"支部建设、党风廉政、平安法治、乡风文明、美丽宜居"为主要内容的基层治理示范村创建活动。针对群众关心的热点，民主议事，大家的事大家商量着办，定期开展各种评议，召开总结表彰会议，邀请专家做报告、专题讲座，举办运动会或健身舞蹈、老年集体祝寿等活动，培育新型农民，大家参与村务管理和各项文明创建的积极性、自主性明显提高，争做志愿服务，配套制定有志愿服务激励办法等文明创建方案，以"红马甲"为标志的志愿服务成为村里的新景象。引导村民珍惜西滑封村这个创业平台，营造人人都是投资形象、人人都是发展环境的舆论氛围，打造全民招商、亲商、安商的创投环境，把西滑封村建设成美丽家园和大众创业乐园。

三 生态宜居

该村围绕"产业基础+红色文化+宜居宜业"建设模式,按照"村镇建设景区化、农业发展休闲化、基础设施建设景点化"的指导思想,以特色小镇建设为载体,不断完善基础设施,加速人居环境整治,打造了宜居宜业宜游环境。以引领村庄建设集体统一规划,集约、节约、合理使用土地资源,分步实施、梯次推进,积极优化美化环境,村容村貌焕然一新,实现村民住房楼宇化,现代功能完备。通过三次住房改造,拆旧建新、拆低盖高,节约腾出土地100多亩,2001年统一规划住宅体,投资6000万元建成六栋6层、两栋16层公寓楼[①]。利用拆低盖高腾出的60亩土地,先后建成学校、医院、公园和文化广场,进一步改善了人居环境。组建物业管理公司,村庄实行社区化管理,全方位给村民服务。统筹多方资源,融合域内特色产业,投资上亿元完成入村道路改造升级(世纪路、黄河路)、沿街外墙立面改造、居民楼外墙保温能效提升及村史馆、体验馆、养老中心、新时代文明实践站等改造工程,还建设小学、初中、幼儿园、文化活动中心等公共设施。投资400多万元的集养老、医疗、休闲娱乐于一体的老年养老服务中心正在建设中。投资400万元建设农民公园,公园引沁河水,供企业生产用,进一步节约了地下水开采,改善了生态环境。西滑封村高楼林立、村庄整洁、街道宽阔、绿树环绕、规划井然,体育健身器材遍布,安防技监系统网络化,环卫保洁专人定时清运,物业管理公司全方位为村民服务,家家户户过得舒心畅气,被誉为"乡村都市"和"智慧乡村"。

四 乡风文明

西滑封村村委依托"时代先锋""全国优秀共产党员"、西滑封村原党支部书记王在富,团结和带领西滑封村的干部群众,艰苦奋

[①] 整理自西滑封村简介(村干部提供)。

斗、改革创新，历经三代领导集体，最终使西滑封村摆脱贫困，率先走上致富道路，以其成为"全国文明村""全国先进基层党组织"的先进事迹为背景，以"艰苦奋斗、实事求是、无私奉献、共同富裕"的西滑封村精神为主要内容，本着"立足焦作、服务河南、面向全国"的建设定位，为讲好黄河故事、焦作故事、传承故事，深入挖掘王在富精神的思想内涵和时代价值，成立西滑封村精神干部培训中心（晋级加挂中共焦作市委党校教学区），精心打造了西滑封村精神展览馆、斯美特体验馆等教学点，直观展示和弘扬了"艰苦奋斗、实事求是、无私奉献、共同富裕"的西滑封村精神和新时代文化价值。该村已成为焦大、交通学院、郑大及本地中小学校长期思政研学和文化教育基地；新编情景剧《西滑封的幸福路》《王在富的家里事》在全市巡演，成为基层普通党员党性理想信念学习教育的优秀素材。当前的西滑封村，家家户户被金融系统授予"信用户""诚信单位"，常年无群体性上访、恶性治安事件、集体资产债务纠纷等现象。

五 生活富裕

始终坚持共同富裕，共享幸福生活，以人为本协调发展，不断健全村民保障体系，让全体村民享有"住房+养老+就医+教育+旅游"等多项福利，在幼有所育、学有所教、劳有所得、病有所医、老有所乐上不断取得新进展，村民安全感、获得感、幸福感显著提升。不断健全分配新机制，村民实现了全面就业，在多劳多得、按劳分配的基础上，构建了"土地股+劳力股+现金股"的多重收入保障机制，上班挣工资，年底按股金分红，共享发展红利，共同致富。公开向村民职工出售龙头企业股份，职工除了工资，还可以享受到年底股份分红的发展红利。一期出售股份 4000 万元，户均增收 6 万元[①]。具体福利如下：每年拿出 200 多万元用于村民失地、水电气费用补助；统一办理新农合，设立重大疾病救助金，适龄人群全部参加了社会劳

---

① 西滑封村干部访谈，时间：2022 年 7 月，地点：河南省焦作市武陟县西滑封村。

动养老保险，首批参保的 60 岁以上老年人月均领取养老金 2000 元，90 岁以上高龄老人每月可拿到 2400 元[①]；在集体统一办理城乡居民医保的基础上，村里设有重大医疗救助金，每年对重特大病患者给予补助；村里设置奖助学金，考上大学的发奖学金；每年春节拿出 200 万元作为过节费；每年举办老年集体祝寿、旅游、康检等活动，正筹建养老、医疗、健身、娱乐于一体的养老服务中心，以老年人为主要对象的志愿服务成为村里一道新景象。

如今的西滑封村，通过以工养农、兴工富村，小城镇功能日臻完善，不仅是美丽家园，还是党建思政教育和大众创业乐园，实现了群众生活越过越甜，家家住高楼、户户有股金、年年有分红、人人有活干、少有教、病有医。各项保障更完善，服务更健全，精神更充实，生活更舒心、更开心，村民遵纪守法，爱党爱国、民风淳朴、家庭和谐、邻里和睦、社会和谐、尊老爱幼、热情好客、诚实守信，听党话、跟党走，人心思进、安定有序的社会风尚蔚然成风，村民安全感、幸福感、获得感明显提升，连续六届是"全国文明村"，并先后被授予"河南省特色旅游村"、"全国工农业旅游农业示范点"、"中国美丽休闲乡村（现代新村型）"、中国名村影响力 300 强、"红色资源访问点"、"爱国主义教育基地"、"党史学习教育基地"、"党风廉政教育基地"等荣誉。

第四节　西滑封村集体经济发展的创新模式分析

农村一二三产业融合发展是推动农业提质增效、推动乡村产业振兴、促进农民增收致富的重要举措，是新形势下推动农业供给侧结构性改革的重要抓手，是延伸农业产业链、拓展农业功能链、提升农业价值链的必然选择。分析西滑封村乡村振兴的主要做法和效果，总结其在集体经济发展上始终坚持土地集中经营，以小麦加工为主导产

[①]《全国"明星村"！焦作有一个叫西滑封的地方！》，《焦作日报》2022 年 3 月 21 日。

业，紧密围绕主导产业向上下游延伸产业链条，提升价值链，融合多业态（种植、加工、配套商贸、休闲观光、思政教育等），构建了"原料种植+小麦加工+配套商贸+休闲文旅"于一体的集体经济发展模式，因地制宜地走出了一条一二三产业融合发展的集体经济创新发展之路。

一 夯实第一产业——大力发展原料种植

小麦种植位于产业链最上游，其发展不仅关系到国家粮食安全，而且是农业产业链延伸和产业融合的基础，也是实现农民增收的重要渠道。为了促进主导产业可持续发展，保障稳定的村集体经济收入，针对小麦加工主导产业，充分发挥集体经济企业斯美特（国家级农业产业化龙头企业）在产业链中的核心和示范带头作用，斯美特向上游种植端延伸产业链条，带动农业增效和农民增收。

一是打造"公司+基地+农户"的发展模式。通过与农户签订种植协议，斯美特开展定向服务、定向收购，为农民提供种植技术、农业机械种植和收获技术、市场信息等，为农户做好产前、产中和产后服务。为确保基地农户种植的所有原料按承诺的种植参数、收购数量和收购价格进行收购，由当地政府监督实施，并以现金的方式支付给农民，使企业与农户结成利益共享、风险共担的利益共同体。该公司先后与武陟县十多个乡镇及周边市县农户签订订单收购协议，开展小麦基地种植。与周边地区近4.8万农户签订订单基地种植合同，共计7万亩；与周边地区专业大户、中介组织4.5万农户签订订单基地种植合同，共计6.75万亩；直接带动周边地区近5000余户农民优质强筋麦种植，合计1.25万亩；公司在武陟县西陶镇自建"强筋小麦生产基地"5000余亩。同时公司还通过与中储粮焦作市各乡镇直属库签订合作协议，共计4.5万余吨；间接带动武陟县周边地区农户种植，达3万亩左右[1]。

---

[1] 整理自斯美特基地建设情况（企业管理者提供）。

二是与农户建立紧密的利益联结机制。斯美特通过保底价收购+二次分配、农民参股持股等方式联农惠农。2021年，公司通过合同联结机制直接、间接带动武陟县及周边农户订单基地种植10万户，优质小麦年总产量达到40万吨，按照2360元/吨计算，共计实现农户销售收入9.44亿元，带动农户从整个农业产业化经营中人均增收600元，年共计实现增收近2亿元。到斯美特龙头企业上班，已经成为周边村一般家庭的主要增收渠道，公司为农民提供就业岗位3000多个，同时通过公司的辐射带动为周边配套服务企业和机构提供约2500个工作岗位，累计年发放工资约1.2亿元[1]。另外，成立武陟斯美特产业化联合体，由国家级农业产业化重点龙头企业河南斯美特食品有限公司牵头，11家单位和个人协商共同构成的一个产业化联合体，开展流转土地进行小麦种植、蔬菜种植，农产品加工、销售、运输、贮藏、物流配送，提供与农业生产经营相关的技术、信息服务等业务。联合体的成立，将直接或间接带动武陟县及周边1万户农户参与基地种植，吸纳当地农民就业达6000多人。公司的发展，转移了农村剩余劳动力，促进了农民家门口就业，为增加农民收入开辟了一条新的途径，走出了一条进厂不离家、离土不离乡、就地就近的新型城镇化建设道路。

二 发展第二产业——狠抓小麦加工

一是促进农业产业化。西滑封村重点支持集体经济龙头企业斯美特公司发展小麦加工主导产业，经过集体经济不断改革创新，该公司已成为以农产品加工为主的大型食品加工企业、国家级农业产业化重点龙头企业、全国放心粮油示范加工企业。通过技术改造和设备更新，年可转化加工优质小麦30万吨，年可加工葱、姜、蒜等鲜蔬6万多吨，年消耗各类肉禽3万吨，带动武陟县周边小麦、葱、姜、蒜

---

[1] 整理自斯美特企业带动农户情况（企业管理者提供）。

农副产品加工企业转化，实现当地农副产品就地转化率85%以上[①]。公司拥有一家专门负责粮食储备和购销的润泽粮油储备购销有限公司，可一次性存储小麦6.8万吨以上。近两年公司正在进行方便面生产线升级改造，新上的年产10万吨速冻食品加工项目，使农产品加工向多样化延伸[②]。

二是注重品牌建设。斯美特在重视产品销量持续提升的同时，更加注重公司产品品牌突破，产品的溢价能力和产品力的提升。公司每年投入销售收入的10%进行产品研发和品牌建设工作，积极参加政府组织的农交会、农博会并进行宣传和交流，公司产品先后荣获第十一届、第十二届中国国际粮油产品展览会"金奖"、"河南省食品行业十大领军品牌"，"斯美特"商标被国家工商总局授予"中国驰名商标"，品牌价值有了明显提升。公司也连续多年被授予"农业产业化国家重点龙头企业""河南省放心粮油示范加工企业""河南省食品行业十大领军品牌""中国国际农产品交易会畅销产品奖""农业产业化行业十强龙头企业""河南省著名商标""河南省名产品""企业技术中心""河南方便面十强企业""河南粮食加工龙头企业""河南农业产业化龙头企业行业十强""河南省工程技术研究中心""守合同重信用企业"。

三是集群发展、形成集聚优势。斯美特公司在小麦加工行业引领作用明显，关联产业带动作用强。在该公司的辐射带动下，村委倾力引进和精心培育了一批休闲食品加工企业，引进"华矩""康康""众盛""武怀"等一批以农副产品加工为主的省市级产业化食品加工龙头企业，产品多样化、产业链得以拓展、集群效应凸显、经营效益较好。目前，该村辐射形成陶封工业园，含涉农食品加工企业约30家，其中国家级龙头企业1家，省级龙头企业4家，市级龙头企业4家[③]，代表性市级以上龙头企业有河南省武陟县武怀食品有限公司、

---

① 斯美特企业负责人访谈，时间：2022年7月，地点：斯美特公司。
② 整理自斯美特企业调查信息（作者开展的问卷调查）。
③ 整理自西陶镇食品企业发展概况（西陶镇副镇长提供）。

河南全丰食品有限公司、焦作市众盛食品有限公司、河南康康食品有限公司、河南惠万家食品有限公司、河南华炬生物工程有限公司、河南德川食品有限公司等。

三 融合第三产业业态——发展休闲文旅

在第二产业小麦加工业发展的基础上，该村第三产业迅猛发展。一是配套商贸方面，累计入驻物流运输、农村淘宝、银行网点、移动通信、快递邮运、宾馆餐饮、休闲娱乐、健康美容、风味小吃、超市连锁、医药连锁、家教培训、网吧、体彩等70余家，形成了一定的人流、物流、资金流[①]。二是思政教育方面，为了展示"时代先锋""全国优秀共产党员"、西滑封村原党支部书记王在富团结班子带领全村党员群众将西滑封村从一个"糠包村"变成"全国文明村"的奋斗历程和高尚品德，直观展示艰苦奋斗、实事求是、无私奉献、共同富裕的西滑封村精神，成立西滑封村精神干部培训中心（晋级加挂中共焦作市委党校教学区），精心打造了西滑封村精神展览馆（又名王在富先进事迹展、西滑封村史馆）、斯美特体验馆等教学点。其中，西滑封村精神展览馆作为"焦作市红色资源访问点""焦作市廉政教育基地"，全面揭示了"没有共产党就没有新中国""只有改革开放才能发展中国"等深刻道理，是一部不可多得的党性党史、理想信念、廉政建设教育的思政研学及文化教育基地和活教材。三是休闲文旅方面，依托农业和加工业资源，大力发展休闲文旅。融合域内特色农业资源，沿沁河两岸建成沿沁生态湿地休闲风光廊道、康养服务中心、特色菌种、草莓园、火龙果、秋葡萄—冬葡萄等特色农庄休闲采摘基地[②]，开展休闲观光农业游和农耕体验游；融合西滑封村"艰苦奋斗、实事求是、无私奉献、共同富裕"的精神文化，建立西滑封村精神展览馆、西滑封精神干部培训中心等思政教育研学基地，开发文

---

① 西滑封村干部访谈，时间：2022年7月，地点：河南省焦作市武陟县西滑封村。
② 整理自西滑封村美丽乡村规划方案。

化旅游线路;利用村集体加工企业优势建立斯美特体验馆,设计食品工业游,最终形成了以点带面,互为补充、相互支撑的休闲文旅带。

第五节 结论与建议

围绕乡村振兴的实施,西滑封村历经三代村领导班子努力,坚持土地集中经营,统一思想、凝聚共识、因地制宜地大力发展集体经济,带领群众艰苦创业,走出了"以工兴业、兴业强村、强村富民"的发展模式,对乡村振兴的实现路径进行了有力的实践探索,对推动新型农村集体经济发展指明了创新方向。

首先,坚持统一思想。西滑封村的经验表明,乡村要实现振兴,必须在村党组织的带领下,统一思想、凝聚力量,这是发展村集体经济的前提和基础。西滑封村三代村领导班子接力绘制集体经济发展的一张蓝图,始终统一思想,充分动员和服务群众,使广大党员和群众成为改革发展的坚定支持者、主动参与者、积极推动者、认真监督者,凝聚全村力量坚定走集体经济的道路。如何统一思想发展集体经济,关键是村级负责人道德文化、班子领导能力以及村民有效参与,核心是要有个干事创业的班长(村支部书记),必须有一个团结奋进的领导班子,有一支模范带头的党员干部队伍,凝聚村民对集体经济的向心力和全面发展的内生动力。同时,领导班子要与时俱进,统一共识地发挥集体经济在促进持续增收、村庄建设和乡风文明等方面的作用,为农民物质和精神富裕提供支撑,引导村民走上合作共赢、共富、共享的乡村振兴之路。

其次,创新发展集体经济。西滑封村围绕其村庄产业结构和资源优势,坚持土地集中经营,采用"政府统一领导、龙头企业带动、主导产业支撑、群众积极参与"的集体经济发展方式,实现兴业、强村与富民协调推进。该村经验充分表明,产业振兴是乡村振兴的前提和基础,而集体经济发展是产业振兴的重要途径和手段,只有村集体经济不断发展壮大,才会在基层治理、环境整治、文化振兴、共同富裕中发挥着极大"造血"的作用。发展新型村集体经济，主要启示如下：一是不能盲目跟风，要综合考虑国家政策、行业发展等因素，要立足区域特色和优势，统筹多方资源，因地制宜发展和改革集体产业；二是可以多元化延伸和壮大集体产业，但要重点发展主导产业，围绕主导产业不断做大做强集体经济；三是要不断以市场为导向，紧跟行业动态和标杆企业，走资源集约节约型道路，不断调整优化产业结构，增强集体企业的内生动力；四是要以提高村民福祉为导向，完善利益分配机制，在集体经济的收入分配上务必要公开透明，保障公平正义。

最后，探索多产业融合发展。根据产业链发展理论，农村一二三产业融合是涉农产业链延伸和价值链提升的重要路径，是农村集体经济产业壮大的必然选择，是农村产业可持续发展的基础。西滑封村集体经济发展的创新模式经验表明，以产业主导的实体经济是集体经济内源式发展的有机载体，有助于融合发展农村多产业，实现集体经济可持续发展。主要启示如下：一是要紧密围绕主导产业向上游种植端延伸产业链条，充分发挥龙头企业的示范带头作用，建立"公司+基地+农户"的利益联结机制，保障稳定的第一产业原料供应，带动农业提质增效，提高农户收入；二是不断提升第二产业加工能力，拓展品类，提高附加值，增强品牌影响力和竞争力；三是结合地方文旅和产业优势，推进加工业与农业、旅游、文化等多产业、多业态深度融合，形成多业态、多层次、多结构、多功能的产业融合体系，不仅提供质量安全可靠的农副产品，也提供休闲观光、农耕体验、文化研学、思政教育等服务，推动集体经济产业向多层次、多领域延伸和扩张，保障集体经济健康可持续发展。

当然，在西滑封村乡村振兴的实践中，也面临一些挑战，仍然有进一步提升的空间。一是乡村社会组织发挥的作用非常有限。在乡村治理中，虽然基层两委能够发挥着关键性领导作用，但乡村社会组织作用有待进一步提升。尽管有政府鼓励成立志愿服务团体等，但其主要负责一些环境维护、助老扶幼的工作，未能充分发挥他们在参与产业发展和乡村振兴中的积极性。乡村振兴应该汇集多方力量，借助多方资源，凝聚力量，共谋发展。二是土地要素紧缺。随着城镇化发展，越来越多建设用地指标会集中在县城周围，而乡村建设用地会更稀少。以加工业为主导产业的乡村未来发展必会面临一个关键且制约性问题，就是建设用地缺乏的问题。面对这个问题，一方面，可以提高原有土地的集约化程度，进行厂房或生产线的立体化改造；另一方面，可以变革产业链管理模式，提高产品附加值和竞争力，做好品牌建设，非核心业务外包其他企业，只进行轻资产运行；同时，也可以在异地谋划扩建。三是人才队伍建设相对滞后。人才振兴是乡村振兴的前提，如何充分发挥返乡青年、乡贤、返乡农民工等人才参与乡村振兴的积极性，如何提高乡村干部队伍整体水平，对于乡村可持续发展至关重要。未来可从致富带头人、农村经营能手、企事业单位工作人员、大学生村干部、返乡人员、乡贤以及退伍军人中选拔懂经营、会管理、能致富的优秀人才，使其成为产业发展和乡村振兴的"领头羊"。同时，紧盯乡村干部在乡村振兴方面的知识和能力欠缺问题，重点加强经营管理、产业发展、乡村治理等方面知识的教育和培训，帮助乡村干部全面提升综合素质，使他们既能讲政治、懂党务，又懂经济，既能带好队伍、管理好村庄，又能经营好项目。

第四章

信息赋能社区治理：黄山甘棠镇甘棠社区案例研究

第一节 甘棠社区信息赋能社区治理的背景分析

一 研究背景

（一）数字乡村发展战略

为贯彻落实《中共中央 国务院关于实施乡村振兴战略的意见》《乡村振兴战略规划（2018—2022年）》和《国家信息化发展战略纲要》等政策文件要求，2019年5月，中共中央办公厅、国务院办公厅制定并发布的《数字乡村发展战略纲要》指出，数字乡村是伴随网络化、信息化和数字化在农业农村经济社会发展中的应用，以及农民现代信息技能的提高而内生的农业农村现代化发展和转型进程，既是乡村振兴的战略方向，也是建设数字中国的重要内容。数字乡村设定了阶段性目标：到2020年，数字乡村建设取得初步进展，"互联网+政务服务"加快向乡村延伸；到2025年，数字乡村建设取得重要进展，乡村数字治理体系日趋完善；到2035年，数字乡村建设取得长足进展，乡村治理体系和治理能力现代化基本实现。2021年，《中共中央 国务院关于加强基层治理体系和治理能力现代化建设的意见》进一步明确提出："加强基层智慧治理能力建设。"2022年，中央一号文件《中共中央 国务院关于做好2022年全面推进乡村振兴重点工作的意见》提出，突出实效改进乡村治理，强调"大力推进数字乡村建设"。

乡村振兴要夯实乡村治理根基，乡村治理要以组织治理为基础。近年来，信息数字化在推进乡村治理体系和治理能力现代化中的支撑作用不断凸显，以数字技术为依托的"数字乡村"建设为农业高质量发展提供了新动能[1]。提升乡村数字治理水平是夯实乡村治理根基的重要途径，要运用信息数字技术拓宽村民参与治理的渠道、途径，拓展村民参与治理的广度、深度[2]，激发乡村治理主体自身能力实现既定目标[3]，整合各种治理资源实现治理主体协同联动。

（二）腾讯为村简介

当前中国"互联网+"正在加快向乡村延伸，"腾讯为村"是助推数字乡村战略进程、实现信息赋能乡村治理的典型代表。2009年，腾讯公益开始关注乡村振兴，希望更好地运用互联网资源、发挥腾讯的优势帮助乡村。据腾讯可持续社会价值事业部总监李程远介绍，"探索过程中，我们发现乡村很多方面的问题都来源于一个点，叫做乡村的空心化"[4]的乡村及村民，"腾讯为村"项目应运而生。"腾讯为村"（Wecounty）由腾讯公益慈善基金会发起，由"腾讯筑梦新乡村"项目发展而来，是一个低门槛、易操作、适合乡村干群的村庄数字化开放公益平台，于2015年8月面向中国广大乡村和社区正式推出。

"腾讯为村"以"连接信息，连接财富，连接情感"为宗旨，利用"互联网+"模式推动基层党建、社会治理与乡村振兴，是"应用程序+微信公众号+大数据平台"三者并行的智慧综合体系。2014年，"腾讯为村"从贵州省黎平县铜关村开始试点试验，探索通过信

---

[1] 夏显力、陈哲、张慧利等：《农业高质量发展：数字赋能与实现路径》，《中国农村经济》2019年第12期。
[2] 刘楠：《用好"新农具" 干好"新农活" 以数字技术赋能乡村振兴（新知新觉）》，《人民日报》2022年4月15日第9版。
[3] 关婷、薛澜、赵静：《技术赋能的治理创新：基于中国环境领域的实践案例》，《中国行政管理》2019年第4期。
[4] 整理自"智慧助力农业创新 绿色引领产业未来"农业主题论坛上的讲话，2021年7月13日。

息数字技术让贫困地区农民融入智慧乡村新生态。腾讯组织指导村庄开通微信公众号，引导留守村民和外出务工村民实名加入，通过为村平台交流工作生活、商讨村庄事务。腾讯基金会还面向村庄展开了一场互联网生活培训——邀请中国移动在村里架设4G基站，给村民赠送流量，邀请中兴通讯捐出智能手机，腾讯则负责组织培训，教每个村民学习使用手机上网。

"腾讯为村"的主要功能包括党务村务、乡村社交和乡村服务。在党务村务层面，"腾讯为村"提供了"党务村务、议事厅、调查问卷、投票、书记信箱"等功能，村庄各级干部可以即时发布党务、村务信息，让信息一键下达村民。在乡村社交层面，"腾讯为村"提供了"个人动态、短视频、私信"等功能，构建线上村庄场景，村民可以随时随地分享生产生活，随时了解村庄大小事务。在乡村服务层面，"腾讯为村"提供了"生活缴费、手机充值、农村信贷"等功能。截至2022年4月，"腾讯为村"平台上的村庄数为16879个，村民数254万余名、党员数18万余名，超过1.1万名村支书、1万名村主任在"腾讯为村"平台开展日常党务村务工作，共有来自30个省份、超过1.6万个中国乡村，在"腾讯为村"打造了互联网名片[①]。

二 信息技术应用前的甘棠社区治理：问题与困境

（一）甘棠社区简介

甘棠社区位于安徽省黄山市黄山区甘棠镇，地处城区中部，面积6平方千米，是甘棠镇政府所在地。甘棠社区也是黄山区的物资交流和旅游集散中心，103省道和铜黄高速公路穿境而过，地理位置优越。由于城市建设的需要，原甘棠村的村民土地基本被国家征用。2005年，甘棠村撤村建居，由立新村、甘棠村分别整建制成立社区居民委员会。2008年3月，立新社区居委会和甘棠社区居委会又合并为全新的甘棠社区居委会。目前，甘棠社区居委会下辖9个居民

---

① "腾讯为村"微信公众号。

组，总户数有830户，总人口有2314人。社区拥有集体水面100余亩，山场1100多亩。但是，耕地面积人均不足0.2亩，耕地资源颇为缺乏。社区党委下设7个党支部（含2个非公企业），共有党员177人，社区党委和居委7人[①]。2019年，安徽省公布了第一批美丽乡村重点示范村，甘棠社区在列。

虽然甘棠社区耕地资源贫乏，经济发展却并不落后，是甘棠镇远近有名的强村富村。近年来，社区党委不断创新发展理念，带领村民"跳出小社区、服务大城市"，突破集体经济发展"瓶颈"，取得了较好成效[②]。2021年，社区集体经济经营性收入达到390万元，居民人均纯收入3.1万元[③]。社区先后荣获全国综合减灾示范社区、安徽省农村基层党建工作"五个好"村党组织标兵、安徽省级第一批美丽乡村建设示范村、安徽省抗击新冠肺炎疫情先进集体，安徽省卫生社区、黄山市基层党建工作示范点、黄山市文明单位，以及"为村示范村"等称号。

（二）信息技术应用前甘棠社区面临的问题与治理困境

甘棠社区可以说是中国乡村"撤村建居"制度下的一个缩影，它面临的治理困境既具有一般"撤村建居"社区问题的普遍性，又有其自身发展的独特性。普遍性体现在甘棠社区也面临党建引领作用不强、党员服务意识薄弱、基层治理机制不完善、居民参与治理渠道不畅通等一般社区治理存在的普遍性问题。独特性体现在相较于普通"撤村建居"社区产业基础薄弱，甘棠社区通过实施系列产业革新项目，在引入"为村"之前已经是甘棠镇名副其实的富村、强村了。然而，或许正是由于村委班子将所有注意力放在发展村集体经济上，反而忽略了基层社区治理的重要性，尤其是社区组织治理的奠基石作用。

---

① "黄山甘棠社区"微信公众号。
② 崔艳、胡亦农：《黄山区甘棠社区的"三次起跳"》，《日照日报》2022年1月6日。
③ 《甘棠镇甘棠社区五年发展暨乡村振兴规划（2021—2026年）》，"黄山甘棠社区"微信公众号。

1. 党建引领作用不强，组织动员能力不足

信息数字技术应用前，尽管在社区党委班子带领下，村集体经济发展取得了不错的成果，但是甘棠社区也面临村民凝聚力低、向心力不足等普遍性问题。这体现在以下三个方面。一是社区的各类活动群众参与度普遍较低。引入"为村"之前，村庄各类事务和活动群众响应度普遍低，鲜有群众积极主动参与，尤其是参与村庄志愿服务活动的村民凤毛麟角，不动员、不说好话就没人参加。二是党员干部服务群众意识不强。村委干部日常忙于村庄的常规性、事务性工作，既没有认真思考，也没有实际行动去深入体察群众的服务需求，自然难以有效掌握村庄群众的真实想法和真实需求，长此以往与群众离心，失去了群众信任与支持。三是村民对村务缺乏关心和了解。村民对村党委工作和村事务工作关注度都不高，对党员干部工作也不关心、不了解。正如村书记刘卫华指出，"村民忙于生活，对村级工作和村干部了解关心不多，村干部也忙于工作，难以全面了解群众的心声和民意，导致村民之间缺乏集体荣誉感和社区认同感，干群之间缺乏工作信任度和支持度，暴露出党组织在宣传发动和凝聚服务群众上的缺位"①。因此，如何提升基层组织治理能力，凝聚村庄治理共同体，是甘棠社区亟须思考并解决的重要问题。

2. 重视集体经济发展，忽略基层治理基础

自2000年以来，甘棠社区两委班子就非常重视社区集体经济发展，重点推动社区产业升级。近二十年来，甘棠社区在两委班子带领下，将在城市化进程中获得的土地出让金作为原始资本，"一步一脚印"，相继实施了"甘棠新城保洁服务有限公司""雾山香榧基地项目""芙蓉菜市场重建项目"三大项目，在推动集体经济产业发展，以及村民就业增收等方面，逐步取得了实效。然而，社区基层组织治理并没有匹配上社区集体经济产业项目的革新发展速度。一方面，社

---

① 引自刘卫华书记发言（内部资料）。

区两委班子在思想意识上，将注意力聚焦于村集体经济发展，工作重心集中在盘活村既有资源、推动产业革新，认为"产业发展好了，社区就自然而然和谐了"，没有意识到推动社区治理创新的重要性。另一方面，社区两委班子在行动上遵循传统治理方式方法，缺乏深入调研群众需求、缺乏创新治理方式，对社区居民群众的真实需求了解不透彻，当然也无法真正认识到社区治理中的深层次问题。

3. 基层治理机制单向度，居民反馈渠道梗阻

信息数字技术应用前，甘棠社区也延续着传统的基层治理模式。村民自治的基本原则是自我管理、自我教育、自我服务，在实践中具体化为村民民主选举、民主决策、民主管理、民主监督的基本权利和制度[1]。在基本制度原则指导下，社区治理形式上依靠"公开栏""干部跑腿通知"等传达信息，"将村内财务表格和重要事务贴在村头公开栏里，群众基本不关心不关注"。村干部和村民之间通过单向度的"上传下达"机制勾连，党群关系和干群关系十分脆弱。由于缺乏必要的反馈渠道，这种单向度治理机制既影响了村务信息的即时传播，也造成了党员干部和群众的日渐疏离，导致村委与村民之间矛盾冲突积压。正如村书记刘卫华描述，村民"不看就不知情，对村里的工作就不了解，村里收入多少、支出情况怎么样、村干部拿着工资天天都干什么，都不清楚，不知情。不了解，不清楚、不知情就演变成了村民对村里工作的不支持，不配合"[2]。

4. 重视物质共同富裕，忽略了精神家园构建

共同富裕的内涵包括人民群众物质生活和精神生活双富裕，而不仅仅是物质上富裕精神上空虚。然而，物质富足而精神未富，是当前中国诸多农村地区普遍存在的突出问题，"为村"应用前的甘棠社区

---

[1] 根据《中华人民共和国村民委员会组织法》《村民自治条例》规定，村民自治组织体系包括村民会议、村民代表会议、村民委员会、村民小组、村民委员会的下属委员会等。村民自治的本质是自我管理、自我教育、自我服务。自治的方式就是实行民主选举、民主决策、民主管理、民主监督。

[2] 引自刘卫华书记发言（内部资料）。

也不例外。近二十年来，为了推动社区居民收入增长、物质富裕，甘棠社区党委居委进行了一系列探索，如前述集体经济产业"三大项目"，通过每年给入股居民分红，为居民购买劳动力意外伤害险，为社区老年人分配本股等，甘棠社区居民物质上逐渐富裕起来了。但是，居民乡风文明程度远没有跟上物质富裕的步伐，具体表现为，在显性层面上，村里虽然建设了休闲活动场所和健身设施，但数量不多、分布集中，不符合村民的日常生活习惯。村民日常休闲内容主要为看电视、打牌、走亲访友、串门聊天，鲜有传统戏曲、比赛、健身、志愿服务等活动。在隐性层面上，邻里纠纷矛盾时有发生，村庄邻里氛围不够和谐，村民们忙于自身事务，对村庄集体事物不感兴趣，村民内在向心力不足、凝聚力不强。

第二节 甘棠社区信息赋能社区治理的关键主体分析

在乡村振兴战略引导下，利用现代信息技术提升基层治理能力成为大势所趋。然而，现阶段数字技术赋能乡村仍然面临多重困境，包括个人技术赋能层面的观念困境与文化困境、组织技术赋能层面的参与困境与组织困境，以及社区技术赋能层面的制度困境与结构困境等[1]。甘棠社区在利用"互联网+"创新社区治理、破除数字发展困境等方面做了诸多尝试，"甘棠为村"成为运用"腾讯为村"实现村庄智慧治理和科技赋能的典型案例。"甘棠为村"在应用过程中离不开多元主体的协同推进，甘棠社区党组织发挥了党建引领作用，社区党委书记刘卫华发挥了能人带头效应，社区两委班子成员发挥了重要协助作用，村民家庭和个人则积极进行配合，"腾讯为村"和甘棠镇政府也分别发挥了技术支持和组织支持作用，如图4-1所示。

---

[1] 沈费伟：《乡村技术赋能：实现乡村有效治理的策略选择》，《南京农业大学学报》（社会科学版）2020年第2期。

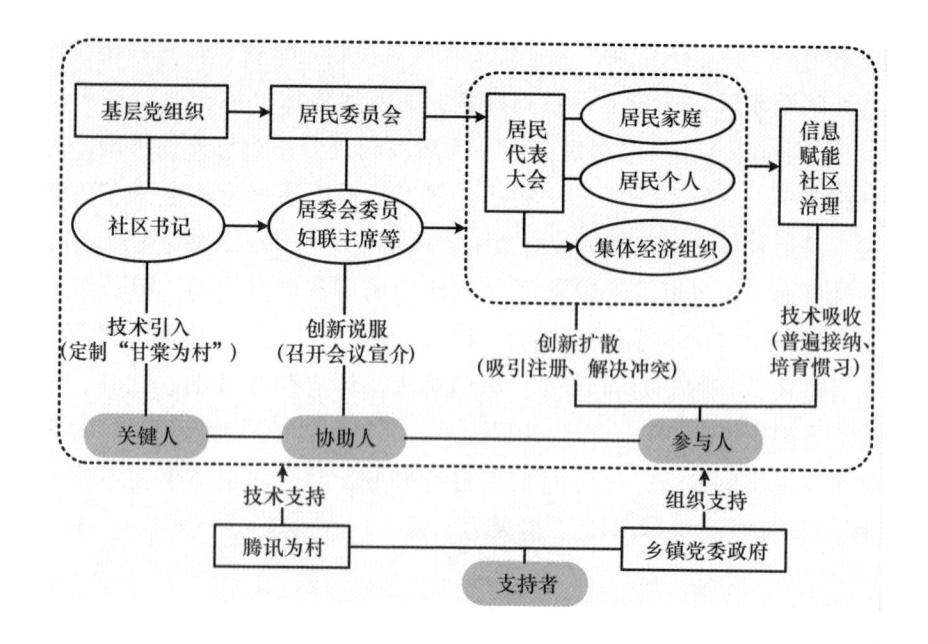

图 4-1 甘棠社区信息赋能社区治理的各大主体

一 基层党组织:"甘棠为村"的组织领导者

(一)甘棠镇党委政府

由于甘棠社区党委书记刘卫华的偶然培训机会,"甘棠为村"引入甘棠社区。起初,"甘棠为村"只在甘棠社区干部群众中小范围内产生了反响,并未受到甘棠镇政府、黄山区及以上政府部门的关注。但是,一方面随着"甘棠为村"越办越好,注册村民越来越多,其社区治理效果显著。另一方面随着"腾讯为村"在全国的影响力越来越广泛,甘棠镇党委政府及黄山区政府也注意到了"甘棠为村",并开始重视学习和推广"甘棠经验"。

一是观摩学习"甘棠为村"方式方法。正如刘卫华描述,"乡镇党委政府也对我们'为村'非常感兴趣,天天带人参观学习"[1]。二是推介宣传"甘棠为村"治理模式。甘棠镇政府将"为村"作为国

---

[1] 引自刘卫华书记发言(内部资料)。

家级综合改革试点试验项目，安排5万元专项补助资金，鼓励甘棠社区用好"为村"，形成"甘棠社区腾讯为村"模式。三是启动"甘棠为村"推广试点。目前，甘棠镇党委政府已经选定其他试点村，下一步将"为村"作为乡村治理推广示范项目。由此可见，甘棠镇及以上政府主要在"甘棠为村"后续应用及影响扩散过程中，发挥了重要的组织支持作用。

(二) 甘棠社区党组织

村级基层党组织，就是执政党和国家政权在乡村社会的权力代表，是乡村社会治理的政治中心，也是乡村社会治理的资源统合中心[①]。基层党组织治理能力决定了乡村治理的成效，它是一个综合能力体系，政治领导力是根本，思想引领力是关键，群众组织力是保障，社会号召力是基础。在乡村治理实践中，存在治理结构协调性、治理主体融合性、治理体系法治化以及治理方式创新性方面的挑战和困境[②]。甘棠社区党委下辖7个支部（含非公企业2个），党员177名，社区先后荣获全国综合减灾示范社区、全国妇联基层党组织建设示范社区、省级"五个好"村党组织标兵、市级基层党建工作示范点。社区党委班子包括党委书记刘卫华、党委副书记汤礼平和谢长俊、党委委员伍超和苏文峰。截至2022年4月13日，在村党员92人、流动党员11人、预备党员5人、入党积极分子2人、共青团团员16人。在"甘棠为村"累计进行党务公开91次、组织生活62次、党员教育440次、书记公开信120次、群众来信287次、乡村振兴11次。

"甘棠为村"平台上，"党务"是最为活跃的栏目之一，如图4-2所示。"党务"版块下包括"支部风采""党务公开""组织生活""党员日记""书记信箱""振兴日记""为村学习"7大栏目，其中"党务公开""党员日记""书记信箱"三个二级栏目尤为活跃，村民

[①] 周少来：《准确把握农村基层党组织在乡村振兴中的关键作用》，人民智库，2021年4月28日。

[②] 蔡文成：《基层党组织与乡村治理现代化：基于乡村振兴战略的分析》，《理论与改革》2018年第3期。

参与党务评论也极为热情,主要体现在以下三个方面:一是党务信息公开及时且频繁。除了党员会议、议事公开等常规性党务工作,最新的国家相关政策,以及村集体重要决策都能第一时间出现在"党务"栏目。例如,2011年甘棠社区制定《甘棠镇甘棠社区五年发展暨乡村振兴规划(2021—2026年)》,探索建立健全五大机制、30项任务,所有内容都公开在"党务"栏目,村民可随时查询。二是党员教育和党员日记真实且生动。"党员日记"栏目真实、动态记录党员核酸检测、党课学习、活动培训等相关图文及互动,将以往限于党组织和党员群体内部的党员组织生活展现在群众面前,逐渐拉近了与社区居民的距离。三是书记信箱反馈及时且高效。截至2022年4月,"书记信箱"累积发布了书记公开信120封,处理回复群众来信271条,其中公开的群众来信197封(即信件内容直接面向所有群众公开),非公开的群众来信74封(即内容只有书记可查阅和处理,不向其他群众公开),封封有回应,件件有处理。由此可见,在甘棠社区党委领导下,"甘棠为村"正在高效嵌入社区党组织,助力党建,引领社区发展,夯实社区治理的组织基础。

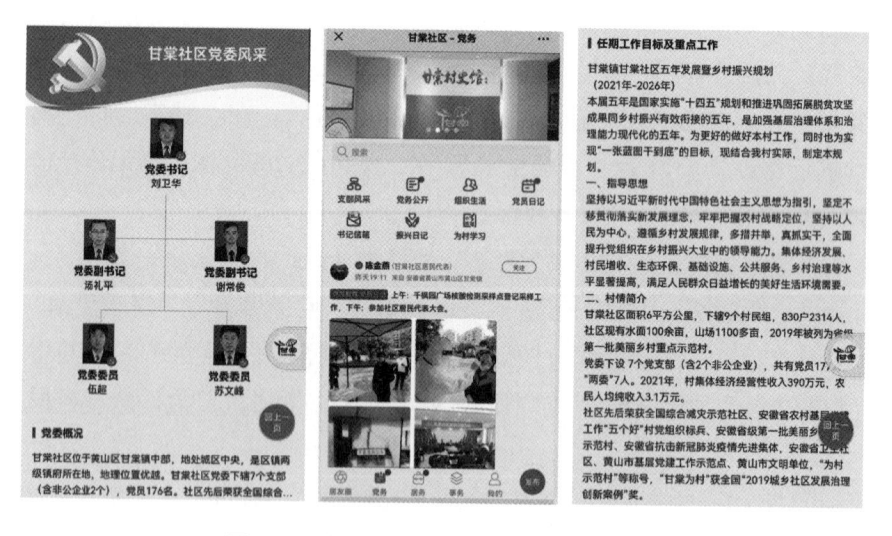

图4-2 "甘棠为村"党务公开版块信息

（三）甘棠社区党委书记

社区党委书记在一个村的领导班子和全村工作中处于核心地位，是农村各项工作的直接组织者、指挥者，只有党委书记路带得正、方向不偏，才能让党员群众思想与党同心同向、行动上同力，实现农村发展、农民增收的目标[①]。甘棠社区党委书记刘卫华是"甘棠为村"的引入者，也是甘棠社区集体经济产业发展的"领头羊"，近年来在带领甘棠社区快速发展过程中扮演"关键人"角色。

刘卫华退伍后就到村工作，目前为止已经做农村基层工作二十余年。2018年4月，通过深圳市委党校培训的机会，刘卫华接触到了"腾讯为村"，起初他也认为"为村"只是一个推介村庄的网络工具。但是，湖南小能溪村为村平台管理员分享了"为村"为该村留守儿童与外出务工父母建立起情感联系、将"失联乡村"带上互联网后，刘卫华深受触动，并决定重新认识和了解"为村"。通过深入学习了解，他看到了"为村"应用于村庄治理的优点，"这么好的平台当然要使用"。

然而，刘卫华并非没有顾虑，特别是村干部和村民两大群体是否愿意使用"为村"、能否用好"为村"两个问题上犹豫不决。第一，引入"为村"并在日后甘棠社区治理中广泛使用，首先要取得村干部的理解和支持。开通"为村"就意味着村庄的党务、居务、财务、活动等全部在线公开，村干部从此在群众面前变成了透明人，村庄事务变成了透明事，村干部会不会在工作和心理上有压力，而心生抵制或者消极对待？[②] 第二，引入"为村"后，村民要广泛参与才能发挥实效。村民们是否都愿意参与进来？"为村"是否会沦为新时期的乡村"公开栏"[③]？这也是刘卫华顾虑的重点问题。第三，村干部和村民、村民和村民之间会不会把矛盾冲突公开到线上，导致恶劣影响扩

---

① 许杰：《论新时期村党支部书记的重要作用》，参考网，2019年4月2日，https://www.fx361.com/page/2019/0402/4924846.shtml。
② 引自刘卫华书记发言（内部资料）。
③ 引自刘卫华书记发言（内部资料）。

大，反而不利于社区治理①?

虽然潜在问题不少，但是在线公开党务、村务、财务等，"这些都是村民急切需要的"②。群众犹疑不定时，干部要敢于冲上去，甘当"扫雷兵"③。思考了近一个月，刘卫华与村干部召开了多次研讨会，对"为村"的优势、劣势、机遇、风险进行了SWOT充分研讨分析，并入户与村民沟通交流，征求看法和意见之后，决定正式开通"为村"。正如他所言，"其实要下很大决心的，后来通过与大家谈心、交流、最后下定决心正式开通"④。因此，2018年5月14日，"甘棠为村"正式开通上线，相关版块和功能界面如图4-3所示。

图4-3 "甘棠为村"相关版块和功能界面

---

① 引自刘卫华书记发言（内部资料）。
② 引自刘卫华书记发言（内部资料）。
③ 徐靖:《关键时刻村干部要敢于冲上去，甘当"扫雷兵"》，乡村干部报（网），2020年6月11日，http://www.xcgbb.com/tuopin/202006/t20200611_6683967.shtml。
④ 徐靖:《关键时刻村干部要敢于冲上去，甘当"扫雷兵"》，乡村干部报（网），2020年6月11日，http://www.xcgbb.com/tuopin/202006/t20200611_6683967.shtml。

二 居民委员会及居委干部:"甘棠为村"的重要助推者

农民有大量一家一户"办不好、不好办和办起来不合算"的事务,这些事务不仅涉及生产生活,也涉及村风村貌[①]。"甘棠为村"上线之初,依然面临多重挑战。居委会是与居民沟通最为频繁的部门,居务则是与居民关联最为紧密的事务。因此,居委会干部将"为村"嵌入居务工作,自身能否运用"为村"处理好居务,能否向村民宣传好"为村",是"甘棠为村"是否能在基层治理中扎根的关键一步。"甘棠为村"居务栏目包含"居委风采""居务公开""议事厅""社区活动"四个子栏目,如图4-4所示。

一是坚持利用"为村"进行居务公开。面对"为村"新事物,居委干部自身亟须了解、认可、熟悉,并尽快将"甘棠为村"平台嵌入居委日常工作,首先就是要做好"居务公开"。"居务公开制度"明确规定了居务公开形式:居民委员会开展工作遵循公开透明的原则,完善并落实居务公开制度;居民委员会应当采取多种方式及时、准确公开六大事项并接受居民查询和监督[②]。长期以来,固定的社区居务公开栏是延续多年的常规居务公开方式,随着微信等应用在农村推广使用,各地农村也纷纷尝试通过微信群进行村务公开。"甘棠为村"上线后,甘棠社区居委会第一件事就是将居务陆续实现线上全公开,包括"居委通知、财务公开、重要事项公开"等内容。

二是运用"为村"创新社区活动。居委干部陆续在"甘棠为村"发布了包括"活动报名、投票评选、问卷调查"等社区活动,村民反响越来越积极。第一,活动报名,如"戏曲专场"(2018.07.18)、"社区舞蹈队招募新成员"(2018.10.21)、"计生政策宣传一封信抽奖"(2018.12.13)、"暑期读书月"(2019.07.15)、"志愿者招募"

[①] 贺雪峰、陈柏峰、林辉煌等:《当前乡村治理热点、难点和创新点的调查分析——乡政不可息 乡业不能衰》,《北京日报》2015年5月19日。
[②] 民政部发布《中华人民共和国城市社区居民委员会组织法(修订草案征求意见稿)》第三十九条。

（2020.01.13）等。第二，社区投票评选，如"最美庭院"评比投票（2020.04.29）等。第三，问卷调查，如"计划生育群众满意度调查问卷"（2018.11.05）、"电动车上牌调查问卷"（2021.09.24）等。通过这些活动，不仅陆续吸引了更多村民加入"为村"，也加强了社区干部和村民、村民与村民之间的联系和互动，还潜移默化凝聚了村庄和谐美好的文化生活氛围。

三是通过多种形式向村民推广宣传"为村"。"甘棠为村"的应用离不开甘棠社区党委积极组织引导，以及以居委会主任汤礼平为代表的居委干部们的鼎力协助和宣传推广。为了鼓励村民用好"为村"，甘棠社区还与企业、各大超市、商贸公司对接，通过发放消费券等福利，引导村民加入"为村"，认证"为村"民并留言互动。例如，2018年7月31日，社区和芙蓉农贸市场管理有限公司协商，由芙蓉农贸市场出资用于"为村"推广，社区居民在"甘棠为村"发帖互动即可获取积分，1积分可兑换0.5元芙蓉市场消费券。经过4年发展，在"黄山甘棠社区"公众号平台上，"居务"已经成为继"党务""书记信箱"等后最活跃的版块。

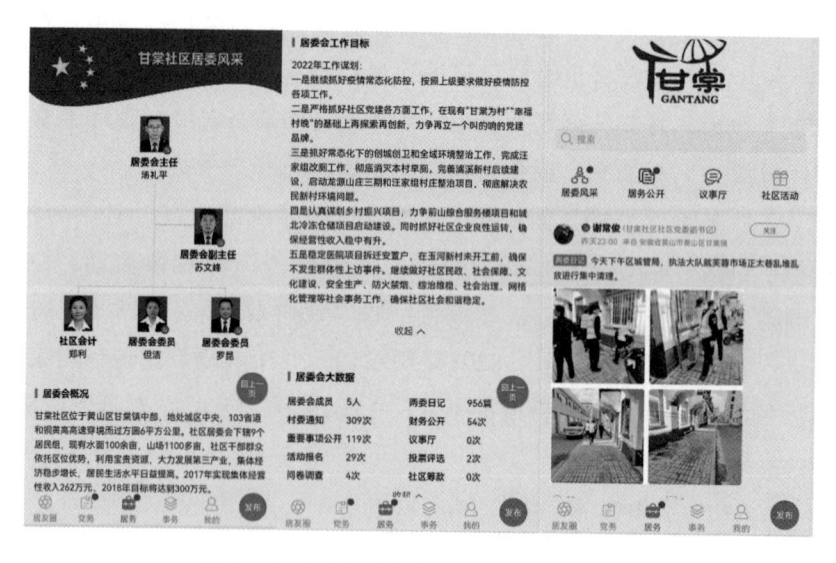

图4-4 "甘棠为村"居务公开版块信息

三 居民家庭和个体:"甘棠为村"的支持参与者

数字技术赋能乡村的边界是遵循"以人为本"的底层逻辑[①]。"甘棠为村"上线前,前述面临的两大难题引起社区党委书记刘卫华担忧。一是村民是否愿意参与,二是村民参与后能否维持线上社区和谐。从村民角度来看,"甘棠为村"上线之初,参与的居民数量并不多,居民参与互动的积极性也不高,线上社区只有社区干部发布的几条零星动态,显得颇为冷清。然而,通过社区党委与辖区企业的联合推广,以及居委各类活动宣传推介下,居委干部始终坚持信息公开和居民互动,以及在居民之间的互相影响下,陆陆续续有了越来越多社区居民认证使用"甘棠为村"。例如,2018—2019 年,党委书记刘卫华多次在微信朋友圈发布"为村先锋召集令——甘棠社区的村民,刘卫华喊你进村认证"。

"甘棠为村"于 2018 年 5 月 14 日上线后,在社区干部、党员和居民共同努力下,短短一个月时间就升级为了四星村庄,成为腾讯集团推荐到全国"为村"平台学习的典范,如图 4-5 所示。[②] 截至 2022 年 4 月,"甘棠为村"已有 1107 位注册居民,各个信息版块的"评论"专区都十分活跃,既有甘棠本社区居民,也有甘棠镇其他村村民,还有其他省份异地村民,以及普通游客的点赞评论。这些评论多以感叹社区发展变化、支持社区繁荣等正能量评论为主。例如,甘棠社区居民评论道,"为村大舞台,天天唱起来,为甘棠社区为村平台加油!为书记点赞"[③],"提升了村民参与乡村治理意愿"[④]。异地省

[①] 王丹、刘祖云:《乡村"技术赋能":内涵、动力及其边界》,《华中农业大学学报》(社会科学版)2020 年第 3 期。

[②] 但洁:《甘棠社区开启"党建+为村"新模式 助力乡村建设》,黄山甘棠社区微信公众号,2019 年 5 月 21 日。

[③] 整理自甘棠社区居民何祝成在"书记信箱"下的评论,2020 年 12 月 3 日。

[④] 整理自甘棠社区居民吴小龙在"书记信箱"下的评论,2022 年 4 月 3 日。

份村民留言,"有空了一定来你们社区看看"①。普通游客评论:"村领导管理有方,真正地为人民服务,让村民过上好日子点个赞。"②

正如刘书记指出,"'为村'不单是一个公众号,这里面内容强大着呢,它就是一个网络大村庄或者说是一个村的大广场,村里趣事和家常闲话都可以在里面聊,也是村里的大屏幕,村务、党务、财务都可以来这里看,同时又是村里的大集市,农家好货、土特产品都可以到这里卖。村民有问题可以给书记写封信、看看村干部在干啥。书记、主任和村干部、党员都能在平台上处理工作和学习交流"③。

图4-5 "甘棠为村"居民活动参与

---

① 整理自甘肃省陇南市康县两河镇巩坝村村组长石顺金在"甘棠社区—村庄资源"下的评论,2019年6月23日。
② 整理自甘棠镇"为你解忧"在"甘棠社区—村庄资源"下的评论,2021年2月18日。
③ 引自刘卫华书记发言(内部资料)。

四 "腾讯为村"平台:"甘棠为村"技术支持方

"腾讯为村"项目重点聚焦三个方面。一是乡村治理,为村支两委提供数据化的治理工具。二是关注村支部党建。三是提升乡村数字化治理水平。"腾讯为村"平台对"甘棠为村"的技术支持体现在以下三个方面。

一是"为村"团队引导支持甘棠社区加入。2018年4月,刘卫华和全国各地村党委书记在当地组织部门的安排下,共赴深圳市委党校参加培训,"腾讯为村"项目的负责人、腾讯集团高级政务专家陈圆圆向大家首次介绍并推介了"腾讯为村"平台。当年5月,刘卫华回村商讨后就决定在甘棠社区开通"甘棠为村",此后一直保持着与陈圆圆团队及"腾讯为村"平台的密切联系。

二是"为村指南"提供技术支持与释疑。腾讯为村管理平台不定期发布关于"为村"各个版块功能的使用指南,指导村庄学习运用。例如,2019年4月24日,为了让村委宣传更便捷,促进村民参与,腾讯为村发布"如何发起'活动报名'",详细解释可以使用为村"活动报名"功能发起的活动类型、方式等,并展示了"活动报名"功能使用的优秀村案例,村民之间可以看到具体活动详情、报名人数等。

三是"为村活动"组织并吸纳村民参与。面向村庄和村委干部,腾讯为村管理平台面向所有线上村庄不定期发布各类活动,吸引村干部运用"为村"组织村民线上参与,达到一定参与村民数或互动数,即可获取相应的活动奖励。例如,2019年10月30日,"腾讯为村"发布"我来讲讲咱村好故事",吸引村民讲述加入为村后村庄的新变化,"分享村庄故事"可以出现在"腾讯为村"数字乡村展专题。"腾讯为村"还发布了"村委发起'学雷锋'主题活动,'为村加油礼包'来助力"(2019.03.05),"村委报名举报春节活动,为村送礼贺新春"(2019.01.03),等等。

第三节 "甘棠为村"赋能社区治理的经验做法分析

为促进乡村技术赋能，实现乡村有效治理，可以从个人技术赋能层面增强自我发展能力、组织技术赋能层面构建多元共治格局、社区技术赋能层面完善制度结构体系，以此促进乡村社会的可持续发展[1]。从"甘棠为村"的经验可以看出，信息科技革命为乡村治理创新带来了无穷的创新可能，由于"互联网+"向乡村蔓延，以往一些几乎不可能实现的乡村治理模式也成为可能。互联网既可以赋能乡村治理，也可以赋权乡村治理，互联网应用场景可以全方位触及乡村治理。关键在于，如何有效激活乡村干部及群众动能，将"互联网+"应用于乡村治理过程中，"甘棠为村"为我们提供了值得参考的经验。

一 发挥"互联网+"多重功能，提升基层党组织动员能力

习近平总书记指出，要"增强村党组织联系群众、服务群众、凝聚群众、造福群众的功能，真正发挥战斗堡垒作用，成为带领乡亲们脱贫致富奔小康的主心骨、领路人"[2]。数字乡村要解决数字赋能与数字鸿沟之间的张力问题，需要借鉴英国社会学家吉登斯"脱域"机制建设的思想，运用"脱域式赋能"的发展观念，实现产业赋能和治理赋能。在中国基层乡村治理语境下，要特别重视抓住基层党员领导干部这一"关键少数"[3]，应当以农村干部队伍建设为核心，加强基层党组织领导，带动健全农村基层组织体系[4]。然而，由于社群

---

[1] 沈费伟：《乡村技术赋能：实现乡村有效治理的策略选择》，《南京农业大学学报》（社会科学版）2020年第2期。
[2] 习近平：《做焦裕禄式的县委书记》，中央文献出版社2015年版，第20页。
[3] 杨嵘均、操远芃：《论乡村数字赋能与数字鸿沟间的张力及其消解》，《南京农业大学学报》（社会科学版）2021年第5期。
[4] 贺雪峰、陈柏峰、林辉煌等：《当前乡村治理热点、难点和创新点的调查分析——乡政不可息 乡业不能衰》，《北京日报》2015年5月19日。

关系复杂，乡村党建历来是难啃的"硬骨头"。乡村党建创新发展需要前沿技术的引领和支撑，"甘棠为村"的经验表明，"互联网+"能够在乡村党建领域发挥重大作用。甘棠社区利用"甘棠为村"平台实现"线上党务公开、展示组织生活、提升党员服务"，为党建引领乡村治理提供了良好的经验。

第一，建立"三务"公开制度，实现党务村务在线公开常态化。转型社会背景下，中国乡村面临各种"痛点"，总体上可归结为"连通性"不足或缺位，首当其冲的就是党务、村务、事务、商务等的连通性问题①。"甘棠为村"把"村务公开""党务公开""服务公开"作为提高社区治理透明度、提升群众满意度的重要抓手，建立了"三务"公开制度，坚持"能公开的都公开"原则，在"为村"平台公开涉及党员发展、财务村务、法律咨询、农技农机、文体娱乐、农特销售等"三务"方面内容，为村民解疑释惑，五星好评率98%。这种"动态式"公开、"互动式"公开、"立体式"公开以及"评判式"公开的方式，落实了党员群众的知情权、参与权、选择权和监督权②。改变了过去落后的固定栏公开方式，极大地提高了群众对社区事务的关注度，同时用落实群众的知情权、监督权换来群众对社区治理的公信度、满意度的提高。

第二，建立"为村"管理员团队，明确"为村"管理职责。甘棠社区明确社区党委、居委在"甘棠为村—党务公开""甘棠为村—居务公开"工作中的领导职责，并建立了"党务公开"和"村务公开"人员责任制，进一步明确了社区党委书记、党委成员、居委主任、居委委员以及其他村干部党员的责任，依托群众扎扎实实地推进党务、村务公开。党员、群众均可申请成为"为村"管理员，"为村"管理员团队可以实时线上线下答疑解惑。通过"甘棠为村"的"党务"和"居务"功能版块，实现在线党务公开常态化，将社区党

---

① 邱泽奇：《为村：为乡村振兴搭建数字平台》，2019年10月20日。
② 曾祥海：《江西兴国县推动党务信息"四式"公开》，《中国组织人事报》2013年1月23日05版。

组织嵌入到群众一线，做到了组织透明、财务透明、事务透明、成员透明，有效保障了社区居民的知情权、参与权和监督权。

第三，引导党员在线互动，发挥党员引领示范作用。一是"党建之家""党员教育"等栏目，对党员进行在线管理，并同步推送共产党员网、安徽先锋网、黄山先锋网、黄山区党建微平台，实现党员"一门式""一键式"，为年迈党员送学上门[1]。二是"甘棠为村"将党组织生活的影响由线下拓展至线上，通过"党员日记"等功能向群众展示并讲述组织生活，强化了社区党员对党组织的认同感和荣誉感。"甘棠为村"展示了党支部会议、党课学习、党员活动、党员培训、核酸检测志愿服务等相关图文介绍及互动，向村民真实展现了真实的党员组织生活。三是"甘棠为村"一定程度上促使党员在社区活动、社区事务中优先响应，有效发挥党员带头引领作用。

第四，利用"为村"网上走基层，提升党员服务能力和水平。一方面，"甘棠为村"能够记录党员发布的所有活动、消息、动态、评论等，通过对"为村"平台上的党员个人数据分析，可以准确了解和评价每名党员的思想动态、行为行动、素质能力，从而有助于社区党员管理。另一方面，"甘棠为村"有助于提升党员服务能力。甘棠社区通过"为村"平台彻底改变了党员服务方式，使党员服务更为深入和便捷。以往居民对社区"有多少党员、分别是谁"不清楚也不关心，现在每名甘棠社区的党员都会有专属标记。"甘棠为村"使社区党员可以利用碎片化时间，实现信息实时上传、党员即时互动、回应村民诉求，社区党员的组织参与感更强、群众引领性更强。

二 "互联网+"搭建高效反馈渠道，增强村民个体参与能力

在面对农民生产生活困难时，村集体的出场十分重要，因为村社

---

[1] 袁玉灵：《黄山区甘棠社区构建乡村治理新模式》，黄山文明网，2018年8月20日。

集体是代表共同利益的。村社集体回应农民的需求，农民就会对村社集体信任与支持。村社集体越是能够回应农民的需求，农民就越是信任村社集体和支持村社集体，村社集体也就越是有能力。这是一个正反馈[①]。在解决中国乡村普遍面临的"连通性"不足或缺位这一痛点问题上[②]，"甘棠为村"最重要的经验做法是弥合了传统村庄缺失的反馈渠道，让村民能够充分参与村庄治理监督，增强了村民个体参与能力。尤其是"书记信箱"，成为村民参与社区治理监督的直通渠道，推动社区治理由"静"向"动"转变。

一是运用"甘棠为村"搭建村民高效反馈渠道。"甘棠为村"作为"桥梁"，甘棠村务信息实现了有效的双向传输互动。社区居民意见反馈渠道从线下延伸到线上[③]，包括两种途径。一是村民可以在村委工作动态下的留言区评论互动。如《甘棠镇甘棠社区五年发展暨乡村振兴规划（2021—2026年）》全文公开发布并设置了留言区，村民建议能够第一时间直达村委干部。二是村民可以通过"书记信箱"等功能与以社区党委书记刘卫华为首的村委干部直接互动。"甘棠为村"的"书记信箱"功能发挥了关键作用。截至2022年4月，"甘棠为村—书记信箱"发布了书记公开信120封，处理回复群众来信271条，其中公开的群众来信197封，非公开的群众来信74封，封封有回复，事事有反馈。一方面，以社区党委书记刘卫华为首，组成了包括"刘卫华、郑晓荣、谢常俊、张凤霞、苏文峰、伍超、罗昆"7人的"来信处理人"队伍，负责回复和处理"书记信箱"的信件及意见。这从形式上确保了有充足的人员和精力处理群众意见，从而群众来信都能够得到及时回复。另一方面，更深层次的原因是，引入"为村"后，"为村"创造了一个属于乡村的哈贝马斯笔

[①] 贺雪峰、陈柏峰、林辉煌等：《当前乡村治理热点、难点和创新点的调查分析——乡政不可息 乡业不能衰》，《北京日报》2015年5月19日。
[②] 邱泽奇：《为村：为乡村振兴搭建数字平台》，2019年10月20日。
[③] 《数字技术为乡村治理添"智慧"》，光明网，2021年12月8日，https://m.gmw.cn/baijia/2021-12/08/35366141.html。

下的公共领域①,这种公共领域的压力驱使以刘卫华书记为首的村两委班子,在思想意识和行动作风各个方面,主动或被动地形成了对自身更高的要求和标准,自然而然更注重村民意见反馈。

二是"甘棠为村"降低村庄社会交往的公共成本。传统的村委、村民之间存在严重的信息不对称问题,村民对村庄公共事务拥有强烈的参与热情,但是缺乏了解和参与渠道。"甘棠为村"上线后,村民能够实时了解生活相关的养老、缴费、教育等各类事项,并对社区各类事项发表各类意见。这种公开透明的方式能有效降低乡村社会交往的公共成本②。

三是"甘棠为村"推动乡村由传统单向治理转向双向互动治理。传统的村干部单向治理、熟人社会治理模式极易造成村庄矛盾积压、发酵。互联网不仅深刻地改变了村民的思维方式、生产方式和生活方式,也为基层治理创新实现了双向赋能③。在组织层面,"甘棠为村"通过推进村委资源和服务的整合,提升了基层治理的智能化、信息化、精准化、高效化水平,实现了社区治理工作"事半功倍"。在个人层面,"甘棠为村"有效激活了社区居民个体的主动性,促进了村干部与村民实时互动,挤压了矛盾纠纷的发酵空间,社区冲突自然而然就减少了。

三 "互联网+"助推产业升级,筑牢社区治理经济基础

甘棠社区通过"为村"加强党建,带领村民盘活现有资产资源,通过《乡村振兴战略规划》中的三变改革"资源变资产、资金变股金、农民变股东",实现了集体经济产业的飞跃式发展。刘卫华总结

---

① 公共领域与私人领域相对,是指介于国家和社会之间的一个公共空间,公民可以在这个空间中自由参与公共事务而不受干涉。德国哲学家尤尔根·哈贝马斯在20世纪60年代在《公共领域的结构转型》中进行了详细阐释,至今仍然产生广泛影响。公共领域是独立于政治建构之外的公共交往和公众舆论,它们对政治权力具有批判性,同时又是政治合法性的基础。
② 《数字技术为乡村治理添"智慧"》,光明网,2021年12月8日,https://m.gmw.cn/baijia/2021-12/08/35366141.html。
③ 张天佐:《我国乡村治理模式变迁及发展》,《农民日报》2021年5月23日。

为"甘棠为村"集体经济发展的"三次跳跃"①。

21世纪初，甘棠社区通过城市化进程获得的土地出让金，购置商业店铺并租赁，实现年收入50余万元。2016年，甘棠社区又敏锐地捕捉到全国文明城市创建的契机，转变理念，"跳出小社区、服务大城市"，及时注册成立"甘棠新城保洁服务有限公司"，提供有偿物业服务，聘请失地农民做保洁员，实现了农民就业、集体增收、文明城市创建多重目标。2017年，甘棠社区再次通过"集体控股、居民入股"方式，先后启动"雾山香榧基地项目"和"芙蓉菜市场重建项目"。

2018年，"甘棠为村"正式上线后，居民与村干部互动更为频繁，与社区联系更为紧密，形成了社区发展的凝聚力和向心力。在"甘棠为村"助益下，社区产业发展、居民致富、社区治理真正实现了正向同频与良性循环。一方面，通过"甘棠为村"的信息连接和情感连接，本社区居民内部凝聚了更为浓厚的社区产业发展的支持性氛围。2021年，社区又投资近200万元，将40余家烧烤、小吃、排挡集聚，打造网红夜市点，当年实现集体经营性收入约35万元，全社区整年营收390万元。另一方面，通过"甘棠为村"的宣传推介，甘棠社区成为全国"为村"应用典型案例，为社区集体经济发展积累了外部社会资本，为社区集体经济长远发展奠定了坚实基础。

四 "互联网+"构筑线上社区生态，逐渐筑牢社区共同体意识

党对于农民问题历来明确，"农民占我国人口的绝大多数，要发动农民"②。"党要能有团结党干部和党员……有了党的团结，才能有力量去团结广大群众。如果有了这样的党，哪怕党员少，也可以发挥很大作用"③。因此，党建引领乡村治理包含两个关键步骤。一是前

---

① 整理自黄山市黄山区人民政府网站甘棠镇信息报送《中安在线：黄山区甘棠社区的"三次起跳"》，黄山区人民政府网，2022年1月7日，https://www.hsq.gov.cn/dwzw/mtjj/9047290.html。
② 《邓小平文选》（第一卷），人民出版社1994年版，第341页。
③ 《邓小平文选》（第一卷），人民出版社1994年版，第348页。

述提升社区党组织能力；二是发动居民、团结居民，形成社区治理共同体。《中共中央国务院关于加强基层治理体系和治理能力现代化建设的意见》强调，"坚持共建共治共享，建设人人有责、人人尽责、人人享有的基层治理共同体"。统筹推进乡镇（街道）和城乡社区基层治理共同体建设，是实现国家治理体系和治理能力现代化的基础工程[1]。居民是社区的主体，依法有序组织居民群众参与社区治理，是构建基层社会治理新格局的题中之义。

共同体是人的基本存在和活动方式，包含价值共同体、利益共同体、责任共同体、发展共同体、命运共同体等概念范畴[2]。其中，国家共同体、民族共同体、社区共同体等是一种实体存在的共同体，这种实体存在就是一个个鲜活的人[3]。相比城市治理而言，现代乡村治理共同体构建还面临分散性难题[4]。相较于"空心村"，甘棠社区是拥有两千多人的大村庄，在满足居民便民服务需求基础上，通过构筑线上社区生态，如图4-6所示，打造统一的"甘棠为村"名片，为构建社区治理共同体提供了一些经验做法。

一是通过构筑"甘棠为村"线上村庄生态，凝聚居民情感共同体。首先，"甘棠为村"构建起线上公共平台，突破了传统村庄的地理空间限制，将居民聚合在虚拟网络空间。除了常住居民，"甘棠为村"还将以往脱离村庄时空的村民重新聚合起来，包括名誉居民、外出务工居民、迁居城市的居民等。其次，"甘棠为村"增进了村民互动和邻里和谐。居民不仅能够与村干部进行互动，还可在"村友圈"发起全村讨论，故而村民之间的交流也更为便捷，部分外出务工村民也可在"村友圈"互动。再次，"甘棠为村"正在逐步改变乡村绵延数千年的村民

---

[1] 苗贵安：《推动基层治理共同体建设》，中工网，2021年10月20日，http://www.workercn.cn/34198/202110/20/211020105058330.shtml。

[2] 孙露：《习近平关于共同体论述的核心要义与时代价值》，《西藏发展论坛》2022年第3期。

[3] 莫春菊：《共同体的哲学之思》，《烟台大学学报》（哲学社会科学版）2022年第2期。

[4] 《数字技术为乡村治理添"智慧"》，光明网，2021年12月8日，https://m.gmw.cn/baijia/2021-12/08/35366141.html。

生活方式，在走街串巷唠家常的基础上，更为丰富的、更具文化性、创新性的休闲娱乐活动给乡村带来了新的生机，如"集中观影""志愿服务""戏曲"等。这在显性层面丰富了村民文化娱乐生活，隐性层面潜移默化促进了村民情感认同，促进了情感共同体形成。

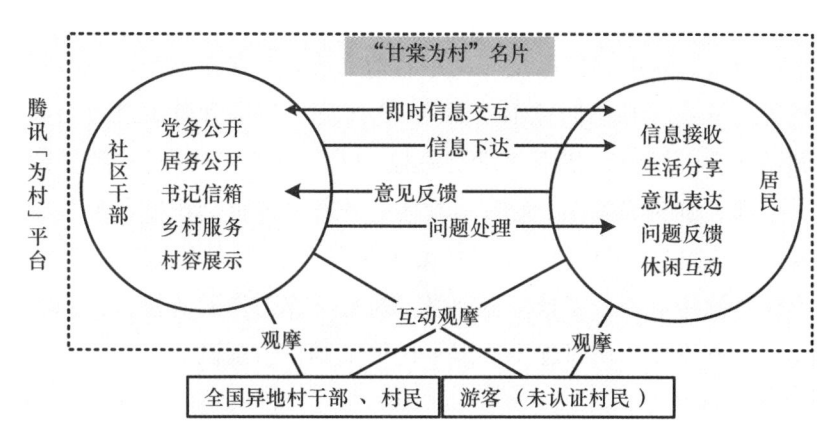

图 4-6 "甘棠为村"构筑线上社区生态

二是打造"甘棠为村"社区名片，逐渐筑牢村民共同体意识。乡村共同体主要依靠村庄内生力量建构和维持[1]，通过互联网激发村庄自身能力提升，聚合内生动力脱贫致富，乡村的富裕繁荣才能长期维系[2]。"腾讯为村"的初心之一即帮助每一个村庄运用"为村"平台打造属于自己的互联网名片，把村庄的农产品、旅游资源、幸福生活展示给全社会，助力乡村发展[3]。甘棠社区将"甘棠为村"作为社区网络名片，在线展示社区治理现状和真实生活，使村庄走出小社区、面向全国。

通过参与式观察发现，未认证为村民的普通游客也可以通过"甘

---

[1] 肖慧敏：《乡村共同体自发性缔造与公共危机社会化应对——以抗击新冠肺炎疫情为背景》，《西南石油大学学报》（社会科学版）2022 年第 3 期。
[2] 陈一丹：《为村十年，初心不变》，腾讯新闻，2019 年 10 月 24 日，https://gongyi.qq.com/a/20191024/006497.htm。
[3] 《腾讯"为村"为每个村庄打造自己的互联网名片》，中国网，2019 年 12 月 17 日，http://sm.guoqing.china.com.cn/2019-12/17/content_41000433.html。

棠为村"全方位了解"村委工作、村庄活动、干群互动、村民互动"等村庄信息,查看社区党委居委治理工作、干群互动、村友圈等。全国各地其他村村干部、村民们则可以参与"甘棠社区"留言,评价社区发展,参与居民互动。例如,2022年4月14日,甘棠社区发布居委通知"黄山区关于甘棠高速路口附近道路通行管理的公告",点赞208余人。其中,商保文(山东省菏泽市牡丹区东城街道魏海村名誉村民)评论"疫情防控不松懈",孔国英(安徽省黄山市黄山区太平湖镇南安村村民)评论"疫情防控,人人有责"。针对这些异地村民、干部、游客等留言,使甘棠社区的普通居民也会积极参与互动和回复。由此可见,出于维持"甘棠为村"集体形象的需要,促使村民不仅自觉约束个人言行,也加强了对村干部工作的监督,并积极参与村庄事务治理,从而逐步筑牢了村民荣辱一体意识。

五 "互联网+"倒逼治理制度创新,重构乡村治理秩序结构

在国家《关于加强和改进乡村治理的指导意见》指引下,众多村庄积极响应国家政策,在乡村治理上做了诸多探索,尤其是在基层治理制度创新方面取得了成功经验。湖南油溪桥村通过"村级事务积分制"使村庄发生翻天覆地变化,实现村庄整洁有序、环境优美、村民安居乐业、和谐幸福。通过挖掘油溪桥村经验做法,腾讯公益制定并启动"耕耘者"计划。2022年5月,农业农村部与腾讯公司签署了"耕耘者"振兴计划战略合作协议,核心内容是推行"村级事务积分制"。

甘棠社区党委书记刘卫华敏锐捕捉到了这一社区治理制度创新的契机,"腾讯耕耘者计划和我省出台的信用村建设高度契合[1],我认为这就是我们一直寻找的乡村治理最佳方案"[2]。第一,设计酝酿、在线发布预告。2022年4月1日,经过甘棠村两委商议后,刘卫华在"甘棠为村"

---

[1] 整理自安徽省委组织部、省地方金融监管局、中国人民银行合肥中心支行等部门联合制定《关于选点开展党建引领信用村建设工作方案》。
[2] 整理自刘卫华2022年4月1日发布《关于在我村推行"村级事务积分制"的预告书》。

发布《关于在我村推行"村级事务积分制"的预告书》，正式启动"甘棠社区村级事务积分制"，如图4-7所示。第二，征求意见，修正调整制度。当然，面对"村级事务积分制"这一社区治理新制度，刘卫华也有几分疑惑，"新事物，我们也是第一次做，还有许多问题需要一点点解决，比如需要修订大家都能接受的村规民约，积分怎样计算？如何评议、谁来评议？积分除了能贷款，还有哪些好处等"[1]。虽然制度改革面临重重困难，但是刘卫华相信，"村友们能和当年我们一起使用'为村'一样，大家一起探索、一起商议，有你们支持，我相信积分制一定能在我村生根结果"[2]。第三，制定细则，推动群众执行。经过近一个月的研讨、征求意见与商议，4月25日，刘卫华发布书记信箱—书记公开信"'甘棠社区村级事务积分制'管理办法"，制定甘棠社区"耕耘者"行为准则及"村级事务积分制管理"细则，包括九章内容"村级事务积分制、遵纪守法、乡风文明、护林防火及消防安全、文化教育、农民建房、党员额外要求、积分增减途径、附则"[3]，以供居民遵守。

乡村数字化治理从敏捷治理、多规合一、多元协同角度充分发挥数字技术创新知识、信息等溢出效应，可加快乡村现代化发展步伐[4]。乡村数字治理体系难以形成是阻碍数字乡村建设的主要因素，推动政策高效落实需要构建"顶层设计—基层执行—试点反馈"的三维框架，夯实数字环境[5]。相较于传统乡村基层治理体系，"甘棠为村"倒逼基层治理制度创新，让"互联网+"落地乡村治理，构建起基层流程化、数字化、信息化的治理体系，如图4-7所示。这种治理体系呈现以下典型特征。

---

[1] 整理自刘卫华2022年4月1日发布《关于在我村推行"村级事务积分制"的预告书》。
[2] 整理自刘卫华2022年4月1日发布《关于在我村推行"村级事务积分制"的预告书》。
[3] 整理自刘卫华2022年4月25日发布《"甘棠社区村级事务积分制"管理办法》。
[4] 崔元培、魏子鲲、薛庆林：《"十四五"时期乡村数字化治理创新逻辑与取向》，《宁夏社会科学》2022年第1期。
[5] 冯朝睿、徐宏宇：《当前数字乡村建设的实践困境与突破路径》，《云南师范大学学报》（哲学社会科学版）2021年第5期。

图4-7 甘棠社区探索乡村治理积分制改革

第一，村务流程化治理。转变村务管理方式，规范开展乡村治理工作，有助于进一步提升乡村治理能力现代化水平[1]。为了贯彻落实2022年中央一号文件部署，国家市场监督管理总局（标准委）发布了《村务管理》系列国家标准[2]，对村务管理术语、事项分类、村务事项运行流程等内容做了规定，提出了实施村务流程化管理的有关具

---

[1] 委华：《提升乡村治理能力现代化水平》，《人民日报》2022年5月11日第8版。
[2] 2022年3月9日，国家市场监督管理总局（国家标准化管理委员会）发布的《中华人民共和国国家标准公告（2022年2号）》正式实施，其中"村务管理"包含《村务管理 基础术语与事项分类》（GB/T 41374—2022）、《村务管理 事项运行流程编制指南》（GB/T 41371—2022）、《村务管理 村务流程化管理实施指南》（GB/T 41372—2022）三项国家标准。这三项《村务管理》国家标准以浙江省宁波市宁海县村级小微权力清单"36条"经验为基础，充分吸收全国不同地区先进做法，形成了系统化的村务管理模式。其中，《村务管理 基础术语与事项分类》界定了村务管理的基础术语和定义，依据在村级事务中发挥作用和承担职责，将村务事项划分为决策类、管理类和代办类三大类事项。《村务管理 事项运行流程编制指南》将村级事务事项编制方法固定下来，给出了村务事项运行流程的编制原则、编制程序和编制内容；《村务管理 村务流程化管理实施指南》提供了实施村务流程化管理的指导，给出了实施流程八个核心环节和要素要求。参见宁海县人民政府网，http://www.ninghai.gov.cn/art/2022/3/29/art_1229271757_59059062.html。

体要求①。"甘棠为村"是实现村务流程化管理的重要工具。一是运用"甘棠为村"实现信息聚合，为村务流程化管理奠定信息基础。二是运用"甘棠为村"实现人的聚合，为村务流程化管理奠定群众基础。三是通过"甘棠为村"逐步推动制度革新，逐步变革"上传下达"的传统村治模式，逐步推动村务在线流程化管理，形成了"制度顶层设计—在线发布预告—征求群众意见—说服基层执行—推行效果反馈"的管理流程。尤其是畅通了村庄治理中村民"沟通反馈"和"执行反馈"渠道，逐步构建起良性的乡村治理循环体系，如图4-8所示。

第二，精细网格化治理。数字技术赋能乡村振兴要推动社会综合治理精细化，逐步完善"互联网+网格治理"服务管理模式，打造基层治理"一张网"，不断提升乡村治理成效②。例如，通过构建"社区党委—村党支部—网格党小组—党员联系户"的组织架构，可以充分发挥党组织和党员在乡村振兴中的作用③。"甘棠为村"助推了甘棠社区精细网格化治理。首先，基于"甘棠为村"日常维护管理的需要，甘棠社区组建了一批由社区干部、党员群众组成的"为村"管理员队伍。其次，通过"甘棠为村"嵌入乡村治理，逐步构建了"社区党委—社区居委—党员干部管理员—居民家庭及个人"的组织架构，形成了社区网格化治理的基础框架。最后，通过"甘棠为村"精细化管理流程，逐渐巩固社区网格化治理体系。

第三，扁平敏捷式治理。传统乡村基层治理体系下，村庄治理沟通和反馈效率均较为迟滞，这种"上传下达式"线性治理的基层组织力严重不足，根本原因在于脱离群众。"甘棠为村"革新了传统治理体系模式，推动了扁平敏捷式治理，将群众纳入乡村治理过程，提

---

① 《〈村务管理〉系列国家标准发布》，中国农村网，https://roll.sohu.com/a/535330692_120154373。
② 刘楠：《用好"新农具"干好"新农活"以数字技术赋能乡村振兴（新知新觉）》，《人民日报》2022年4月15日第9版。
③ 袁义强：《昌邑经济开发区下营镇：网格化治理模式助力乡村振兴》，《农村大众报》2022年4月26日。

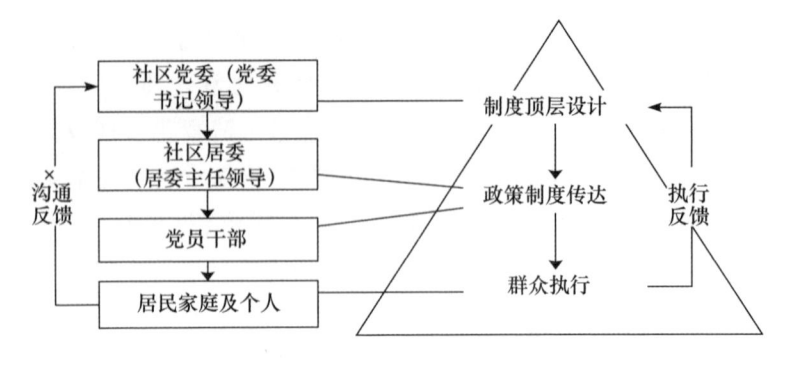

(a) 传统乡村基层治理模式

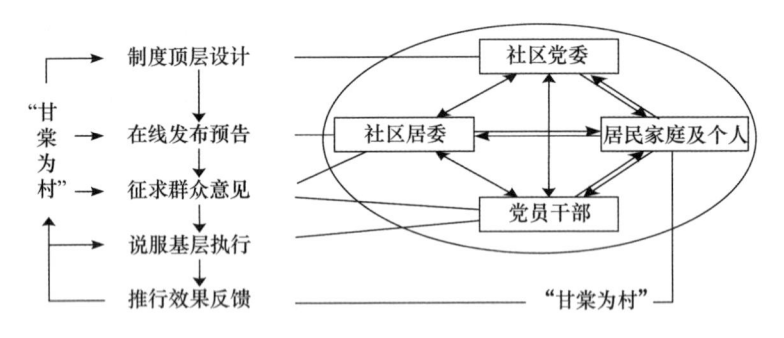

(b) "互联网+乡村"治理体系

图4-8　传统乡村基层治理模式与"甘棠为村"信息化治理体系比较

升了基层治理效率。一方面，从垂直管理走向扁平管理，另一方面，从迟滞无效反馈走向即时有效反馈，如图4-8所示。"甘棠为村"打破了传统的"社区党委—社区居委—党员干部—居民家庭及个人"的层级化基层治理体系和"上传下达"的村务治理模式，通过搭建民意直通渠道，形成了"社区党委、社区居委、党员干部、居民家庭及个人"的多向交互机制，以及"制度顶层设计—在线发布预告—征求群众意见—说服基层执行—推行效果反馈"的基层治理闭环。例如，通过"甘棠为村"的"书记信箱"功能，居民可以直接公开或匿名向书记反馈意见。

第四节 甘棠社区信息赋能社区治理的效果分析

通过四年的探索和运用,"甘棠为村"有效推动了甘棠社区服务互动共享,实现社区发展人人关注,为基层治理提供了可复制、可推广的工作经验。在 2019 年全国城乡社区发展治理创新案例评选中,"甘棠为村"获得了全国"2019 城乡社区发展治理创新案例"奖。基于"甘棠为村"的良好实践经验,安徽省黄山区开始向区内所有行政村推行"为村"平台,宣介"甘棠为村"信息赋能社区治理经验。截至 2021 年 4 月,全区 79 个行政村已经全部上线到"为村"平台[①]。

相较于"村改居"时期矛盾频发、干群关系紧张的治理状态[②],以及"甘棠为村"上线前村庄治理效率不高、村民情感联系不强、村庄活力不足的治理状态,"甘棠为村"正在助推甘棠社区逐步实现"连接信息、连接情感、连接财富"的目标和初衷。"甘棠为村"重塑了基层组织治理的基础性地位,促进了信息互联互通贡献,提高了社区治理效率;重塑了乡村社会熟人关系,促进了乡风文明建设;聚合了内外价值资源,筑牢了社区产业基础;实现了乡村治理有序,带动了村民共同富裕。关于"甘棠为村"赋能社区治理的效果,以下将从治理有效、乡风文明、产业兴旺、生活富裕四个方面展开分析。

一 促进了信息互联互通共享,提高了社区治理效率

乡村振兴战略提出了治理有效的要求,治理有效是乡村振兴的基石。"甘棠为村"作为向全国各地展示甘棠社区的一张互联网名片,提升了甘棠居民的集体荣誉感和社区凝聚力,进而提升了基层治理效率。"甘棠为村"上线至今,发挥最大作用的包括"党务""居务"

[①] 《甘棠社区:"为村"平台创新社区治理》,《黄山日报》2021 年 4 月 14 日。
[②] 《黄山区"甘棠为村":"指尖上"的社区治理》(内部资料),2019 年城乡社区发展治理创新案例。

"书记信箱""村友圈"等,为群众服务亮承诺、亮实绩,党务居务所有信息均在"甘棠为村"平台公开,真正实现了基层工作透明,为自治、法治和德治相结合的乡村治理体系奠定了基础。

"甘棠为村"实现村庄信息聚合,为乡村治理提供了新手段。截至 2022 年 4 月,甘棠社区认证村民数已达 1107 位。"甘棠为村"提升了村干部信息发布、意见处理等工作效率,以及村民意见反馈、活动参与等效率。截至 2022 年 4 月,"甘棠为村—书记信箱"发布了书记公开信 120 封,处理回复群众来信 271 条,其中公开的群众来信 197 封,非公开的群众来信 74 封,几乎封封有回应。"有事就找村书记,已成为该社区的共识,大家都十分信任这位一心一意抓发展的领头羊"[1],"以前开展社区活动、缴纳养老保险等事务,要在每个楼栋张贴通知,有时还要家家户户敲门告知,现在通过互联网就能解决了,非常方便快捷,村民也乐于接受"[2]。例如,社区居民甘先华在"社区首页"评论,"社区越来越好了",社区管理员吴玉霞在"党员日记"栏目下评论,"现在国家政策真的好"等。

二 重塑了乡村社会熟人关系,促进了乡风文明建设

连接情感,让已经稀疏的乡村紧密联系,对抗日益严峻的空心化和原子化,是腾讯"为村"创建的三大初衷之一。网上有人气、线下聚人心,乡民关系紧密,乡规民约才会发挥作用[3]。经过四年多发展,"甘棠为村"已经成为甘棠居民参与村庄文化生活的线上公共空间,以及村民网上生活的大社区。甘棠社区居民在"甘棠为村"平台参与议事、讨论话题、比赛评选、召集报名,举行丰富多彩的活动。一是社区常住居民可以随时交流讨论,展示乡村生活风貌。二是

---

[1] 《中安在线:黄山区甘棠社区的"三次起跳"》,黄山市黄山区人民政府网站甘棠镇信息报送,2022 年 1 月 7 日,https://www.hsq.gov.cn/dwzw/mtjj/9047290.html。
[2] 袁玉灵:《黄山区甘棠社区构建乡村治理新模式》,2018 年 8 月 20 日,黄山文明网。
[3] 陈一丹:《为村十年,初心不变》,腾讯新闻,2019 年 10 月 24 日,https://gongyi.qq.com/a/20191024/006497.htm。

外出务工或移居城市生活的村民，可以看到家乡的活动和变化。三是全国村民可以跨村交流，感受其他乡村的风采。"农闲之余，村民们可以通过微信公众号了解村务，在村友圈里传播互帮互助的正能量，有诉求可以第一时间向村'两委'反馈……'为村'平台已经成为社区村民生活中的重要部分。"①

三 聚合了内外价值资源，筑牢了社区产业基础

目前"甘棠为村"对社区产业发展的作用主要体现在以基层治理带动产业发展上。一方面，"甘棠为村"正式上线后，居民与村干部互动更为频繁，与社区联系更为紧密，形成了社区发展的凝聚力和向心力，凝聚起更为浓厚的产业发展氛围，社区产业发展与社区治理真正实现了正向同频与良性循环。另一方面，通过"甘棠为村"的宣传推介，甘棠社区成为全国"为村"应用典型案例，为社区集体经济发展积累了外部社会资本，为社区集体经济长远发展奠定了坚实的基础。

在原有的甘棠新城保洁服务有限公司、雾山香榧基地、芙蓉菜市场等产业基础之上，甘棠社区于2020年利用芙蓉农贸市场重建，继续以集体控股、村民入股的方式，投资1200万元改造芙蓉市场。其中，"甘棠为村"在调动所有村民积极集资重建市场方面发挥了重要的辅助作用。2021年，甘棠社区又投资近200万元将临时过渡市场改造成夜市，将40余家烧烤、小吃、排挡集聚在一起，通过统一店招、统一餐厅等方式，打造出一款网红夜市点，当年实现村集体经营性收入约35万元。甘棠社区通过加强党建，集中土地资源变资产、转化扶持资金变股金、引导农民集资变股东，有效盘活了资产、资源，2021年实现经营性收入390万元，实现了村集体经济与村民致富双带动②。

---

① 袁玉灵：《黄山区甘棠社区构建乡村治理新模式》，2018年8月20日，黄山文明网。
② 《中安在线：黄山区甘棠社区的"三次起跳"》，黄山市黄山区人民政府网站甘棠镇信息报送，2022年1月7日，https://www.hsq.gov.cn/dwzw/mtjj/9047290.html。

此外，面对乡村人才缺乏，不仅缺乏基层治理的人才，缺乏致富的带头人，尤其是缺乏专业化、职业化的经营管理人才的现实问题，2021年，腾讯相继推出了"耕耘者振兴计划"和"乡村CEO计划"。当年5月，腾讯与农业农村部签署《"耕耘者"振兴计划》战略合作协议，计划三年投入5亿元面向全国培养乡村治理骨干和新型农业经营主体致富带头人，线下培训10万人次、线上覆盖100万人，实现"培养一个人，带动一个村"的作用。当年11月，"腾讯为村"联合中国农大，共同启动了"中国农大—腾讯为村乡村CEO计划"，聚焦解决乡村职业经营管理人才匮乏的短板，试图通过三年时间摸索乡村职业经理人的培养机制，包括探索培养什么样的乡村职业经理人，如何让职业经理人在合作社、农民经济组织及乡村公共事务管理中发挥作用，以及高等教育如何更好地支持乡村职业经理人的培养等[1]。

四 实现了乡村治理有序，带动了村民共同富裕

数字乡村具有显著增收效应，通过互联网、电商平台、普惠金融等方式提升农民创业活跃度，实现村民收入增长[2]。共同富裕是物质积累过程，也是精神丰实过程，要处理好"富口袋"和"富脑袋"的关系，既要家家"仓廪实衣食足"，也要人人"知礼节明荣辱"，最终促进人的全面发展和社会全面进步[3]。"甘棠为村"实现乡村治理有序，进而带动了村民共同富裕。这体现在以下三个方面。

一是"甘棠为村"助推了社区居民物质富裕。在社区原有产业基础上，"甘棠为村"进一步提升社区凝聚力，尤其是社区建立起居民

---

[1] 《乡村振兴需要更多职业经理人！中国农业大学—腾讯为村乡村职业经理人培养计划启动》，中国乡村振兴，2021年11月26日，https://baijiahao.baidu.com/s?id=1717498139922778347&wfr=spider&for=pc。

[2] 齐文浩、李明杰、李景波：《数字乡村赋能与农民收入增长：作用机理与实证检验——基于农民创业活跃度的调节效应研究》，《东南大学学报》（哲学社会科学版）2021年第2期。

[3] 人民日报评论部：《既要"富口袋"也要"富脑袋"》（人民论坛），《人民日报》2021年10月13日。

"五股分红"制（人口股、土地股、资金股、绩效股、孝老爱亲股），有效实现了村集体经济与村民致富的双带动。二是"甘棠为村"引领了社区居民精神富裕。随着"甘棠为村"被越来越多居民认可，"甘棠为村"引领社区群众向心力，展示了社区居民良好的精神面貌、精神生活。三是借助"甘棠为村"发布丰富的舞蹈、戏曲、电影等文体娱乐艺术休闲活动，创新社区活动载体形式，如"甘棠村晚"，极大地丰富了社区居民的精神文化生活。

第五节　结论与建议

农业、农村、农民问题始终是我国革命、建设和改革的根本问题，是关系国计民生的根本性问题，是全党工作的重中之重。群众工作方式方法又是乡村治理能否取得实效的关键。早在1934年，毛泽东在"关心群众生活，注意工作方法"总结讲话中，就指出了农村工作中没有着重注意的两大问题——群众生活问题和工作方法问题。一是关于群众生活的问题[①]。"我们应该深刻地注意群众生活的问题，从土地、劳动问题，到柴米油盐问题……一切这些群众生活上的问题，都应该把它提到自己的议事日程上……要使广大群众认识我们是代表他们的利益的，是和他们呼吸相通的。"[②] 二是关于工作方法的问题。"一切工作，如果仅仅提出任务而不注意实行时候的工作方法，不反对官僚主义的工作方法而采取实际的具体的工作方法，不抛弃命令主义的工作方法而采取耐心说服的工作方法，那末，什么任务也是不能实现的。"[③] 这对当前乡村治理工作仍然极具启迪意义，尤其是如何运用"互联网+"信息化工具，在推进乡村振兴和共同富裕过

[①] 毛泽东在1934年1月22日至2月1日在江西瑞金召开的第二次全国工农兵代表大会上所作的结论的一部分内容。参见《毛泽东选集》（第一卷），人民出版社1991年版，第136页。

[②] 《毛泽东选集》（第一卷），人民出版社1991年版，第138页。

[③] 《毛泽东选集》（第一卷），人民出版社1991年版，第140页。

程中化解矛盾冲突、解决工作难题。

党的十九大提出了乡村振兴战略，党的十九届五中全会提出了实现共同富裕的具体目标要求。中共中央国务院提出，加强基层智慧治理能力建设①，尤其是大力推进数字乡村建设②，突出实效改进乡村治理，推进基层治理体系和治理能力现代化。"甘棠为村"的案例，为我国推进数字乡村建设、改善乡村治理方式方法、推动农民共同富裕，提供了一定的借鉴和启示。

第一，拓展思路，善用互联网信息化工具；与时俱进，创新基层治理载体。实现乡村有效治理，重在深入推进乡村治理体系和治理能力现代化，让治理能力成为乡村振兴的新生产力，确保乡村社会充满活力、安定有序③。乡村治理和产业发展是基石和上层建筑的关系。甘棠经验表明，在乡村发展的不同时期，要抓住主要矛盾和矛盾的主要方面，村干部应树立乡村治理新理念，培育乡村治理新思维，在思维观念上重视基层治理的基础性地位和奠基石作用。尤其要与时俱进，创新治理方式方法，乡村治理目前以"互联网＋"等信息化、数字化为依托，不久的将来可能应用人工智能等更新的治理载体。其中，村书记又发挥着颇为关键的作用，应在乡村治理过程中主动思考、开拓思路、积极作为。

第二，运用"为村"深入体察民意，提升村干部能力素养，改进群众工作方法。要得到群众拥护，"就得和群众在一起，就得去发动群众的积极性，就得关心群众的痛痒，就得真心实意地为群众谋利益，解决群众的生产和生活的问题，盐的问题，米的问题，房子的问题，衣的问题，生小孩子的问题，解决群众的一切问题"④。对于这一点，很多村干部做得不够细致和深入，没有深入调查，把所谓困难

---

① 《2021年中共中央国务院关于加强基层治理体系和治理能力现代化建设的意见》。
② 2022年中央一号文件《中共中央国务院关于做好2022年全面推进乡村振兴重点工作的意见》。
③ 张丽新：《遵循乡村发展规律有序推进乡村治理》，《黑龙江日报》2022年6月7日08版。
④ 《毛泽东选集》（第一卷），人民出版社1991年版，第138、139页。

问题的"来源"找出来。

"甘棠为村"经验表明,"为村"是新时期村干部体察民情、民意的一种创新载体,可以作为群众需求调研的有效工具,有助于村干部找准乡村治理矛盾源头。"甘棠为村"最重要的经验是畅通了村民沟通反馈和执行反馈的意见渠道,如图4-8所示,从而解决了中国农村干群沟通单向度问题,以及村民意见表达梗阻的问题。

当然,"为村"等信息化手段也对村干部的素质普遍提出了更高层次的要求。一方面,要求村干部抛弃官僚主义、命令主义的工作方法,采取实际、具体、耐心说服的工作方法,提升自身综合素质,尤其是信息素养和能力。另一方面,借助"为村",提升村民信息表达素养,提升信息运用能力。

第三,利用"为村"凝聚人心、激发活力,构建以认同为基础的乡村治理共同体。村庄既是一个生活空间,也是一个政治空间。"公正是为政的准绳,因为实施公正可以确定是非曲直,而这就是一个政治共同体秩序的基础。"①"不患寡而患不均"是农村群众普遍的思想特点,也是乡村振兴过程中诸多农村工作矛盾的根源。"甘棠为村"经验表明,"为村"之所以有助于构建乡村治理共同体,不仅是因为将村民聚焦到线上公共空间,组建了形式上的村民共同体。更重要的是倒逼了村庄大小事务的公平、公正、公开,让村民感受到了公平氛围,为乡村治理共同体的形成培育起思想认同;重新激活了村民参与乡村治理的意愿,从而逐渐凝聚了人心,为乡村治理共同体的形成培育起情感认同。

当然,任何典型经验都需要辩证来看。对于农村工作,宣传好的典型时,"一定要讲清楚他们是在什么条件下,怎样根据自己的情况搞起来,不能把他们说得什么都好,什么问题都解决了,更不能要求别的地方不顾自己的条件生搬硬套"②。"甘棠为村"案例也存在一些

---

① [古希腊]亚里士多德:《政治学》,颜一、秦典华译,中国人民大学出版社2003年版。
② 《邓小平文选》(第二卷),人民出版社1994年版,第316、317页。

不足之处，有待探讨和解决。

一是"甘棠为村"引发技术增负，增加了基层任务和治村压力。"技术系统和个人能力素养与新环境要求不够匹配，在一定程度上影响着信息化工具对基层干部的增负效应"[①]。客观层面来看，"甘棠为村"一定程度上加重了村干部的工作任务，尤其是"书记信箱"使群众诉求得以跨级上传。虽然各类意见聚合有助于村干部体察民意，但是客观上也可能造成村干部的信息过载。主观层面来看，"甘棠为村"使考核精细化、监督精准化，令村干部的治村压力倍增、维稳压力陡增。尤其是党务村务全公开后，"为村"可能将传统邻里纠纷演变为全村矛盾。为了能够即时高效地处理工作反馈意见，村干部需全天候"待命"。"为村"也推动了村民监督精准化，村干部工作能力和水平被直接展示给村民，增加了村干部的压力。

此外，"甘棠为村"活跃功能主要聚焦在"党务公开、居务公开、书记信箱"等便利村干部治村的工具性层面，"居民缴费"等真正为居民生活提供便利的诸多功能尚未有效启用，值得进一步跟踪关注。

二是"甘棠为村"是拥有良好产业基础的村庄信息化典型，产业零基础的偏远乡村的数字化进程需要因地制宜。产业振兴和组织振兴是乡村振兴的重要内容，至于产业发展为先，还是组织治理先行，并没有统一的标准。甘棠社区在"为村"进入之前已经是当地富村、强村，拥有良好的产业基础，"甘棠为村"对甘棠社区治理更多地体现了"锦上添花"效果，在村庄原有资源的基础上进一步推进了乡村的组织振兴、产业振兴和乡风文明。

然而，目前我国正处于脱贫攻坚与乡村振兴衔接的五年过渡期，仍有诸多不具备资源禀赋的脱贫乡村处于返贫边缘，且各个乡村环境、资源和人员情况存在较大差异。如何有效帮扶这些偏远地区的处

---

① 钟伟军：《技术增负：信息化工具为什么让基层干部压力重重？——基于扎根理论的探索性研究》，《电子政务》2021年第10期。

于返贫边缘的乡村实现振兴,则有待基于更多相似案例的调查研究和深度思考,不能直接照搬"甘棠为村"经验。正如研究者指出,乡村治理关键在于有效,并不以追求统一的标准化方式和实现路径为目标,要使广大乡村焕发强大的生命力或活力,在于因地制宜地结合本地资源、环境、人员特点进行探索,才能有效实现自治、德治、法治的"三治融合"[1]。

三是辩证对待"为村"信息化工具,治理效能关键取决于"人"。"腾讯为村"开放平台起源于铜关村经验,目的却并不是在全国打造第二个铜关村,而是让全国不同农村地区能"借助平台的资源",并结合自身特点,寻求个性化发展[2]。

从主体能动层面来看,"为村"只是助推乡村现代化和信息化的一种工具,"为村"在全国推广,目前真正能用好、用得好的只是部分村庄,具体效能如何,关键取决于运用"为村"的人,包括村书记、村干部、村民等。"互联网+乡村"需要有想法的人、想突围的人、想致富特别是有经营专长能力的人,只有他们能主动寻求和腾讯"为村"合作,共商办法才可能推动当地发展。然而,目前中国农村普遍缺乏基层治理的信息化人才和产业发展的经营管理人才,这是乡村振兴亟待解决的关键问题。对于中国广大乡村而言,"腾讯为村"嵌入农村也面临"人才缺乏"这一无法忽视的短板。但是,"为村"只是一款信息应用工具,自身并不能解决运用信息化工具的"人"这一问题。

从中观环境层面来看,在未来"为村"应用过程中,特别要注意从这些典型村庄中寻找经验,也需注意从其他村庄中发现问题。乡村治理的信息化工具越来越丰富,例如诸多村庄也在使用"微信群"进行信息发布、活动召集、意见反馈。未来,是否会涌现更多信息

---

[1] 张明皓:《新时代"三治融合"乡村治理体系的理论逻辑与实践机制》,《西北农林科技大学学报》(社会科学版)2019年第5期。
[2] 章蔚玮:《一场腾讯在西部农村"秘密"进行了六年的试验》,《IT时报》2020年11月5日。

化、数字化应用工具服务于乡村，从而导致村民面临信息堵塞和工具冗余，重演当前市民所面临的信息过载问题，并给农村带来新的信息化问题，这需要进一步跟踪观察和研究。

第五章

科技赋能乡村治理：杭州市萧山区戴村镇乡村振兴案例研究

第一节 研究背景

一 政策背景

2019年10月，党的十九届四中全会对坚持和完善中国特色社会主义制度、推进国家治理体系和治理能力现代化作出总体部署。《中共中央 国务院关于加强基层治理体系和治理能力现代化建设的意见》指出，"坚持共建共治共享，建设人人有责、人人尽责、人人享有的基层治理共同体"。2019年11月，浙江省委召开十四届六次全会，审议通过了《中共浙江省委关于认真学习贯彻党的十九届四中全会精神，高水平推进省域治理现代化的决定》，作出高水平推进省域治理现代化的决定，提出要将制度优势转化为治理效能、治理效能转化为发展胜势，明确全面建设"党建统领、人民主体、三治融合、四防并举、共建共享"的浙江特色基层治理体系，其核心要义就是把"中国之治"的制度优势转化为"走在前列"的治理效能，夯实基层基础，打通治理的"神经末梢"。可见，无论是中央层面的政策文本还是地方政策法规，推进乡村社会治理创新已经形成共识。

2020年脱贫攻坚战取得全面胜利后，乡村振兴成为新时期"三农"工作的总抓手。实现乡村振兴、促进共同富裕是社会主义的本质要求，也是人民群众的共同期盼。2021年6月，《中共中央　国务院关于支持浙江高质量发展建设共同富裕示范区的意见》发布，指出"以数字化改革提升治理效能，聚焦党政机关整体智治、数字经济、数字社会、数字政府、数字法治等领域，探索智慧治理新平台、新机制、新模式"。在乡村振兴实践中，浙江省各地通过科技强农等系列行动，突出数字技术赋能乡村治理和产业兴旺，促进城乡融合与共同富裕，打造出科技赋能乡村治理的创新模式。其中，杭州市萧山区戴村镇在基层党委、政府的领导下，积极推进数字理念和技术融入乡村治理，探索科技赋能乡村治理的有效路径。镇内的大石盖村率先试点，佛山村积极促进数字技术升级迭代，于2021年被列为杭州市首批数字乡村样板村。

二　案例背景：戴村镇面临的问题与治理困境

戴村镇位于杭州市南端，镇域面积62.8平方千米，下辖22个行政村、1个社区，户籍人口3.9万，常住人口约5万。戴村镇山、水、林、田、湖要素齐聚，是杭州的城市"绿肺"，也是杭州半小时经济圈的重要节点。

在乡村振兴战略背景下，各地政府、社会力量投入大量资源进行乡村基础设施建设，大力发展集体经济，开展乡风文明建设和生态治理，取得显著成效。然而，在实践中依然存在诸多困境，乡村硬件设施齐全而发展后劲不足，群众参与程度不高，多主体协同的乡村治理体系仍未建立，乡村治理效能有待提升。究其原因，主要是传统治理体系不适应快速变迁的乡村社会，治理技术和方法缺少必要的更新。众所周知，在城市化和工业化背景下，乡村地区人口外流，社会结构发生了巨大变化。戴村镇同样面临这种困境，传统熟人社会逐渐异化，人际关系淡薄，乡村面临着治理主体模糊、治理结构不合理、治理文化薄弱、治理资源匮乏的困境。

治理主体模糊。与管理不同，治理更加强调多元主体的协商。在乡村社会结构"原子化"背景下，村民个体间的联系弱化、集体行动能力缺失①。乡村治理中，村民参与度低，公共意识淡薄，治理主体十分模糊。事实上，广大村民是乡村的主人，乡村治理是否有效主要看农民个体和家庭的主体作用是否有效发挥。然而，在戴村镇，村民基本处于"被动管理"状态②，权利无法有效行使，义务难以履行。政府、公共组织和个体的职责边界模糊。甚至是村庄的垃圾，村民都不愿意主动清理，而要依靠上级政府转移支付，村委会出钱雇人清理。在乡村中，本该村民履行的基本义务反而需要公共部门承担，乡村治理成本高。为此，乡村治理遇到的首要难题便是，如何最大限度地调动农民积极性，从个体层面培养其主人翁精神，从集体层面强化村落共同体意识。

治理结构不合理。血缘和地缘关系长期以来是构成乡村治理的基石，人伦关系是维系乡村社群关系的重要纽带。时至今日，传统治理结构已经不再适应现代需求。在农村日常生活中存在大量不合法、不合规的事情，治理障碍突出。例如，在"一户两宅"整治行动中，部分村民认为宅基地是世代相传的"祖产"，出现了"拆而不整"的现象，对农村集体土地管理形成极大的障碍，村干部的工作难以开展。究其根源，部分村民存在较重的私心，以传统血缘关系对抗现代治理结构，个人得失与村集体公共利益较难平衡，没有确立其在乡村治理中的主人翁角色，导致类似不合法、不合规的事情屡见不鲜。要打破僵局，必须优化治理结构。

治理文化薄弱。"礼治"曾经是乡村社会治理文化的重要表征，以血缘为基础的宗族文化也是社会治理的基础，以乡绅为核心的"长老统治"成为维系乡土社会稳定发展的重要保障。历经社会变迁，旧的治理文化所剩无几，新的治理秩序尚未建立。宗族文化基础上的传统人际关系和宗族伦理根深蒂固，在私人领域，宗族文化确实对个体间的有效联结、家族事务管理产生积极影响。然而，也因其过于注重

---

① 孙立平：《转型与断裂：改革以来中国社会结构的变迁》，清华大学出版社2004年版。
② 金聪：《以数字技术提升乡村治理效能——以杭州市萧山区戴村镇为例》，载邓国胜《乡村振兴研究》（第1辑），社会科学文献出版社2022年版。

"私"而对公共性培育产生了负面影响，其直接结果是，乡村公共领域的诚信体系缺失，治理文化与乡村发展错配。

治理资源匮乏。乡村治理主体、治理结构、治理文化的缺陷导致治理资源匮乏，乡村沦于凋敝，内生治理资源不足，基本公共服务供给主要依靠上级政府的转移支付等外源性输入，成本高、效率低。此外，乡村公共空间、公共性、公共文化和公共精神式微，集体资源难以盘活，治理内生资源供给不足。

面对乡村治理中的多重阻力，基层政府进行了诸多探索。杭州戴村镇的案例便是由乡镇发起、镇村共同推动的数字乡村治理的地方创新和典型案例。下文将从数字技术赋能背景下，戴村镇的治理主体、主要做法、效果分析、经验总结四个方面进行论述。

第二节 数字技术赋能乡村治理的主体分析

数字技术在戴村镇的应用，起点在于为保护当地山区野生映山红被疯狂盗挖的"映山红计划"。2019年3月，当地一群户外爱好者组成志愿者组织，自发开展系列活动，包括上山巡逻、捡垃圾、保护生态环境等。在镇政府的支持下，村民积极响应号召，纷纷加入志愿活动，将自身的公共服务转化为可以消费的"积分"，逐步构建起政府和群众共建共享的治理格局。在数字技术赋能背景下，"映山红计划"提供了一个契机，加速构建乡村治理新格局，培育社区共同体意识，促进有效治理。并且，以大石盖村为试点，逐步拓展到其他村。

数字技术只是手段和工具，科技赋能的主体在于人，既需要有"指挥棒"，也需要有落地的人来具体实施各项工作。在实践中，基层政府、村两委、社会组织、科研机构、村民个体都扮演着重要角色。作为多元治理主体，基层党委领导、政府负责，村两委发挥组织作用，社会组织发挥协调功能，促进多方资源连接，通过人员交流、资金支持、技术支持的方式促进乡村有效治理。村民个体则在多种因素激励下，积极融入乡村治理体系，成为促进乡村有效治理的重要行动者。

第五章　科技赋能乡村治理：杭州市萧山区戴村镇乡村振兴案例研究

一　基层政府和党组织

直面群众的乡镇政府、村两委是乡村治理的领导核心，在数字技术赋能的情境中，他们由管理者逐渐转变为治理规则制定者和维护者，更加专注于乡村秩序的维护、治理规则的设计与优化。2019年，在杭州萧山提出环境整治"百日攻坚战"后，乡镇干部最为迫切的需求是以数字化方式呈现环境整治的工作成效。村两委领导更加希望能够借助数字技术，将老百姓的产品更好地对接城市消费市场，获得实际利益，而不是单纯在数字上做文章。

现在有很多乡镇，它的数字应用就是报个数据。比如说今天的点击量有23万，他就把23万当作数据了，其实真正参与的人可能就只有230人，所以数字化的应用我认为还是要有真实的数据，它才能把这个数据给用活，而且用完善。[①]

在数字技术应用中，无论乡镇政府还是村两委，都希望提高统筹性，激发多元主体的正能量，维系治理体系的高效运转。在数字治理的1.0版本中，以戴村镇大石盖村为试点，时任镇长金聪积极对接外部资源，与浙江大学计算机创新技术研究院、浙江省数字经济学会合作，引入杭州岭上数字科技有限责任公司的专业团队，推出"映山红"数字治理平台，运用积分的激励机制，将垃圾分类、平安治理、打扫卫生等"村民应该做的事情"，交给村民来做。2020年，在数字治理理念的基础上，基于"映山红"数字治理平台的基础，戴村镇佛山村推广升级至2.0版本的"佛山村三宝"（工分宝、信用宝、共富宝），有效组织起群众，形成"政府导治、村民自治、平台数治"的治理格局，如图5-1所示。

[①] 戴村镇大石盖村原村支书SGZ访谈，时间：2022年5月8日，地点：线上。

图 5-1 佛山村选调生吴常乐操作"佛山三宝"数字驾驶舱

资料来源：谢仪：《"佛山三宝"，乡村数字治理的新"法宝"》，乡村干部报网，2021年12月17日，http://www.dxscg.com.cn/xczx/202112/t20211217_7352386.shtml。

2021年9月，26岁的吴常乐硕士毕业后，考取浙江省选调生，担任戴村镇佛山村党总支书记助理一职。吴常乐在大学中学习软件工程专业，在佛山村，他负责推进数字化治理。村委楼下的"佛山三宝驾驶舱"是其工作岗位，每天对着数字大屏分析"驾驶舱"内的"工分宝""信用宝""共富宝"等模块的超过百万条民生数据。截至2021年12月，运行一年多的"工分宝"已覆盖村民1151人，覆盖率达93%，累计发起环境整治、交通劝导等志愿服务活动341余个，参与人数5971人次，为村庄节约保洁、社工等费用12余万元，成为佛山村老百姓都能用、爱用和管用的一个数字化工具。[①]

二 社会组织和科研机构

数字治理是政府、市场、公民等多元主体应用现代技术手段开

[①] 谢仪：《"佛山三宝"，乡村数字治理的新"法宝"》，乡村干部报网，2021年12月17日，http://www.dxscg.com.cn/xczx/202112/t20211217_7352386.shtml。

展的参与、互动与合作的治理过程，表现为公共事务治理过程的"数字化""清晰化""技术化"①。作为社会组织，浙江省数字经济学会为数字下乡提供了技术支持。其契机在于，一是数字经济学会在实操过程中，希望由点到面推广数字技术，需要更多村庄的参与和支持，扩大用户群体。二是戴村镇时任镇长和村干部达成共识，具有发展数字乡村治理的意愿，希望探索市场化机制，扩大数字乡村治理的覆盖面。由此，浙江省数字经济学会联合浙江大学计算机创新技术研究院，成立杭州岭上数字科技有限责任公司，运用市场化的机制解决项目的可持续发展问题。2020年，浙江省数字经济学会正式加入戴村镇大石盖村的试点工作，积极推动1.0版本的映山红计划升级为2.0版本的"戴村三宝"。共同开发"映季"（销售农产品）、"工分宝"（乡村治理）等微信小程序，应用区块链、大数据和物联网理念和技术，聚焦数字社会的乡村新社区，通过"积分+信用分"的产品机制，连接社会资源，综合运用技术、商业和组织手段，打造"共治+共富"的未来乡村。2021年10月，浙江省数字经济学会和数字产业发展联盟共同在佛山村建立乡村数字运营实验室，依托实验室的资源优势，进一步总结经验、推进相关研究。

三 村民个体与家庭

村民个体是具有自适应能力的重要节点，在数字技术赋能背景下，他们以对村落的贡献评价和贡献回馈作为起点，充分根据自身的专业能力和兴趣爱好，通过"发起"和"参与"活动，赚取"工分"。"工分"既是村民信用的重要组成部分，也是"贡献—回馈"的重要依据，老百姓的劳动能够转换为实际的福利，可以在村庄商超直接兑换商品，也与村民的信用贷款、子女就学、农产品销售、房屋

---

① 黄建伟、陈玲玲:《国内数字治理研究进展与未来展望》，《理论与改革》2019年第1期。

出租、零星用工等优先级挂钩。此外，在网络平台上，村民之间可以实现互相监督，巩固乡村治理的运行规则和信用体系，习得新的乡村治理价值理念并在日常生活中不断实践与巩固。

第三节 戴村镇数字技术赋能乡村治理的主要做法

数字技术在乡村治理中的价值，在于通过科技手段，强化多主体间联结，通过技术手段和机制设计，激活农民的参与意识和动力，增强农民的主体性，以"市场机制+行政动员"相结合的方式，构建村民参与乡村治理的制度化渠道。

数字技术提升乡村治理效能的方式，主要包括三个内容。第一，优化数字基础设施。开发和优化村民使用的微信小程序，让老百姓能够更加方便地运用数字化工具参与乡村治理。例如，利用"工分宝"对老百姓的贡献进行赋分。在"工分宝"数字老年食堂板块提前一天公布菜单，根据老百姓的留言和反馈建议不断更新菜品，优化工具。第二，整合资源。通过数字技术，有效对接农村产品和城市需求，老百姓种植的蔬菜能够和杭州市的团餐、食堂运营企业——杭州速派餐饮管理有限公司建立起连接。第三，形成戴村"三宝"概念，构建相应的管理系统，运用"工分宝""信用宝""共富宝"助力乡村有效治理、乡村产业兴旺、共同富裕。

一 工分宝

"工分宝"是微信小程序，无须下载，简单易用。其名字来源于农业集体化时期的"挣工分"。每个村民、每户家庭有一个专属二维码，村民通过完成相应的乡村治理任务（参与活动、获得荣誉、平安家庭评议、阅读文章、发表评论等），赚取工分。"工分宝"小程序中有"我要参与""我来评议""心愿发布""我有话说"四大模块，村民通过"点一点、扫一扫、拍一拍、说一说"，可以参与在线学习、民主评议、活动报名、荣誉申报等，极大提高了参与热情和获得感。当地村干部说,"哪怕他自己的菜种得好,有老百姓相互评论,就是点击去评论都会赋分给他"①。戴村"工分宝"的"我要参与"模块赋分规则如表5-1所示。

表5-1　　　　　戴村"工分宝"参与活动赋分规则

	活动类目	发起活动可得分	参与活动可得分
志愿服务	便民活动	0	20
	治安巡逻	0	20
	交通劝导	0	20
	环境美化	10	5
	无偿献血	0	20
生产劳动	相关活动	0	20
公共事务	垃圾分类	0	20
	抢险救灾	0	20
	国防义务（民兵活动、征兵体检）	0	20
公共事务	重大活动	0	20
	重点项目	0	20
文体活动	广场舞	2	2
	其他	2	2
	打篮球	2	2

村民通过"工分宝"赚取的工分,既可以在线上"工分商城"兑换话费、网费等,也可在线下门店直接扫码购买日用品,让村民得到实惠。除了物质激励,"工分宝"小程序定期发布"工分"排行榜单,展示"每周之星",提高村民荣誉感。此外,佛山村还专门对平台进行适老化设计,针对无法使用智能手机的老人儿童,设计"工分卡",在上面载入姓名、照片、专属二维码等信息,让他们凭卡参与活动赚工分、花工分。截至2022年6月24日,佛山村

---

① 戴村镇大石盖村原村支书SGZ访谈,时间:2022年5月8日,地点:线上。

1324位村民中，共有注册用户892人，发放"工分卡"228张，发起各类活动391个，发放工分2162525分，兑换工分1671508分[①]。通过"工分"激励了村民参与村庄治理和建设的意愿，有效提升了村民在乡村治理中的主体性。同时，通过发动群众参与，有效节约了村庄保洁、社工等费用，信访纠纷、治安警情等负面指标也有所下降。许多村民已经养成了每天打开"工分宝"微信小程序的习惯，在小程序上查阅信息，包括村里的停水停电、打疫苗，以及防诈骗知识宣传、政策文件等。部分村民也积极为村庄发展提出意见建议，"干部干、群众看"的治理顽疾有所缓解。"工分宝"运行机制如图5-2所示。

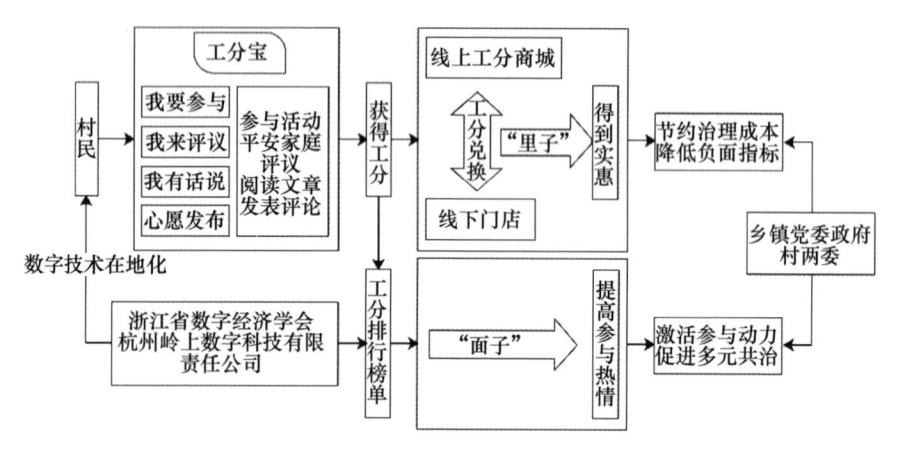

图5-2 "工分宝"的运行机制

二 信用宝

在"工分宝"的基础上，佛山村又开发了"信用宝"，使在现有征信体系下没有信贷记录的村民，也能够拥有信用记录。具体操作中，通过特定算法，以"工分同步""政府数据""第三方应用""负面清单"为基础，构建个人信用记录，并将其与经济发展中的招工、小微工程承

[①] 资料来源：杭州岭上数字科技有限责任公司统计数据。

包、小额贷款等建立关联,如图5-3所示。在社会发展领域,则可以与入党、参军入伍、村级后备干部筛选、创先评优等挂钩。在实践中,"信用分"可以作为个人可参照的数据资产,积极参与乡村治理、对村庄发展做出贡献、信用较好的村民,能够获得更高的信用等级,享有更多的经济和社会发展权益。例如,佛山村与中国建设银行、农商银行达成合作意向,对于信用评级前20%的村民,提供年利率4%的30万元信贷额度。

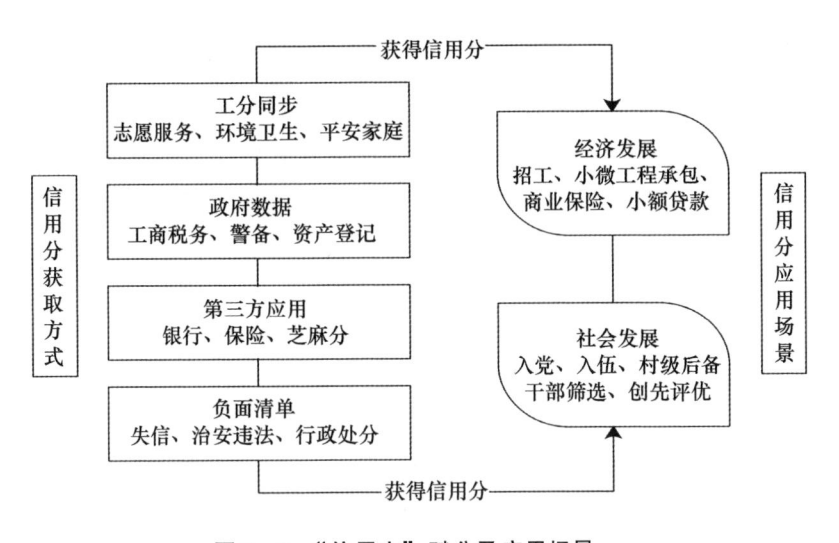

图5-3 "信用宝"赋分及应用场景

相比熟人社会的人情关系,数字化的信用评价工具更加客观和公正,减少了私人关系对公共秩序的干扰。"信用宝"不仅激励了村民积极参与村庄建设和治理,也解决了城乡信用体系脱节、农村失信成本偏低的诚信体系薄弱问题,重塑了乡村信用体系,连接起治理和发展两端,实现了"治理形成信用,信用促进发展"的良性循环,构建了"共治+共富"的乡村治理格局。

三 共富宝

"共富宝"借助数字化手段,围绕村民、集体、城市人三类群体,盘活农村闲散资源，促进集体增收和村民致富，如图 5-4 所示。截至 2022 年 6 月，"共富宝"小程序中包括"房屋租赁""求职招聘""土地承租""乡村集市""菜地认领""码上游"六大板块，广泛应用于农房出租、就业招聘、闲散物资二手交易、文旅产业发展等场景中，开辟了农村集体和农户增收新路径。例如，"映季"网上商城是戴村最早上线的"共富"工具，以此打通了农产品的供应端和消费端，发展杭州主城区消费者成为"映季"会员。村民将时令蔬菜、"跑步鸡"放到平台销售，收入全归菜农所有。此外，"码上游"全域数字旅游平台集数字地图、乡旅体验、食宿预订等旅游服务于掌上，不仅方便了游客进行出行决策，后台旅游数据变化也即时为佛山村旅游景区的管理决策提供依据。对于浙江省数字经济学会和杭州岭上数字科技有限责任公司而言，庞大的后台治理数据也可以直观地了解治理成效，帮助村民做好客户群体维护和精准营销，更是为后期产品的迭代和升级提供数据支撑和佐证。

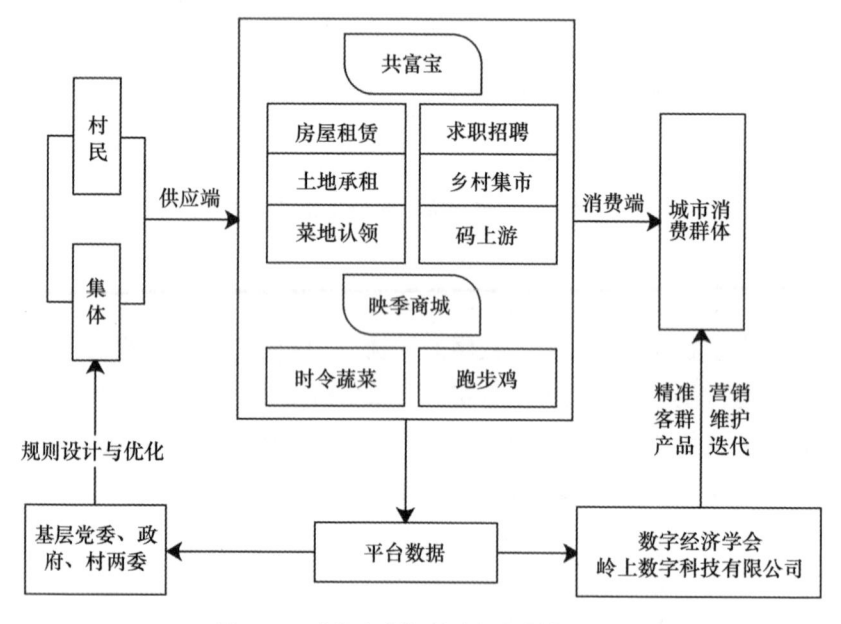

图 5-4 "共富宝"的应用场景与机制

"共富宝"本质上是信息交流平台,极大提高了农村产品、服务的曝光度和流动率,在村民、工商资本和游客群体中建立起有效连接,盘活了农村土地、劳动力和房屋等多种资源,为农民创造了更多增收机会。

第四节 数字技术赋能乡村治理的效果分析

不同于常规化的社会管理,社会治理主体是多元的,其针对经济、社会问题提出解决方案,既要创新,也要协商。治理主体是一系列来自政府又不限于政府的公共机构和行为者,其中的参与者终将形成一个自主的网络[①]。数字技术的应用,极大地提高了公众参与社会治理的可及性和便捷性,减少了多元主体间的互动沟通成本[②]。

在从1.0版本的"映山红"数字治理平台,升级至2.0版本的戴村"三宝"治理平台构建中,戴村的治理主体逐步走向多元化,更多群众被纳入社会治理,"干部干、群众看"的治理顽疾得到进一步缓解。在乡村治理格局演变中,乡镇政府从直接管理者转变为规则制定者,村民通过参与村庄治理和建设获取工分、信用分,通过"共富宝"平台与城市消费群体建立起有效链接,真正成为村庄的主人和治理主体。平台则通过为每个村民配置二维码,全程记录和评价村民为村庄建设做出的贡献,为政府决策和平台的更新迭代提供依据。

一 基层政府和村两委运用数字技术提高治理效能

理想的基层公共政权应当依赖、传达或代表地方社会多数者利益,依赖对这些利益的实现提供必要服务而生存[③],地方权威也正来

---

① [英]格里·斯托克、华夏风:《作为理论的治理:五个论点》,《国际社会科学杂志》(中文版)1999年第1期。
② 郁建兴、樊靓:《数字技术赋能社会治理及其限度——以杭州城市大脑为分析对象》,《经济社会体制比较》2022年第1期。
③ 张静:《基层政权:乡村制度诸问题》,社会科学文献出版社2019年版。

源于对公共事务的积极参与。在构建乡村治理新格局中，戴村镇政府通过连接社会资源，加强市场、社会、村民个体的良性互动，推进基层民主制度化、规范化和程序化。乡镇领导通过链接浙江省数字经济学会、浙江大学、杭州岭上数字科技有限责任公司等社会组织和科研机构，引进数字技术，加强政府与群众的沟通和交流，提高政府的组织动员能力。乡镇政府逐渐从原来的管理者转变为规则制定者，一是扩大示范效应，二是形成有效激励。

首先，在数字技术应用中，乡镇党委政府，以及人大代表、村两委、网格员率先示范，起到种子用户的功能，在其示范带动下，老百姓纷纷参与。数字技术应用的核心在于规划设计和规则制定。例如，工分的使用规则、信用分的权重和用途、相应考核激励机制等，都需要党委政府牵头做好制度设计。在实践中极大提高了乡镇党委、政府的领导力和公信力。

其次，乡镇党委、政府使用数字技术提高服务群众的水平。在数字技术落地过程中，他们将自身的绩效考核、工作需求和老百姓的诉求紧密结合，找到干群关系的利益平衡点。一方面，乡镇党委、政府在数字治理中为百姓带来了切实的利益，其工作绩效与地方共同体的利益紧密结合，其权威与公信力来自对地方事务的积极参与，基层政权从"悬浮"于村庄之上转向"融入"地方治理，村民乐于对基层行政和政策执行进行民主评议。另一方面，政府行政效率极大提高，通过平台获得乡村治理数据，优化决策体系，真正产生服务群众的绩效，让数字化的工具手段可持续运营。

在推广数字技术中，村干部也积极挑选"第三方"民间力量协助推广。通过社会组织和志愿者进行问卷调查，推广数字技术。

> 我们以前叫老百姓去干活都是花钱的，那么如何让它不用钱。所以要有一批民间的力量。比如说以前的乡贤治村、乡绅治村这样的方式，它等于说是一个第三方的形式来表达对数字化应用的一些理解。现在的社会，你越压着他做，他反而越不给你做，不去压着

他做，他反而跟着你做……在当地这个村，你去治理他反而这样不好，那样不好，叫外面的人来治理，他反而治理得井井有条。有句老话叫外来的和尚会念经，其实就是这个道理。①

通过激活老百姓参与乡村公共事务的动力，村两委将原本用于公共事务治理的资金，例如垃圾处理的专项资金节省下来。"比如说搞卫生要 60 万元，经过老百姓的参与以后，那么平时的卫生费就减少了，这个钱就可以用于老百姓，谁为村庄做得多，那么就赋分给他。"② 根据 2021 年 5 月统计数据，"工分宝"仅仅运行 10 个月，节约了村庄的保洁、社工等费用 20 余万元，信访纠纷、治安警情等负面指标下降 10% 以上，村民为村庄发展提出意见、建议 240 余条，解决问题 168 余个，有效解决了基层治理中"干部干、群众看"的顽疾③。可见，通过灵活的赋分方式，既减少了公共支出，节约了治理成本，也充分发动老百姓参与乡村治理，提高其主体意识。

二 数字技术赋能公共领域重塑，优化乡村治理结构

传统乡村治理中缺乏公共领域，导致个体只能依附在村庄组织和辖区中，在公共领域很难找到保护者，即使是最低限度的权利也由于失去具体执行的组织建制而不能实现④。数字技术赋能，能够有效破除村民个体在乡村治理中的"主体性缺场"和"普遍性失语"，强化村庄共同体意识和村民的心理归属感，促进集体行动的达成⑤。在戴村镇，数字治理平台营造了宽松的舆论环境，重塑了乡村公共领域，村民积极融入乡村治理场域，有效行使监督权。村民可以通过"工分宝"中的"我有话说"窗口，发表个人对村庄或村干部工作的意见，发布

---

① 戴村镇大石盖村原村支书 SGZ 访谈，时间：2022 年 5 月 8 日，地点：线上。
② 戴村镇大石盖村原村支书 SGZ 访谈，时间：2022 年 5 月 8 日，地点：线上。
③ 资料来源：戴村镇佛山村村委会。
④ 张静：《基层政权：乡村制度诸问题》，社会科学文献出版社 2019 年版。
⑤ 邬家峰：《网络技术结构性赋能与乡村治理数字化转型——基于江西省赣州市村务微信群的考察》，《南京农业大学学报》（社会科学版）2022 年第 3 期。

意见者赚到工分，接收意见者能够适时改进工作。许多关于乡村经济发展、规划建设、政策执行和民主评议等事务处理逐步转移到线上，村务工作更加公开透明，村民充分行使民主监督权。公开透明的民主评议无形中规制着线上言论与线下行为，个体的评议和诉求可能产生联动效应，乡村干部对于村民的合理诉求不再熟视无睹，村民的公共话语能力得以提升。

日常实践中，在乡镇政府和村两委的组织带动下，戴村镇佛山村借助微信小程序，以线上线下相结合的方式，促进政府和群众建立有效连接。在线上平台构建积分机制，通过采集村民参与乡村治理的数据，客观评价每一位村民的贡献，并基于评价数据给予村民一定的激励和权利，与村民的信用评价挂钩。村民的行为数据化、数据资产化，真切感受到道义层面的公平[1]。通过网络公共领域的构建，基层干群互动的机会逐渐增加，老百姓参与乡村治理的积极性被充分调动，"原子化"的村民个体回归治理主体，共同构建社会治理的地方共同体。

> 我一直认为做乡村治理改革，它就是人的问题，而不是村的问题，哪怕一个村没钱，它也可以治理，也可以改革，没钱有没钱的治理方法，有钱有有钱的治理方法，那么我们要做的就是要投入少回报大，数字支撑（是）这样一种比较厉害的、好的模式来支撑我们的乡村。[2]

对于"在村"的村民来说，数字技术运用到生活中的多个方面。例如，在"工分宝"使用中，村民的贡献行为被有效采集和评价，形成"数据画像""贡献积分"，构建"贡献—回馈"循环，确定资源分配优先权，激发村民参与乡村治理意识，提高其"主动贡献"的积极性。再则，通过贡献评价和回馈机制，完善信用体系，村民之间形成互相监督，

---

[1] 李燕凌、陈梦雅：《数字赋能如何促进乡村自主治理？——基于"映山红"计划的案例分析》，《南京农业大学学报》（社会科学版）2022年第3期。
[2] 戴村镇大石盖村原村支书SGZ访谈，2022年5月8日，地点：线上。

强化了村民之间及村民与政府、乡村和城市之间的信用体系建设。

> 例如,村民 A 发现村口有一堆建筑垃圾,他可以在平台"发起"一次清除建筑垃圾活动,只需在平台上输入时间、地点和人数,描述活动详情,经过审核后正式发布。其他村民自主决定是否"参与"。活动现场,参与村民通过"扫一扫"活动二维码签到。活动结束后,系统将根据参与活动的人数和时间自动评估需发放的"工分"。全程可追溯,无形中督促村民诚实守信。2020 年新冠疫情期间,平台在社区志愿者招募上发挥重要作用,经常出现被村民"秒杀"情况,极大提高了基层政府和村两委的组织动员能力。[1]

数字技术不仅激活了"在村"老百姓的主体意识,也打破了时空区隔,强化了在外村民、本地村民在乡村治理场域中的"共同在场"。长期在外的乡贤有机会参与乡村治理,及时了解家乡的发展情况,畅通沟通渠道。例如,捐赠自己生产的产品到"工分商城"中,为家乡发展做贡献,强化其主人翁意识,从"离村"的心态回归"在村"的心态,彰显其归属感和认同感,培育其公共精神。

> 看看家乡的老板、家里的人在搞些什么活动,然后村规、民约的民主评议,甚至有些在外面的党员,他参与党内的一些评议和活动。它有一个比较方便的在线化的手段,能够降低它的参与成本。[2]

总之,数字治理平台将在村与不在村的村民、村两委、基层党委政府、社会组织等治理主体聚合在同一网络社区的公共领域中,构建起多元主体互动协商、包容合作的治理结构,打破了传统乡村精英对

---

[1] 金聪:《以数字技术提升乡村治理效能——以杭州市萧山区戴村镇为例》,载邓国胜《乡村振兴研究》(第 1 辑),社会科学文献出版社 2022 年版。
[2] 浙江省数字经济学会副会长 ZF 访谈,时间:2022 年 4 月 26 日。

乡村社会的"操纵式"治理模式①，构建了多元主体协商共治的乡村治理结构，为解决乡村公共问题提供了强有力的支撑，也为村庄产业发展奠定了治理基础。

三 数字技术赋能产业发展，筑牢乡村治理基础

数字乡村治理需要发挥电商增收效应，促进农户、合作社、电子商务、龙头企业等的衔接②。数字技术通过构建治理平台、完善治理机制的方式，推动乡村产业发展，丰富了乡村治理资源，为乡村治理提供物质基础。在数字技术赋能背景下，农产品销售平台"映季"，盘活乡村存量资源的"共富宝"等小程序相继投入使用。

第一，小农户通过"映季"电商平台，学习了科学的方法和技术，精准对接杭州市的客户群体，将应季蔬菜及时销售到城市中，缩短了生产者与消费者的时空距离。第二，数字技术、市场化主体共同激活乡村闲散资源，促进资源规模化经营。农村中零星的土地、劳动力、闲置的房屋等资源被有效盘活，促进了资源的规模化、标准化经营。第三，农村产业发展也得到专业团队赋能。相应种植技术、工艺流程的引入，促进了农业标准化运作，提高了农产品附加值。专业团队的数据分析与算法可以精准对接客户群体，让产品质量更好地满足客户需求。以专业的指导促进农业品牌化运营，实现农产品生产过程可量化、可视化、可控、可追溯，经由系统性宣传推广，构建农业品牌体系，提高品牌价值。例如数字化养鸡产业。

> 戴村镇组建映山红服务中心（民非企），统一采购鸡苗，建立规范标准，包括鸡舍建设、养殖密度、饲料投放、定价方式等，鸡苗出栏后加装数字脚环后分发给散养村民。最后，通过

---

① 邬家峰：《网络技术结构性赋能与乡村治理数字化转型——基于江西省赣州市村务微信群的考察》，《南京农业大学学报》（社会科学版）2022年第3期。

② 陈晓琴、王钊：《"互联网+"背景下农村电商扶贫实施路径探讨》，《理论导刊》2017年第5期。

第五章　科技赋能乡村治理：杭州市萧山区戴村镇乡村振兴案例研究

"映季商城"统一售卖。其中有几个关键点。第一，每只鸡加装数字脚环，既能防伪，也能追踪，使千家万户散养的鸡实现统一标准。因全过程标准化、可追溯，村民得到保险公司较低的保费。同时，银行根据养殖规模和硬件投入，为村民提供低息贷款，降低了参与门槛。第二，领取鸡苗和销售成鸡的顺序严格按照贡献积分高低进行排序，也进一步激发了村民参与乡村治理"主动贡献"的积极性。[1]

在数字技术的辅助下，当地的农业生产组织充分组织和动员农民参与生产，控制产品品质，解决供给侧问题。在需求侧，数字技术更是为当地人讲好营销故事提供了便利，让原生态的养鸡产业与数字科技碰撞，应用区块链技术形成一个完整的故事，提高产品附加值和品牌知名度，扩大影响力。截至2021年10月，"映季"上线一年便销售蔬菜500余吨、跑步鸡2.2万余只，销售额600余万元。

数字技术在提升乡村治理效能、构建公共领域和赋能产业发展方面做出了突出贡献。尽管如此，在具体实践中仍然存在诸多弊端。村民的主动性、积极性、创新性和公共精神仍然欠缺，治理的规则和秩序有待优化。例如，"工分宝"的积分规则、活动规则均由乡镇政府制定，发起各项活动的主体也多为乡镇、村干部、网格员等，群众作为乡村社会治理共同体中的主体，发起活动的主动性和创新性不足。另外，发起活动赚取工分的行为也容易被滥用。原本致力于通过设计好的活动，构建社会治理共同体的积分活动，在实际应用中，有的老百姓却借助这个机制来"薅分"。例如，经常发起一些"晚饭后到河边散步"的活动，每个人得到5分。"有一个人做了第一件事情以后，你会发现一个礼拜之内就会冒出1000个这样的活动来，因为村民觉得这是一个占便宜的机会，张三家做的，我李四也不能落后，这个时

---

[1] 金聪：《以数字技术提升乡村治理效能——以杭州市萧山区戴村镇为例》，载邓国胜《乡村振兴研究》（第1辑），社会科学文献出版社2022年版。

候他又会把一些始料未及的现象激发出来。"① 如此种种，均对后续工作中继续推广数字技术产生重重阻力。

第五节　数字技术赋能乡村治理的经验总结

一　社会组织、市场主体与政府形成良性互动

数字技术是手段，真正能够改变乡村治理格局的是多元主体的共同参与。这就需要政府、市场、社会、村民个体之间形成良性互动。尽管数字经济学会能够链接资源，将技术推广到乡村中去。但从现实看，中国社会组织发育仍然不全，单纯依靠社会组织牵头乡村振兴几乎不可能实现，这就需要坚持党的领导，获得地方政府的支持，引入市场机制。杭州市萧山区戴村镇的乡村治理能够取得较大成效，与时任乡镇领导有莫大的关系，党委、政府的高度重视促成数字技术的成功落地与推广，也促成了市场主体加入乡村治理。例如，成立杭州岭上数字科技有限责任公司，通过市场化手段，提高数字技术推广的可持续性。在数字技术下乡中，在推广创新的产品和服务中，加强企业、社会组织和政府的合作，采用政府购买服务、共同建设等方式，多方形成良性互动，形成共建和互助机制。

二　多方协商解决数字技术在地化难题

在许多项目推广中，往往投入大量资源，硬件设施十分完备，但是项目的竣工便是其高光时刻，此后很难再有效利用。在数字技术的推广中，该问题尤其凸显。数字技术的准入门槛较高，在乡村很难找到"码农"，或是具有丰富的互联网运营经验的人来维持项目运营。为了避免数字技术沦为单纯的"统计数字"，组建本地化的团队显得十分重要。在具体操作方面，浙江省数字经济学会深入推广数字技术，培训村干部和网格员，由村干部和网格员再去培训种子用户，种子用户培训老百

---

① 浙江省数字经济学会副会长 ZF 访谈，时间：2022 年 4 月 26 日。

姓。在推广过程中,数字经济学会甚至要到农村去开展"工分集市"活动,让村民学会如何使用微信小程序。通过层层推广,解决数字技术的在地难题。同时,由于上级领导重视,戴村镇佛山村也聘请了学习软件工程的选调生担任党总支书记助理,解决了数字技术的落地问题。

另外,在解决数字技术在地化难题方面,戴村镇大石盖村在前任村支书的带领下,成立了映山红农业科技开发有限公司,由乡村能人操盘,利用好当地的人脉资源,招到合适的人去从事数字技术赋能乡村产业发展工作。因此,通过提升数字技术的在地能力,有助于促进项目可持续性。

三 数字工具的适农化和适老化

同样的数字产品,面对不同的客户群体应当进行适应性调整。戴村"三宝"的数字化工具充分参照了村民的需求,从选用微信小程序而不选 App(后者需要下载),到界面设计、字体、行距等内容都照顾到当地村民的使用习惯,尽量做到简洁轻便、功能简单,也不随意修改界面,面对不同的群体推出不同版本。例如,面对村干部则采用功能较为全面的版本,面对老百姓则选择按钮明显较少的版本。针对不会使用智能手机的老年群体,甚至给他们做了卡片,每个人对应一个二维码,通过与其亲情号码建立连接,将二维码印在卡片上。使用者拿到二维码后,可以通过扫码的方式录入其参与活动记录,形成个人账户。通过多种途径,最大限度地降低数字鸿沟,避免村民在数字化工具、数字化认知上的能力鸿沟,发扬互联网精神中的普惠价值,吸纳更多群体参与乡村治理。

四 以技术治理切实提高农民的获得感

数字技术是手段,目的是最大限度地调动老百姓参与乡村治理,降低治理成本,提高治理效能。作为理性经济人,老百姓只有切实得到实惠才能有持续的热情参与乡村治理。为此,数字技术在推广过程中需要从根本上让老百姓在精神上和物质上得到实惠。具体而言,戴村的"工分宝"是能够让使用者获得切实利益的,每个工分可以作为货币进行消费。村民积极参与乡村治理,获得积分后,可以到村里的小店里将其兑换成商品。村集体定期向小店结算,这部分资金,正来自原本用于垃圾清理等公共事务的雇用成本。通过这种方式,既解决了公共事务治理成本高的问题,又拉近了邻里、干群距离,逐步培育村庄公共精神和共同体意识。

尽管数字技术为赋能乡村治理作出了巨大贡献,在实践中我们也应该看到科技赋能乡村治理的"限度",技术自身限度、技术边界限度、技术化与制度化"二化异步"都可能成为治理的障碍[1]。从技术自身限度看,传统社会的人情因素、社会关系、信任机制等非正式制度不可能完全数字化,机械的数据也无法替代生动的日常实践,反而可能降低社会创新的活力,进而影响社会治理的有效性。从技术边界的限度看,当治理主体对技术工具过度理性追求,可能引致"技术治理""技术操控""治理绩效内卷化"[2],表现为"一刀切"地开发和运用技术,形成治理超载;基层政府和村两委疲于应付考核、沉浸在数字世界中,在技术的汪洋大海中丧失人类的主体性。从技术与制度异步的角度看,当传统制度未能匹配数字社会的新型社会关系时,二者之间的异步困境将导致技术潜在风险被释放。技术的进步使个体的信息、微观数据被不断采集,而关于采集主体资格、数据权利归属、数据使用规则等制度建设仍然有待完善。因此,在充分肯定科技赋能乡村治理的同时,也应该关注到数字技术可能存在的限度,充分发挥人的主体性,激活社会创新活力,不断完善相关制度。

第六节 杭州萧山戴村镇案例的启示

乡村振兴是新时期"三农"工作的总抓手,得到党和政府的高度

---

[1] 郁建兴、樊靓:《数字技术赋能社会治理及其限度——以杭州城市大脑为分析对象》,《经济社会体制比较》2022年第1期。
[2] 肖唐镖:《中国技术型治理的形成及其风险》,《学海》2020年第2期。

重视。数字技术是促成社会治理转型的重要技术手段。2020年国家以政策试点的方式推进数字乡村建设的实践表明，数字技术化将成为未来乡村社会治理的重要发展方向。充分发挥数字技术的赋能效应，促进数字乡村建设和发展，已经成为构建现代乡村治理体系和实现治理能力现代化的重要实践路径。杭州市萧山区戴村镇的实践表明，在快速发展的乡村社会中，数字技术为探索乡村治理创新提供了解决方案。现有的学术研究主要关注数字技术在公共服务领域的价值，或是系统讨论数字技术在社会治理领域的运用与效应[1]，注重形式主义的数字技术应用，而对于日常实践中数字技术在乡村社会的应用场景关注不足。从这个意义看，杭州萧山戴村镇的案例为数字技术下乡、科技赋能乡村治理提供了独具特色的创新模式，该案例为后续数字乡村治理的开展能够提供如下启示。

第一，充分尊重和保障村民的主体性地位。乡村治理离不开"人"这一核心要素。通过数字技术手段，有助于将"原子化"的个体和家庭组织起来，激活村民参与乡村治理的热情。乡镇党委领导，政府负责，村两委是组织者，社会组织是协调者，村民是参与者，多方主体共同发挥作用，连接资源，共享利益，充分运用技术、商业和组织手段，提高乡村治理效能。

第二，优化数字基础设施，构建村民参与乡村治理的制度化渠道。数字基础设施是基础，数字技能培训更是参与的关键。在数字基础设施建设中，乡镇政府需要整合多方资源、开发数字工具，积极将老百姓纳入乡村治理。政府和村两委作为领导者和组织者，积极推广数字技术，发挥带头示范作用，提高服务群众的水平，激活老百姓参与公共事务的动力，逐步增强其主体意识和主人翁精神。无论"在村"或是"不在村"者，都应被积极纳入乡村治理体系，打破时空的界限，优化治理结构，提高基层政府和村两委的组织动

---

[1] 郁建兴、樊靓：《数字技术赋能社会治理及其限度——以杭州城市大脑为分析对象》，《经济社会体制比较》2022年第1期。

员能力。

第三，借助数字技术大力发展乡村产业，筑牢治理基础。乡村治理的根本目标是带领人民群众创造美好的生活。基层政府和地方权威的公信力和权力基础正是来自对公共事务的参与和公共利益的创造。在数字治理中，多元主体共同协商，通过数字技术赋能产业发展，通过盘活农村闲散的人力、物力、土地、房屋等资源，及搭建农产品销售平台等方式，促进农产品标准化、品牌化发展，实现生产可量化、可视化、可控、可追踪，促进农产品融入市场体系，为农民带来切实的利益，才是筑牢乡村治理基础的根本。

第四，社会组织、市场主体与政府形成良性互动。作为乡村治理的重要一员，社会组织既不可或缺，又不能喧宾夺主，而是要做好政府的有益补充。尤其在技术推广过程中，需要基层政府的大力支持和村两委领导班子的组织协调，多方找到利益平衡点，形成良性互动，构建数字乡村的共建机制。数字技术推广过程也要充分提高其在地能力，应组建团队，运用市场化机制，促进项目可持续发展。同时，数字技术最终是由村民来使用，通过技术改良的方式，解决好适农化和适老化难题也是破除数字技术鸿沟的关键。由此，从面子到里子，从物质到精神层面，切实提高农民的获得感，持续提高村民的参与动力，以数字技术赋能乡村产业发展和乡村治理，协调邻里、干群关系，将村民组织起来，逐步培育村庄公共精神和休戚与共的共同体精神。

第五，将数字技术引入乡村治理场域过程，也要警惕技术本身的限度，合理界定技术边界，减少技术风险，降低数字鸿沟，规避技术与制度的结构性矛盾及其给乡村治理带来的挑战。在技术下乡、科技赋能中充分凸显人的主体性，运用数字技术赋能乡村治理主体、重塑乡村公共领域、调适乡村治理形态，切实为数字乡村建设提供能力支撑，共同助力乡村实现有效治理。

第六章

社会工作参与乡村治理的创新模式：以赵庄子村为个案

第一节　赵庄子村引入社会工作的背景与现状

一　社会工作与乡村振兴的价值亲和

党的十九大报告提出实施乡村振兴战略，要按照产业兴旺、生态宜居、乡风文明、治理有效、生活富裕的总要求，建立健全城乡融合发展体制机制和政策体系，加快推进农业农村现代化。在实践工作中，乡村振兴的政策出台和路径推进，需要寻求一定的理论依据和专业支撑，这为社会工作提供了重大机遇与重要契机。社会工作是以利他主义为指导，以科学的知识为基础，运用专业的方法进行的助人服务活动，它是一门以解决社会问题为导向的具有高度人文情怀的学科，具有助人、救难、解困和发展的社会功能，因此，无论在理念目标还是战略路径上，社会工作与乡村振兴战略都存在着价值亲和性与耦合性[1]。有学者指出，社会工作在乡村振兴中大有可为[2]。

2021年，《关于加快推进乡村人才振兴的意见》明确提出，加强

---

[1] 卫小将、黄雨晴：《乡村振兴背景下农村社会工作人才队伍建设研究》，《中共中央党校（国家行政学院）学报》2022年第1期；萧子扬、刘清斌、桑萌：《社会工作参与乡村振兴：何以可能和何以可为》，《农林经济管理学报》2019年第2期。

[2] 陈涛、徐其龙：《社会工作乡村振兴模式研究——以北京市Z村为例》，《中共中央党校（国家行政学院）学报》2018年第4期。

农村社会工作人才队伍建设,"加快推动乡镇社会工作服务站建设,加大政府购买服务力度,吸引社会工作人才提供专业服务,大力培育社会工作服务类社会组织。加大本土社会工作专业人才培养力度,鼓励村干部、年轻党员等参加社会工作职业资格评价和各类教育培训"①。国家政策的出台,为农村社会工作的展开、发展提供了明确的目标引领与路径引导,全国社会工作者迅速响应,积极投身于农村社区建设与农村现代化建设进程中来。

然而,需要正视的是,社会工作是西方工业化和城市化的衍生物和舶来品,在中国城市社区尚未普遍推行,对于中国农村人口更是鲜有耳闻的陌生事务和新鲜词汇。据调查,截至2021年年底,全国已建成乡镇(街道)社工站1.7万个,驻站社工4万余名。但是,全国共有乡级行政单位38741个,这意味着还有2万余个乡镇(街道)社工站的建设需要在4年内逐步推进完成,压力不小②。正如陈相云所言,专业社会工作参与乡村振兴战略亟待解决"何以可为"与"何以作为"两方面的问题③。正当全国农村及社会工作者竭力摸索"可为"与"作为"的路径之时,北京市大兴区魏善庄镇赵庄子村自发成立的"益民农村社会工作事务所"及其五年的成功探索经验,为全国农村社工助力乡村振兴的创新通道提供了一份上佳的"答卷"与"范本"。

二 赵庄子村的社区治理困境与专业社工引入

赵庄子村位于北京市大兴区魏善庄镇,地处北京南部,是典型的北方平原村貌,村域面积2185亩,村庄面积193亩,农用土地1160

---

① 《中华人民共和国中央人民政府 中共中央办公厅国务院办公厅印发〈关于加快推进乡村人才振兴的意见〉》,中国政府网,2021年2月23日,http://www.gov.cn/xinwen/2021-02/23/content_5588496.htm。

② 焦若水:《社会工作服务乡村振兴:弱势优先与社会保护》,《中国社会工作》2022年第1期。

③ 陈相云:《社会工作与乡村振兴:实践困境、价值亲和与专业突围》,《理论月刊》2018年第4期。

第六章 社会工作参与乡村治理的创新模式：以赵庄子村为个案

亩，2013年村中耕地已实现集中规模经营，村民告别了传统的农业生活，不再以土地为生，多以土地流转费、房屋租金和临时性工作为主要收入来源。十年来，赵庄子村常住人口为430人左右，约200户，年轻人大多外出工作，村中以留守老人和儿童为主，60岁以上人口占比为27.3%，村庄老龄化现象突出。此外，村中以韩、李两大姓为主姓，宗族势力经年争斗冲突，裹挟行政力量牵涉其中，导致村庄内部出现了领导班子涣散、干群关系紧张、社区凝聚力不强等基层治理的乱象[1]。

2013年，赵庄子村党支部村委会换届，组建了集约精练的领导班子，共有4人，均为党员，村书记韩春光"能人"回村，实现书记、主任一人兼，为两委团结协作奠定了良好的组织基础。此后3年，历经"千日耕耘"的"社区治理"阶段[2]，赵庄子村先后建成了一站式服务大厅、社区公家超市、老年活动中心、社区卫生服务站、社区餐厅、社区义工菜园、社区幼儿园等公共服务设施，形成了农村社区"15分钟生活圈"，使村民在尽短时间内满足办事、教育、用餐、购物、就医、休闲娱乐等基本生活所需，大力扭转了此前赵庄子村在魏善庄镇经济落后、基础服务设施薄弱的落后境况。根据《赵庄子村需求调查调研报告》显示，2017年赵庄子村的家庭年平均收入为73095.7元，家庭年人均收入为23038.5元，村民的物质生活水平较高。

然而，在村民传统生活方式发生变化以及精神文化生活需求日益提高之后，赵庄子村村庄凝聚力弱、社区治理成效不高等一系列问题亟待解决，村委会的工作陷入"瓶颈"，乡村振兴的后劲不足[3]。此时，韩春光带领村两委成员继续求索，诚挚征询专家学者关于乡村治

---

[1] 此段数据均来自"益民农村社会工作事务所"提供的内部资料，以及内部讲座信息。
[2] 据韩春光书记介绍，在赵庄子村村两委的带领下，赵庄子村的发展实行"三步走"战略：社区治理—社区营造—社区发展。
[3] 陈涛、徐其龙：《社会工作乡村振兴模式研究——以北京市Z村为例》，《中共中央党校（国家行政学院）学报》2018年第4期。

理的创新理念,初识"社会工作"的概念,继而广赴全国各地学习专业社工的工作方法和经验。最终于2016年7月,在大兴区民政部门的推动下,由韩春光个人出资,在赵庄子村成立了全国首家村级社会组织——"益民农村社会工作事务所"(以下简称"益民社工事务所"),该组织是独立于政府和村委会之外的第三方专业社会工作机构。之后,依凭益民社工的专业理念与科学方法,赵庄子村开启了乡村治理的第二阶段——"社区营造"阶段。

第二节 益民社工的服务类项目与特点

一 "益民农村社会工作事务所"的概况与工作思路

"益民农村社会工作事务所"是全国首家在村级设立的社工机构,现有全职驻村社工16人,包括专业社工12人,本土社工4人。益民社工兼具海内外教育背景,社会工作专业的本、硕毕业生分别为8人和1人,还有公共管理、财务金融、景观设计、文化产业管理等跨学科专业人才,目前,已有8人考取了社会工作者职业水平证书。益民社工事务所设址于赵庄子村,由该村书记韩春光兼任事务所法定代表人、理事长和机构主任,另有多位高校及科研机构的学者出任专家理事会成员,其中,实务督导与行政督导分别由中国社科院大学陈涛教授和北京社会工作者协会周波副秘书长担任[1]。学术研究者和实践先行者共与共献益民社工事务所的成立与发展全程,在观念引入、理论指导、资源链接、实践解困等方面为专业社工参与赵庄子村的社区治理、助力乡村振兴提供了重要支撑。

2017年暑期,益民社工进住赵庄子村伊始便开展全覆盖入户调研,建立村民档案,了解村民需求,形成调研报告,创新性地举办"答村民问"等村务活动,有效疏通了村两委和村民之间的沟通渠道。在服务乡村社区的过程中,益民社工逐渐探索出"入户调研—需

---

[1] 此处数据均来自"益民农村社会工作事务所"提供的内部资料。

求评估—建立关系—开展服务—总结评估—需求再探"的流程化服务模式,形成了循环向上的螺旋式动态发展过程,在获得村民信任的前提下,进一步运用专业方法开展个案、小组和社区社会工作。2018年,益民社工总结服务经验并通过"以所带站"项目成立社工服务站,将益民模式推广至周边的羊坊及河南辛庄、伊庄和北田各庄,着力将农村建设成有活力、有温度、有人情、有吸引力的现代社会共同体,全力打开乡村社区治理的新局面。

二 益民社工的服务项目与活动清单

在获得初步入户调查的数据后,针对赵庄子村老龄化及留守儿童现象凸显的境况,益民社工以村民需求为导向制定了"一老一小"的服务方案,并逐渐形成常规化的服务项目。对于老年人,社工专门开设"老年微信课堂",教会他们使用电子产品;成立"冬日防摔倒小组",提高老人们的安全意识;举办冬至饺子宴、端午包粽子等活动,营造热闹浓厚的节日氛围;定期入户调查中,社工还承接了"幸福晚年驿站"的日常服务,为老人们送报纸、测量血压、建立健康档案等。在服务村庄儿童方面,益民社工主要开展了"四点半课堂""菜园小管家""社区学堂"等主题活动,还为孩子们进行课后作业辅导、举办夏令营等,致力于提升村庄儿童的活动主体性与综合素质,改善留守儿童的亲子关系。此外,社会工作者还承担了赵庄子村照料残疾人、对困难村民进行专业救助等工作。

常规化的社区服务之外,在推动农村社区治理的五年探索历程中,益民社工还协助赵庄子村村两委重点打造了三大品牌节日——5月的"群众文化艺术节"、9月的"庆丰收捕鱼文化节"和12月的"慈善公益节"。第一,"群众文化艺术节"是在"全民K歌"活动的基础上,最初由益民社工策划和组织、村党支部指导、村委成员主办、全体村民共同参与的包括歌曲、舞蹈、相声、戏曲、情景剧、时蔬秀等各种表演形式的大型集体活动。村民在自筹自办、自编自导的文艺表演中,极大地增强了主动参与社区文化建设的意识与能力,更加强了彼此之间的交流互动及对村庄的归属感和凝聚力,有利于赵庄子村重建和谐共生的集体文化。

第二,通过早期调研了解到村民对以往捕鱼活动印象深刻,益民社工和村两委基于活动与专业社工方法相结合、改善干群关系的想法,依托赵庄子村义工菜园的现有鱼塘,于2017年开始举办"庆丰收捕鱼文化节"。捕鱼节选择国庆节和中秋节的节点,除了分组捕鱼比赛和集体拉大网,还加入了厨艺大比拼、拔河、文艺表演、喝鱼汤、为老人送鱼、陪老人吃团圆饭等环节,庆祝丰收喜悦的同时,加入了尊老敬老爱老的元素,意在弘扬"勤劳""团结""孝道"等传统文化。"庆丰收捕鱼文化节"举办四届以来,不仅发展为村庄老少共同参加的集体活动,进一步汇聚凝炼"我为人人,人人为我"的村庄精神,还广泛吸引了外村居民、城镇居民、各类社会组织等热情参与其中,该活动首次将"新村民""自组织"的力量引入赵庄子村的社区营造建设,带来了乡村治理的新气象。

第三,"慈善公益节"起源于2013年的赵庄子"爱心救助基金",最初是由韩春光、村两委及社会爱心人士共同捐助的20万元组成。社工机构进驻赵庄子村之后,益民社工主张以村庄集体力量解决村庄问题,与村两委共同策划于2017年12月举办了赵庄子村第一届"慈善公益节",捐款范围由本村村民扩展至关注赵庄子村发展的"新村民"和其他各界人士,所有善款用作对村庄大病住院人员的资金救助和生活补助。2020年,慈善基金已经交由中国金谷国际信托有限责任公司管理,成为全国首单群众性互助慈善信托服务。"慈善公益节"进一步挖掘和务实了赵庄子村"我为人人,人人为我"的精神内涵,以志愿和奉献精神为村民编织出新的社会支持网络,探索出了融合社会资本、依靠村庄自身力量解决村庄问题的可行之路,成为农村社区治理与创新的典范。

由此可见,在步入社区营造和社区发展阶段后,益民社工重点协助赵庄子村两委打造社区融合文化,提升邻里互助与公益意识,有效改善了村庄因宗族派系而生的内部分裂现象,一定程度上也扭转了当代农村社会人际关联的"原子化"问题。同时,通过推动社区活动的共办共与和村庄集体行动的共议共裁,益民社工致力于构建村民的现代化身份认同,不断加强个人、群体之间的联结,提升村民的社区归属感,提炼夯实村庄集体一致的精神信念,从而大力推动乡村社区共同体的建设,助力农村社区治理在赵庄子村"开花结果"。

第三节 专业化与本土化的双向建构:益民社工的培养模式分析

自20世纪80年代末,中国大陆逐步引进西方社会工作模式之始,专业化与本土化就成了社会工作领域中相反相成、矛盾共生的研究议题与实践境遇。在乡村振兴战略中,要加强农村社会工作人才队伍建设,将专业社会工作的方法和思路引入农村社区治理,不仅要历经理论"本土化"[①]的蜕化再生,更重要的是实现理论的"在地化"[②]。赵庄子村的益民社工事务所在扎根乡土的五年之中,不仅摸索出了专业理念、技术、方法嵌入乡土情境的一套科学方法和实践性智慧,完成了"专业化"和"本土化"的双向建构,同时发展出了以专业社工为主导、逐步带动和培育本土社工的"双管径"农村社工人才培养模式。

一 "专业+本土"的"双管径"社工培养模式

截至目前,"益民农村社会工作事务所"共有全职驻村社工16人,其中专业社工12人,本土社工4人。事务所初建之时,所有社工均来自国内社会工作专业的高校毕业生,其后,随着事务所全面参与乡村治理、"以所带站"项目的拓展、乡村人才振兴政策的大力推进,农村社区对于专业社工人才的需求大量增加,加之赵庄子村对社

---

① 高芙蓉:《社会工作在地化的脱嵌与重嵌》,《中州学刊》2021年第3期。
② 周永康、李欢:《双向建构:专业社会工作"进村"实践的在地化——基于重庆市"三区"计划项目的研究》,《西南大学学报》(社会科学版)2020年第2期。

区创新治理专业人才可持续培养的长远考量，益民社工队伍逐渐发展壮大并进行结构性调整。最终，形成了教育背景多元、学科类型多样的青年人才共同参与，以专业社工为主导，重在培育和拓展本土社工，同时建设引领本土志愿者共同参与乡村振兴的"双管径"农村社工服务模式与"三位一体"的乡村社区治理人才架构。

专业社工拥有社会治理与社会救助的专业知识、科学方法，以及谋求社会公平和助人自助的价值理念，在全面推进乡村振兴的战略格局中，他们是以科学范式治理农村、加快推进农村现代化建设的先行者、引路人，同时也是挖掘本土服务力量的启蒙者，是助力农村社工自主、可持续服务于乡村治理的"脚手架"。在赵庄子村，益民社工在村庄中大力挖掘社区服务的积极分子，组织并鼓励村民学习社工知识，参加社工证考试，为培养本土社工打下了良好的基础。而本土社工，就是专业社会工作方法在全面建设社会主义现代化国家、实现乡村振兴的时代使命下，结合中国"因体起用""以用强体"的实践逻辑[①]，因地制宜开出的社会工作创新之"花"，结出的乡村社区治理之"果"。本土力量的自立，是村民由受助转向自助的关键点，同时意味着社区营造和社区发展取得突破性进展，长远来看，本土社工才是农村社区治理的主体，也是乡村实现全面振兴最可以依赖的根本。

> 我叫冬旭，也是赵庄子村的村民，本科毕业，但是我学的是文化产业管理，和社工其实是没有交集的一个学科。2016年益民社工事务所成立，2017年开始他们正式在村里调研，当时社工来到我们家调研之后吧，我也感觉挺新鲜，就是有一批大学生，他毕了业之后没有去找市里边的好工作，而是转身投入到乡村去建设这么一个比较落后地方，就感觉很新鲜啊，怎么还会有人来这儿呢？感觉很新鲜。那就调研吧，就这么我跟他们就是一点点熟悉，就是跟社工本人首先有了这么一个相知的关系，跟他

---

① 高芙蓉：《社会工作在地化的脱嵌与重嵌》，《中州学刊》2021年第3期。

们都认识。后来，社工办过一些相应的一些活动，为了活化村庄氛围也好，或者说带动村庄文化建设也好，在"群众文化艺术节"还是"慈善公益节"中，他们就把我聘请为主持人，从中还会串演一些节目，这样一来二去呢，就是跟社工接触也就更多了。他们的工作理念以及他们这种深入扎根农村工作态度，其实还是很打动我的，就是很难得，有这样一帮人能够真的在农村一下待上好几年，为村里就是什么都不计去做事，这是很难得的。而且说实话，他都已经来到农村了，这样的一个工作环境，他还能计较什么呢？就是这种没有功利心的很公益的一个心态，我觉得也是挺打动我的吧。这样一来二去，毕业之后，我也从这个事务所开始实习，一直到现在，成了一名正式的社工。最开始接触社工应该是大二的时候，比较早，到现在就是一直在这个事务所从事一线社工的工作嘛，也算是正式加入进来了。（本土社工冬旭，2022年5月16日）

益民社工事务所本土社工冬旭的案例鲜明地展现了本土社工的培育历程。归根结底，本土社工的培养，尤其是引流农村青年人才"还巢"于乡村社区治理，外要依靠社会工作的科学方法、公平互助的价值理念，以及规范化的专业范式，内要促生现代村庄共同体精神的再生与焕新，外推与内拉的双重合力才是培养和发展本土社工的根本驱动力。我们认为，社会工作的"在地化"不仅是专业社会工作者在进入特定地区之后的一定时间内，能够被拥有特定文化或语言的当地居民、政府、基层自治组织或其他农村组织接受并持续发展的过程，同时，专业社工者也正是在专业技术路径与在地村庄回应的多重交织，通过农村社区"进场"与"扎根"的反复较量[1]，赋予了"在地化"以外放张力，即延展了现代村庄的聚合力至城市边缘地带，以此

---

[1] 周永康、李欢：《双向建构：专业社会工作"进村"实践的在地化——基于重庆市"三区"计划项目的研究》，《西南大学学报》（社会科学版）2020年第2期。

作为吸引力将盘旋于城市"上空"、栖息于城乡两界的知识性劳动力引流回农村。简而言之，专业社会工作者要界定好"专业化"与"在地化"的共性内涵与相异之处，二者交叉而生的内驱力是培育农村本土社工的根本力量。

本土社工以外，益民社工还建设培育了乡村志愿者队伍，开创了赵庄子村"专业社工—本土社工—本土志愿者"三位一体、联动服务的乡村社区治理的整体人才架构。2018年3月，在赵庄子村两委的支持协助下，益民社工事务所在赵庄子村孵化了第一支村民自组织——"赵庄子村爱心志愿者队"，队伍总共有22名队员，90%都是年轻人，还有服务意识强烈的中年村民。益民社工为志愿者队伍提供了多次系统培训，培养他们的发展性思维和专业服务能力，为强化其志愿服务意识及掌握志愿服务技巧打下了良好的基础。目前，志愿者队伍在老年驿站为老年服务的过程中发挥着重要作用，同时投身于村庄的儿童、残疾人服务及村庄整体的服务，通过与社工和志愿者的结合，服务层面和服务内容更加多元化和精细化。志愿者队伍经过跟随社工入户、主动服务村民、策划社区活动、治理社区环境等不同发展阶段，服务模式日渐成熟，在赵庄子村社区治理、社区营造、社区发展的建设进程中也日益承担着越来越重要的角色。

二 本土社工与专业社工的优劣势比较

通过调查，我们发现赵庄子村的专业社工与本土社工在服务乡村社区治理、助力乡村振兴大局中也是各存优劣势，利弊皆有，特点各异。益民事务所的专业社工和本土社工在访谈中为我们梳理并总结了"双管径"社工服务的如下特征。

> 在日常观察中我们发现，其实本土社工应该有它的优势，也有它的劣势。在这个日常调研和沟通中，毕竟作为本地人吧，我们本土社工跟他们（指村民）在习俗、风俗这些基础生活信息方面的沟通可能更顺畅一点。说白了，就是老百姓说什么，我作为

第六章 社会工作参与乡村治理的创新模式：以赵庄子村为个案

本村村民，我能搭上话，不费劲，它不卡壳儿，这方面是比较方便的。比如说，最好办活动都在上午吧，他们就比较重视上午办那种喜事儿，下午的话就不太好。再一个就是他们对本村村民的身份可能更加放心，更加容易袒露心声，他们对本土社工的信任比咱们这个纯社工可能还要高一点。最后，本土社工属于本村人，对于村庄的发展情况、邻里相亲脉络关系呀，我就是摸得比较清，对于村民表达的意思，可能理解得更深入一点，更能反映出村庄的现状。（本土社工冬旭，2022年5月16日）

冬旭一直跟我们在一起去做事情，这边的年轻人会学习他，就是他会带动跟他在本村同龄的人一起再加入（社工队伍或社区活动）进来，也是一个很好的优势。（益民社工周伟静主任，2022年5月16日）

但另一方面，对他自身来说，他自己也会有一些顾忌，因为他自己就是本村人嘛，可能一些人际关系啊，甚至村庄里边的一些关系，他的顾忌就比较多，我是不是可以这么做？我这么做之后会不会导致两个家庭之间产生什么矛盾，对我的家人和家庭产生影响？还有辈分关系的礼节限制。（益民社工周伟静主任，2022年5月16日）

从我自己的一些同事来看啊，他们带活动或者说做服务的时候，他们能真正从一个纯粹社工的角度出发，对年龄相仿的叫哥哥姐姐，差不多都叫叔叔阿姨，就是很第三方的那种，就是能跳脱出来去做活动，不管是"领导"或"命令"你，或者以组织者身份引导你，他们能跳出来，但是我就很麻烦。你面对你的爷爷奶奶，你怎么去命令他们呢？这个事就很麻烦。我会跟着他们（专业社工）一块去做服务，可能比我一个人这样单枪匹马要好做一点。（本土社工冬旭，2022年5月16日）

初来赵庄子村之时，专业社工充满活力的青年"大学生"的形象，天然地带给了村民新鲜感、好奇心，同时卸下了他们的防备之心，帮助外来社工顺利进驻村庄。此后，在开展入户调研和其他社区活动的过程中，社工运用所学专业知识和方法打开了社区治理的破冰之局，同时，外来专家的身份符号又赋予了他们组织活动的强大号召力，社区治理得以顺利展开。尤为重要的是，专业社工作为村庄的陌生人，他们以其与村庄天然脱嵌的人际关联模式、非科层与非官僚化的工作思维，意外地获得了村两委领导和村民们的一致认同与信任。可以说，专业社工在助力赵庄子村凝炼村庄精神、构建村庄共同体文化的同时，也在逐渐转变为村庄共同体的一员。

本土社工来源于本村，背景多元，专业素养参差有异，他们虽然在社会工作的专业学习和训练方面略逊于专业社工，但在实践情境中，却由于村庄"局内人"的身份属性，天然地具有如下优势。熟知村庄内的风俗民常，有利于提高社区活动的组织效能；了解村庄人际网络与隐性冲突，可相应地采取匹配策略或失配策略进行人员配置，有效提高活动成效，化解人际矛盾，提高村庄凝聚力；在中国传统的差序格局和乡土文化中，界限分明的熟人圈子也给予了本土社工较之专业社工更多的社会资本与信任资本。此外，本土社工的反哺家乡之举，本身就成了村庄青年人观察学习、潜在模仿的榜样行为，有望成为推动本土社工培育、推进并实现"凤凰还巢"的最佳途径。

究其根本，本土社工的优势均来自村庄内部的集体成员身份及其附属资源。与此相应，熟人关系与人情文化，同时也对本土社工的专业工作方法、无偏倚的活动资源配置方式带来了掣肘。他们受限于繁复的村庄礼节和辈分关系，担心自我行动破坏家族关系的既有平衡，无法将合法性的组织活动从合情性的人情考量中跳脱出来，这是所有本土社会工作者都会面临的两难处境，也是农村社会工作参与乡村治理、实现"在地化"转向无法回避的挑战，同时也是中国社会工作的"专业化"与"本土化"二元思维必须回应的实践诘问，当然，这也是在中国全面建设社会主义的现代化时代情境中寻找化解这一理论"悖论"的最佳时机。

第四节 益民社工在乡村振兴中的角色与功能

2013年，村两委换届选举后，赵庄子村分阶段实行"三步走"战略，初行"社会治理"，而后推行"社区营造"，继而迈向"社区发展"，不断创新农村社区治理模式，推动乡村治理与乡村振兴稳步前进。在"社区治理"的三年时间中，赵庄子村致力于提升和改善农村社区的基础设施和公共服务；步入"社区营造"阶段，村两委携手益民社工将农村社区治理的重点转向打造"人人为我，我为人人"的村庄精神、村民的集体身份认同与村庄共同体文化；展望"社区发展"的未来与远景规划，赵庄子村进一步引入社会企业共同开发村庄旅游文化资源，推进生态民宿产业项目可持续发展，打造田园综合体与乡村振兴示范村，切实助力农民增收致富，扎实推动村庄在实现共同富裕的道路上阔步向前。区别于多数中国农村将经济增收前置于文化营造的乡村振兴之路，赵庄子村在乡村治理中实则是探寻出了一条"先治理，再文'化'，最终合围于物丰"的乡村振兴的反向道路。然而，无论在乡村振兴发展的任何阶段，赵庄子村的益民社工都是推动乡村治理、助力乡村振兴的特色主体、中轴力量与核心驱动力，他们打造了乡村振兴全方位的社工服务体系与创新模式，在乡村组织、文化、生态、人才、产业振兴的各个领域都承担了重要角色，发挥了举足轻重的影响和作用。

一 组织振兴"穿针引线"的中间人

在2013年村两委班子换届选举之前，赵庄子村内部长久存在的宗族冲突引致了村集体领导班子涣散、干群关系紧张等突出问题，而后在社区治理阶段，村庄公共服务的大幅改善并未根本上消解村两委与村民之间的疏离感。2017年7月，益民社工初入村庄便开展了全覆盖的入户摸底调查，了解到村民不为领导所知的心声和需求，社工便开创性地举办了一场"答村民问"的村务活动，即由社工事务所驻村社工主导，协助村委会现场给予解答涵盖赵庄子村社区服务、财务公开、村庄环境等10多个方面的26个问题。"答村民问"不仅回答了村民的疑虑，更重要的是直接促进了村民和村两委的对话，搭建了二者的沟通桥梁，拉近了彼此之间的关系，增强了村民与村两委之间的信任感。

此次活动实质上发挥了化解赵庄子村两委与村民内心隔阂的"破冰"功用，同时也帮助益民社工成功进驻村庄，突破旧制，探索出了基层协商的基本形式，成为农村基层治理的创新之举，至今已经幻化为村两委、社工和村民集体记忆中的闪光点。韩春光书记坦言，起初他个人对社工调研工作还持怀疑和保留态度，听到初次入户调研收集到村民的多个问题，他十分不解，甚至还有些"来气"，"现在赵庄子村的服务这么好，怎么还有这么多事儿？老百姓真的不好伺候……当时我们用了3个小时回答了村民的现场提问，能落实的去解决，落实不了的我们要给人回复为什么落实不了，切实增强了群众和村两委的沟通，能够让大家在一起建立信任"[1]。益民社工发起这一场村务活动，及其后组织的多个社区治理活动，有效地帮助赵庄子村村两委加强了组织能力建设，推动村集体探索出以党建引领推动基层协商的现代化基层治理模式，同时也有益于深化村民的自治实践；对于社会工作而言，也成功地探索出了在原有行政性社会工作为存量的基础上增量嵌入专业社会工作的农村社工模式，有利于社会工作参与农村社区治理从而推动乡村振兴的可持续发展[2]。

> 这个调研的话其实是全覆盖的，18岁以上我们全覆盖了。当时是暑期嘛，也很炎热，我们挨家挨户地这么走，前期包括设计问卷，也是花费了大量的时间。调研结束之后呢，那时候是有一个契机，也是通过和韩春光书记的沟通吧，开展了一场"答村民

---

[1] "益民农村社会工作事务所"提供的内部资料，以及内部讲座信息。
[2] 赵环、尹阿雳：《增量嵌入：专业社会工作之于社区服务的一种解读——以深圳市Y社区服务中心为例》，《中国社会工作研究》2015年第1期。

问"的活动。这场活动是把调研的结果通过现场活动的形式反馈给村两委以及赵庄子村的村民,就是说在现场的时候,村民说他对村里有一些问题或者是有一些疑惑,提出这些问题,现场由村两委成员给予解答,就算是村两委和村民之间的一种面对面的交谈吧,现在也算是基层协商的一种形式。那时候还是走在前面的。(益民社工周伟静主任,2022 年 5 月 16 日)

二 文化振兴的中坚主体

益民社工参与乡村治理、促进文化振兴的举措,可分为两个方向与层面——"内向的"村庄共同体文化打造和"外向的"包容性文化引入。两类文化分属于赵庄子村庄治理与乡村振兴不同阶段的文化目标和归属。

第一,步入社区营造阶段后,赵庄子村主要借助社会工作的专业知识、科学方法及社会公益的价值理念,重点建设村庄共同体,即他们通过三大品牌文化节的开展,渐进增强村民的自主筹办、组织、管理、参与的意识和能力,一步步地汇聚提炼赵庄子村"我为人人,人人为我"的村庄精神,促使村民在积极参与社区活动或者解决共同事务的集体行动中,鲜明而真切地感受到生活在一个共同体中的集体氛围与凝聚力,从而提升村民的社会归属感,也能够促进村民互助及其与社会网络的重嵌与良性发展。直至 2021 年赵庄子村村歌《幸福长又长》的诞生,标志着村庄集体文化的内生与重塑过程已经基本完成,过往村庄中存在的派系争斗突出、人际关系复杂失衡、社区凝聚力不强等问题都得到了强力治理和改善,这可谓乡村文化振兴中的"内生"方向与手段。

第二,面向社区发展的远景发展,赵庄子村在凝炼村庄共同体文化的前提下,基于城乡融合的时代背景,又提出了通过吸收多元要素、引入"新村民"和社会资本、扩宽发展路径,破除发展困境,打造更具"包容性"的外向型村庄文化。2021 年,赵庄子村联合北京的文艺工作者成立了"首都音乐文化工作者赵庄子村志愿服务队",引入志同道合的文艺志愿者参与村歌谱写、村庄"音乐文化节"的组织制作,让音乐艺术扎根农村,以"艺术+"的方式发掘利用乡土文化资源。一方面实现乡土文化的自我创造、自我服务和自我发展;另一方面大力丰富农民的精神文化生活,促进乡村发展,助力乡村文化振兴[1]。

> 不得不说,我们书记的资源链接和社交能力非常强,他帮助我们把这个志愿者队伍进行了扩充,就从原来的本村本土的志愿者队伍扩充到了现在有一部分首都音乐文化工作者,就是做音乐的一些人,比如说有作曲呀、作词呀,充实了这一支队伍,也让它变得更加丰富。最到眼前的这一个事儿吧,我们5月不是有那个"音乐文化节"吗,我们现在也正在紧锣密鼓地排练着。就是这部分人呢,他们不光是对我们队伍的充实,同时也帮助我们在村庄服务上面有了一个提升,因为我们最初只是最基层的最实际的"一老一小"的基础性服务,但是在引入这一部分志愿者工作人员之后呢,社工再辅以同行,我们慢慢地是要把这个村庄的精神文化层面给提升出来的。以前呢,我们有一个理念是"我为人人,人人为我",但是在这之后呢,我们不光将它作为我们的一个理念,这个理念还要贯穿到每一个赵庄子村的人的心中,由此就衍生出我们的村歌——《幸福长又长》,这是我们村的主打歌。甚至包括现在我们正在排练的一个《幸福长又长》的舞台剧,我们将来也会把我们所有村民都打造成一个有能力的"演员"。从普通的村民到服务的提供者,甚至到现在上升到一个演员,他这个角色也是在不断地变化和发展中的。(专业社工杨欣然,2022年5月16日)

---

[1] "益民农村社会工作事务所"的微信公众号文章,2021年12月19日发表的《首都音乐文化工作者赵庄子村志愿服务队成立啦!》宣传文稿。

三 人才振兴的推动媒介

乡村振兴，关键在人。根据《关于加快推进乡村人才振兴的意见》，各地要坚持和加强党对乡村人才工作的全面领导，坚持农业农村优先发展，坚持把乡村人力资本开发放在首要位置，大力培养本土人才，引导城市人才下乡，推动专业人才服务乡村，吸引各类人才在乡村振兴中建功立业，健全乡村人才工作体制机制，强化人才振兴保障措施，培养造就一支懂农业、爱农村、爱农民的"三农"工作队伍，为全面推进乡村振兴、加快农业农村现代化提供有力人才支撑。益民社工在参与赵庄子村乡村治理的探索中，在引入、培育乡村公共服务人才和乡村治理人才，以及帮助健全人才振兴体制机制等方面均发挥着重要的媒介与纽带作用，也逐渐探索出了助推乡村人才培养与人才振兴的多条通道。

继续导入专业社工，培育本土社工，逐步完善"双管径"的农村社工服务模式，不断创新社会工作参与乡村治理的机制与思路。如前文所述，益民社工事务所在服务赵庄子村社区治理的五年历程中，已经逐步探索出了"双管径"的农村社工服务模式与"三位一体"的乡村社区治理人才架构。2018年，益民社工事务所通过"以所带站"项目成立了社工服务站，并将其社工服务模式成功推广至近邻的河南辛庄、北田各庄、羊坊及伊庄，即由村委主导社工引入专业社工服务，充分尊重社工作为第三方机构的独立性，保证社工客观中立的立场，依照科学的服务流程开展工作，将公共设施、生态、文化、社会关系等元素纳入服务活动，挖掘和开发村庄的资源，通过村民自组织和社区领袖激发村庄发展的潜力和活力。伴随着北京市2023年村级社会工作站全覆盖项目的火热推进，益民事务所在吸引和培育社工人才服务周边农村社区、探索培育社会工作服务组织的多种形态，甚至为全国乡村提供专业社工参与社区治理的典型模式和范例等方面，都将继续发挥日益重要的影响与作用。

> 赵庄子村归属魏善庄镇，现在可见的一个未来规划是，魏善庄镇今年都在力推社工站项目。益民社工事务所是魏善庄镇的一个本土社会组织，所以它也是承接魏善庄镇的这个"村级社工站建设"项目，以及"魏善庄镇社会工作服务中心"项目……社工站建设是要求2023年全覆盖的，魏善庄镇有39个村，目前建立了13个村级社工站，其他村也会建村民社工站，所以说这其实是一个可持续性的项目，接下来会去一直做的。（益民社工周伟静主任，2022年5月16日）

第一，协助村两委进行乡村治理，专业化赋能乡村治理人才。在实地调查和访谈中，赵庄子村两委和村民多次提及，益民社工开展的"答村民问"等村务活动，不仅拉近了村两委与村民之间的距离，也探索出了基层协商和民主自治的形式。在跟随社工进行入户调查，与社工共同组织、举办社区活动的过程中，村两委成员通过非正式的观察学习，逐渐更新了传统的治村理念，转换基层"管理者"为专业"服务者"的角色，掌握了一定的社会调查方法，也正转向"场景化服务"的空间思维[①]。益民社工在由社区治理的中间人、专业服务者、平台搭建者逐步"后退"为陪伴者、协助者和旁观者的过程中，村两委成员渐次"进位"为乡村治理的主导者和专业力量。可以说，益民社工在赋能乡村治理人才、帮助基层干部学习专业理念与科学方法等方面都起到了关键作用。

> 其实社工的角色它是有一个转变的过程，从服务者到赋能者，再到后边的协助者的角色。从2017年开始到现在的2022年，我在赵庄子村已经经过很多年了，其实社工角色也是已经完成了转变的。让我感觉到最切实的一个变化，其实是最近在音乐

---

① 童敏：《空间思维的实践转向：本土社会工作专业化何以可能》，《社会科学辑刊》2020年第4期。

剧排练过程当中，我是感觉村委会或者是说村庄的志愿者队伍，他们现在在活动的前期准备、策划，整场的主观能动性都得到一个很大的转变。反而社工可能现在慢慢就变成了一个旁观者的角色了，其实也是一个协助者的角色。对于整体村庄来说，它的内生动力对于人这块，现在有非常充实的力量了。（益民社工周伟静主任，2022年5月16日）

我们最开始都是从入村的服务者，到一个孵化的功能，孵化出了我们的志愿者队和积极分子等，甚至包括帮助村委会工作人员进行一个赋能。因为村庄在不断地发展，我们从服务者到同行者，到陪伴者，整个队伍也是不断去扩大的。（专业社工杨欣然，2022年5月16日）

第二，融汇社会组织，发展"新村民"的概念。进入社区营造与社区发展阶段后，赵庄子村积极引入专家学者团队、大学生团体、音乐文化工作者、建筑师、社会企业等多种形态的社会组织，汇合各种力量发展村庄经济，改善人居生态环境，提升村容村貌，凝练村庄集体文化，营造文明和谐的社区氛围。益民社工通过组织社区活动，将各类产业发展人才和文化人才队伍汇聚一体，融汇于赵庄子的集体文化中，协同村两委发展出"新村民"这一概念，给予多元化的赵庄子建设者以统一的身份认同，创造了社区治理与发展的强大合力，带来了村庄治理欣欣向荣的新气象，也探索出具有赵庄子特色的城乡融合之路。

此外，益民本土社工作为"凤凰还巢"的榜样和范例，他们身体力行贡献家乡建设的行为，有效地激发了同辈群体的价值认同，悄然促生了青年群体职业选择路径的转型，也吸引了各类专业人才与"能人"由城返乡、积极参与赵庄子村社区治理的集体行动，力所能及地贡献自己的知识、经验、技能、社会资本等帮助村庄完善社区治理，重塑群体文化，不断发掘乡村经济增长点，带动家乡亲友共富共荣，全力助推赵庄子村在乡村振兴的格局中坚定前行。

四　产业振兴的服务引领者

赵庄子村坐拥城市和乡村的双区位特色，在乡村振兴的发展规划中，他们要做的不仅是引来"金凤凰"，同时要讲好美丽乡村生活的奏鸣曲，将自己蜕变为一只"金凤凰"。所以，在突破"乡风文明、治理有效"的困境后，村两委接续开拓了谋求"产业兴旺、生活富裕"的社区发展新思路。赵庄子村引入了社会企业共同开发村庄旅游文化资源，目前，已经开展了一个融文化、休闲、旅游为一体的生态民宿产业项目，未来将分阶段推进文化主街、民宿、艺术小院、亲子乐园、智慧农田等建设工程，通过建立合资公司与村庄合作社分红，帮助村民进一步增收致富，带领赵庄子村全体村民在共同富裕的道路上扎实前进。在这一过程中，益民社工协助村两委积极引入社会资本进驻村庄，主要是通过文化营造与身份建构这两条服务路径参与产业振兴的进程。

首先，他们积极与村两委和社会企业方对接，全面了解项目信息，依据专业方法制作调研计划，而后逐门逐院进行入户宣传，做好村两委、村民、企业三方的信息沟通与前期排障工作。获得村民信任与支持后，便打通了民宿项目驻村的人际通道，为外来资源带动村庄发展、实现增收共富的目标奠定了良好的群众基础。

> 走到社区发展这一步的话，最开始是建民宿，引入社会资本，这个过程中不只是说村委会和合作公司了解了情况就行，其实更应该了解整个村庄发展情况的是这些村民。一个好的项目虽然是在村里边儿，但如果它得到了全体村民的支持和了解后，是更利于这个项目的运行的。村民在不了解这个事情的情况之下就会想，有一个企业进了我的村庄，它是不是要从我的村庄里边儿拿走我的利益或者去挣钱，这可能是一个正常村民他该有的想法，因为他本身对你不信任吗。当时社工加入之后，先对相关情况进行了解，自己制作了宣传单，花费了很长的时间去和村委会

第六章 社会工作参与乡村治理的创新模式：以赵庄子村为个案

对接，去和民宿的公司负责人对接，前期还进行了几户的试调研，然后进行了挨家挨户的宣传。当时和村民去说这个项目的事情，比如说这个项目未来能给村庄带来什么收益，你能获得多少收益，因为民宿回收村民闲置的房屋，人家进来之后是为了我们村庄的发展，不是从我们这儿获得什么。慢慢地，村民以一个开放的心态，去欢迎那些进来这个村庄可以为村庄发展做一些事情的人。（益民社工周伟静主任，2022年5月16日）

而后，在热情向上的民风辅助下，益民社工协同村两委大力发展"新村民"的概念，给予每一位村庄建设者以身份认同，进一步拓展包容性的乡村文化的内涵与特征，建构村企双方的信任资本，从而引领他们积极参与赵庄子村社区治理的公共事务，打造多主体共建、共治、共享的乡村振兴新格局。

不仅是对于让村民获得对外来资本的信任方面，我们起到一个沟通桥梁的作用，另外一方面，社工在社区营造方面做的一些事情也能起到沟通的作用。在这个过程当中，社工能增加双方的信任感或者信任度，让外边的资本能放心地去投入这个村庄里边。人家说投资进来了，那我看到你这个村庄是这样一个氛围，你们的凝聚力也很好，你们有各种各样的向心力，各种各样的文化活动，他们可能说更会更加放心大胆地投资进来……社企的人，我们也经常见面交流，有时候也在一起吃饭，他们前期也来过村里调研，参加过很多的活动，比如说冬至饺子宴呀、捕鱼节呀，对村庄这种整体的氛围，他应该是有切身体会的。（益民社工周伟静主任，2022年5月16日）

我们觉得这个村子就是和我之前接触的村子不太一样，它其实没有太多丰富的先天优势，比如说自然景观或者人文特色，但是我觉得最打动我的就是他这边的人，无论是社企人的情怀、书记到整体村民，就那种热情，就特别的热情，我们每次来就带着新鲜的蔬果回去了，也感受到一种新鲜的生活方式，包括今天一

下车的新鲜空气,和大家一起捕鱼的乐趣,这种精神层面的是比较宝贵的。(赵庄子村合作公司设计总监的采访对话)①

引入社会资源和社会资本振兴乡村产业,关键还要"留得住"它们。益民社工组织在社会企业的引入和参与项目开发过程中,通过"留人"与"留心"的双管措施,促进了社会资本扎实嵌入村庄社区的内部结构,有利于推进乡村产业振兴的可持续发展。

五 生态振兴中的创新力量

根据《乡村振兴战略规划(2018—2022年)》,要持续改善农村人居环境,以建设美丽宜居村庄为导向,以农村垃圾、污水治理和村容村貌提升为主攻方向,开展农村人居环境整治行动,全面提升农村人居环境质量②。在赵庄子村,益民社工事务所协助村两委建设并培育了爱心志愿者队伍,他们除了服务于村庄的老年驿站、儿童与残疾人,也在村庄庭院环境清洁、公共卫生维护等方面发挥了积极作用。此外,"庆丰收捕鱼文化节"除了聚集凝炼"我为人人,人人为我"的村庄精神,它也促使村庄的所有村民包括儿童主动投身于村庄自然资源保护、自然生态维护、生活环境的志愿整治,综合提升了田水路林村风貌,促进了村庄形态与自然环境相得益彰,这不仅是营造自我生存空间舒适性的需要,也是未来社区发展吸引社会资源、发展"新村民"的必然选择。

"乡村振兴,生态宜居是关键"。除了物质生态的治理与保护,人文生态文明的营造与改善也是优化农村人居环境、打造农民安居乐业的美丽家园不可缺少的组成部分。在社区治理与社区营造阶段,益民社工与村两委成员开展了"老年微信课堂""冬日防摔倒小组""冬

---

① 赵庄子村的宣传视频。
② 《中华人民共和国中央人民政府、中共中央国务院印发〈乡村振兴战略规划(2018—2022年)〉》,中国政府网,2018年9月26日,http://www.gov.cn/zhengce/2018-09/26/content_ 5325534.htm。

至饺子宴""四点半课堂""菜园小管家""社区学堂"等系列常规服务和主题活动,也打造了三大品牌文化节日,这一系列活动的开展有效地改善了过往村庄内部存在的人际疏离、人心涣散、宗族势力集结等不良的人际氛围与群体环境。与物质生态一样,良好的人文生态的建设和营造同样也是农村发展的基础,是助力乡村振兴的内在要素,终将成为乡村振兴的支撑点。

第五节　农村社工的专业突围与未来展望

"益民农村社会工作事务所"在服务乡村社区治理的五年时间里,先后建立和充实社工队伍,完善督导制度,逐步健全理事会的治理架构,在多个服务项目中较为明确地贯穿了以专业社工服务促进社区治理发展的思路,并做出了一系列实践探索,为社会工作参与乡村社区治理积累了有益的经验,对于助推乡村振兴战略具有一定的可复制性和推广性。同时,案例也存在一定的局限性,需要各地结合地方实践,扬长避短地加以借鉴和应用。

一　益民社工的经验归纳与模式总结

"益民农村社会工作事务所"以社会工作的"助人自助"为目标,始终秉以高度人文情怀和公平价值理念,坚持运用科学知识和专业方法,紧密结合赵庄子村"社区治理—社区营造—社区发展"的"三步走"战略,精准定位并及时更新乡村社区治理的阶段性及整体目标,不断创新工作方法与治理思路,促进赵庄子村在乡村振兴的探索与发展中逐步深入向前。

益民社工于2017年暑期正式进驻赵庄子村,其时村庄已经完成了"社区治理"的阶段性目标,建成了农村社区"15分钟生活圈",大力改善了村庄内的基础设施水平。益民社工的加入,帮助赵庄子村迅速而有效地打开了"社区营造"的新局面。社工首先通过入户访谈的方式与村民建立初步关系,在与居民同吃、同住、同劳动的过程中扎根农村社区；再从关注村民最迫切的需求入手，优先解决"一老一小"相关问题，得到村民的支持与信任；同时，协助村两委开展多样化的村务活动，推动村集体探索出民主协商的现代化基层治理模式，有效拉进了村民与村两委之间的距离；在社区治理基础服务之上，社工以举办社区集体活动作为社区营造的转型契机和关键举措，逐步培养居民自组织和社区领袖，以达到盘活村庄、自主发展的最终目标。

进入"社区发展"阶段，赵庄子村致力于通过引入经济、社会、文化建设的多元要素，开拓发展视野，破除发展困境，增强核心竞争力。益民事务所紧密结合村庄发展目标和村两委的工作重点，将农村社会工作与社区治理的重心由内在的村庄精神凝练与村庄共同体文化重塑，转向外向的包容性文化引入与"新村民"身份认同建构上来。益民社工协助村两委引入社会企业，扩宽农村产业发展路径，联动外来经济资本帮助所有村民实现增收共富的目标；还与村两委协力广泛连接高校专家学者、大学生团体、音乐文化工作者、建筑师等各类社会资源，引导和支持社会各界人士积极参与赵庄子村的社区发展过程，并赋予多元助力者以"新村民"的身份，将村庄集体文化的外延进行了拓展，新老村民的身份互认不仅汇聚并增强了农村社区治理的强大合力，也探索出了一条城乡融合发展的特色之路。

横向来看，"益民农村社会工作事务所"在参与赵庄子村社区治理、助推乡村振兴的历程中，之所以能够探索出一条有效且有益的实践路径，除了获得具有社会企业家精神的韩春光书记的大力支持，以及村民自组织内生动力的激发外，关键在于益民社工秉持专业理念与方法，结合农村地方情境，创新了一系列系统的农村社工工作模式——他们逐步探索出了"以所带站，驻村服务"的社工工作形式，打造了常规社区服务嵌套品牌主题节日的活动形式，发展了"入户调研—需求评估—建立关系—开展服务—总结评估—需求再探"的流程化服务及螺旋循环向上的动态工作方法，提炼了专业社工带动引领本土社工的"双管径"的社工培养模式，形成了"专业社工—本土社工—本土志愿者"三位一体的乡村社区治理人才架构，丰富并完善了以乡

第六章 社会工作参与乡村治理的创新模式：以赵庄子村为个案

村振兴为方向的全方位社工服务体系。益民事务所的这一整套农村社工参与乡村治理的创新服务模式实效显著，2018年起已经复制推广至周边村庄，提供了农村社工参与乡村振兴战略的一个尚佳范本。

当然，益民事务所在成功介入并推动赵庄子村社区治理与乡村振兴的实践过程中，也时刻面临着社会工作项目制运行非常态化和不稳定性等特点的掣肘与挑战。此外，专业社会工作的行政嵌入与科层化管理也是威胁社工专业独立性的一个突出问题。

二 社会工作参与乡村振兴战略的专业突围

从理论层面来讲，社会工作与乡村振兴战略具有一定程度的耦合性，但社会工作者在乡村治理实践中，要回答"何以可为"与"何以作为"问题，还需要深化自身的专业角色，同时回应专业性嵌入的问题。

首先，要动态转换专业社工的角色与身份属性。在初步介入赵庄子社区治理的阶段，益民社工主要充当了村民与村两委的沟通媒介、社区活动的平台搭建者和社区专业服务者；随着社区营造的深入，社工逐渐转变为培育和赋能基层治理人才、本土社工和志愿者的角色；待本土社工茁壮成长之后，专业社工的"脚手架"便可逐步撤销，渐趋后退为本土力量的陪伴者、协助者、参与者甚至旁观者的角色。如今迈入社区发展阶段，益民社工除了做好专业服务，还将自己的角色进一步拓展为"资源链接者"。首先，社工要洞悉村民特点、技能与需求，建立村庄内部的资源库，完善"需求—供给"的服务链条，及时为村庄老人、儿童和弱势对象提供全力帮助。再进一步，农村社工也要了解外来资源，建立社会网络关联，拓展社会资本，连接本土需求，搭建全方位、立体化的专业服务网络与平台，这对农村社会工作者的角色演化与职责深化将是一个很大的挑战。

其次，行政事务繁杂、行政化侵蚀社工的专业独立性，是困扰益民社工参与乡村治理最突出的一个问题。在理论研究领域，专业社会工作何以有效嵌入行政性社会工作的实践领域，同样是一个备受关注的话题。如何破解社会工作嵌入科层制体制中出现的服务行政化、内

· 183 ·

部治理官僚化和专业化等问题①，有学者认为，应转变"单向嵌入观"为"双向嵌入观"，即将嵌入和转型纳入同一分析框架，并将其视为中国社会工作发展过程中的"一体两面"，专业社会工作的嵌入依赖并助推传统行政性社会工作的转型，而传统行政性社会工作的转型也需借助专业社会工作的嵌入，二者相辅相成②。笔者认为，社会工作的嵌入性问题本质上依然是专业化与本土化二元思维冲突的延展，农村社会工作需要在深入扎根本土的过程中发掘"在地化"的策略与路径，通过嵌入农村社区与社会网络结构一定程度上或可化解行政嵌入的困境。

三 "开花结果"的农村社会工作远景展望

2021年10月，北京市大兴区魏善庄镇依托党群服务中心，建立了一个镇级社会工作服务中心，按照4项制度、5项任务、6项目标的"456"工作机制，构建形成了镇村两级"1+N"的社会工作服务体系，全面协调全镇社会工作的开展。同步在镇中心建立社会工作交流中心及大学生研学实践基地，聘请8名社会工作领域的专家学者组建社会工作专家委员会。镇社工服务中心统筹管理的13个村级工作站着重扎根基层农村社区，以"个案帮扶+社区活动+专项治理+培育志愿队伍+营造慈善氛围"为切入点，动员多个社区社会组织参与，助力"五社联动"③。正如益民事务所的周伟静主任所言，借助魏善庄镇村级社工站普及运动的开展，赵庄子村的社工服务模式将进一步在北京农村地区甚至全国乡村"开花""结果"，"可以采用这一套方法挖掘其他村庄的文化资源，打造出特色的品牌活动去解决相应的问题，所以它（指益民社工）的可复制性应该是不用怀疑的，花

---

① 徐选国、罗茜：《嵌入何以发展：社会工作本土化进程中嵌入观的流变与再构》，《新视野》2020年第1期。
② 尹阿雳、赵环、徐选国：《双向嵌入：理解中国社会工作发展路径的新视角》，《社会工作》2016年第3期。
③ 《"五社联动"齐治理，未来北京市社会工作将在这些方面发力》，北京社会工作者协会，2022年3月23日，http://www.bjshgzzxh.com/itd/356.html。

都是能开的,只不过各地结出的果子是不一样的"。

乡村振兴要实现"开花""结果",关键是人才振兴,我们[①]认为,人才振兴的关键则在于发挥"关键人"的功能和作用。在赵庄子村的社区治理与乡村发展中,存在着发起人、协助人、连接人、创业人等四类关键人。"能人"韩春光就是"发起人",自他回归故土、加入村两委领导班子、成为党支部书记之时起,也便撬动了赵庄子村乡村振兴的支点,逐步创造并开启了乡村发展的新局面;分任"益民农村社会工作事务所"实务督导与行政督导的中国社科院大学陈涛教授和北京社会工作者协会周波副秘书长属于"协助人"的角色,他们配合发起人的乡村治理活动,全力协助赵庄子村持续不断地引入社会、文化、经济等各类外部资源;"创业人"是指在赵庄子村创新创业的人,包括推动乡村振兴的产业项目落地人和公益项目落地人;而益民社工和村两委干部等人则是将上述各类资源和所有项目落实到乡村发展愿景的具体执行者,他们是将村庄成员之间、村庄个体与集体,乃至村庄原住民与外来"新村民"进行联结、融合,进而形成包容性村庄精神不可或缺的角色。

根据行动者网络理论[②],社会是一个异质性的多元化社会,由各种不同的部分组成,其中,行动者通过转译功能将其与其他行动者联系起来,从而构成了一个网络。在这个网络中,每个行动者都是一个节点,行动者的主要作用就是建立不同节点之间的连带,从而缩短甚至消除彼此之间的距离感,最终将所有的行动者卷入网络。而且,这个网络的边界具有动态性,会不断向外扩散。网络的形成,不仅有助于链接资源,而且可以增进社会的信任,促进政府与村民之间的互信,促进同质性群体和异质性群体之间的包容。赵庄子村乡村治理中的四类关键人就正中其间地分布于村庄发展各个环节的关键节点,他们分别连接着乡村振兴与发展所需的组织、经济、社会、文化、生态

---

① 此节关于"乡村振兴关键人"的观点均来自邓国胜教授在内部讲座中的思想总结。
② Latour Bruno, *Reassembling the Social: An Introduction to Actor-Network-Theory*, New York: Oxford University Press, 2006.

等各领域资源,并以个体作为转译载体,将各类内部或外部资源汇合于村庄共同体中,经过多次整合与重构建立了一个内核坚实、外向可伸缩的赵庄子村系统资源网络;以此为基,再次向外吸引社会资本和各类资源融入该系统;如此循环往复,便可最终形成一个内涵丰富充实、外延动态扩展、持续发展更新、充满新鲜活力的赵庄子村人才"蓄水池"与资源迭代库。因此,乡村振兴,不仅需要投资于人,投资于组织,还要投资于网络,通过打造各式各样的网络不断丰富乡村的社会资本,这也是各地农村在新型城镇化时代探索乡村振兴、打造特色发展路径、谋求共同富裕的一个重要启示。同时,各地也可联动建设"产业兴旺、生态宜居、乡风文明、治理有效、生活富裕"的现代社会共同体,打造共建、共治、共享的现代社会治理格局,推进国家治理体系和治理能力现代化不断提升。

第七章

乡村留守儿童问题的创新探索：以"童伴妈妈"为例

第一节 乡村留守儿童问题现状

一 乡村留守儿童问题的背景

改革开放以来，随着我国经济社会的快速发展和综合国力的显著增强，城乡居民生活水平显著提高。四十多年来，我国居民收入从1978年的171元增加到2020年的32189元，实现了居民收入的大幅增长，城市化和工业化水平不断提升。截至2021年年底，我国常住人口城镇化率也达到了64.72%[1]。在国家工业化和城镇化的进程中，经济快速发展也伴随着人口从乡村向城市的不断转移。同时，随着工业的不断扩张，城市创造出了大量新的就业机会，而农业技术的发展又减少了农村地区对劳动力的需求。因此，劳动力从农村向城市迁移被认为是经济发展中难以避免的结果[2]。

根据国家统计局多年持续发布的《农民工监测调查报告》[3]显示，近年来，我国农民工数量一直维持在2.8亿人左右，占我国总体人口比

---

[1] 中华人民共和国国务院新闻办公室：《中国的全面小康》，《人民日报》2021年9月29日。

[2] Gaude J., P. Peek, "The Economic Effects of Rural-urban Migration", *International Labor Review*, Vol. 114, No. 3, 1976.

[3] 《2021年农民工监测调查报告》，《中国信息报》2022年5月6日第2版。

重较大，如图7-1所示。其中，农民工数量约占总数的60%，省内流动的农民工约占总体的34%，跨省流动的农民工约占总体的26%。如此大规模的人口倘若组成一个国家，其人口可以居世界第四，位列美国之后。农民工群体流动规模如此之大，如何在外出务工期间仍履行照料子女这一义务便成为这个群体较为棘手的问题。

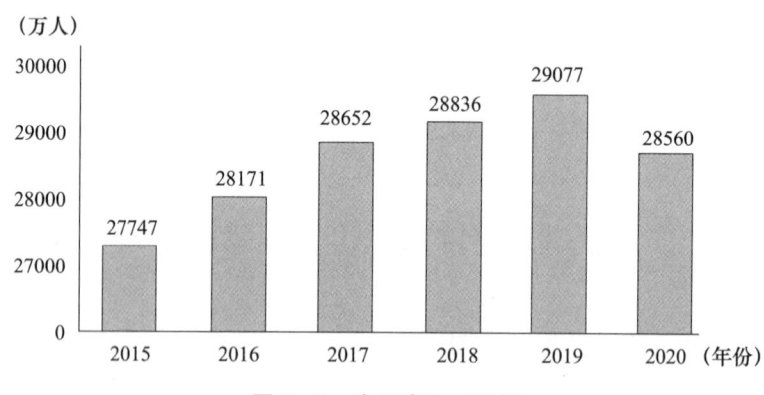

(万人)

年份	2015	2016	2017	2018	2019	2020
人数	27747	28171	28652	28836	29077	28560

图7-1 中国农民工规模

资料来源：国家统计局，http://www.stats.gov.cn/。

由于我国特殊的户口制度，使我国的农民工流动现象显著区别于其他国家。总体来看，我国临时性和季节性农民工数量很高，但是能够永久地定居到城市的农民工却很少。对于他们来说，城市只是一个工作的地方，而不是他们可以安家落户的地方。农民工是否将其子女也同时带到城市接受教育和一起生活便成了一个关键的问题与选择。由于农民工子女难以在城市入学和融入城市，绝大多数的农民工选择将孩子留在家乡，交由其祖父母或者其他亲属抚养[①]。

流动农民工的庞大规模使留守儿童的数量也不容小觑。想要确定留守儿童数量，首先要确定"留守儿童"的定义。因为不同机构对"留守"状态的定义不同，导致了不同机构给出的留守儿童数据出入

---

① Jingzhong Y., Lu P., "Differentiated Childhoods: Impacts of Rural Labor Migration on Left-behind Children in China", *The Journal of Peasant Studies*, Vol. 38, No. 2, 2011.

较大。近些年媒体报道留守儿童话题时，较常使用的数字是6100万。在2012年，全国妇联儿童工作部与中国人民大学人口与发展研究中心共同组成课题组，采用国家统计局提供的数据，对全国农村留守儿童和城乡流动儿童状况进行了调查。2013年，全国发布的《我国农村留守儿童、城乡流动儿童状况研究报告》[1]指出，根据2010年第六次人口普查的样本数据推算，全国有农村留守儿童（0—17岁）6102.55万，占农村儿童的37.7%，占全国儿童的21.88%。这个惊人的数据意味着，全国每5名儿童，就有一名农村留守儿童。值得注意的是，这个数字是从"六普"原始数据中抽样推测出来的，样本规模为126万。在这次调查活动中，鉴别留守儿童的方法是根据普查内容里"与户主关系"这一项，来判定儿童的父亲和母亲是否在本户中居住。如果父母至少有一方外出，则孩子被界定为留守儿童。2016年，民政部在全国范围内启动留守儿童摸排工作，这次"留守儿童"的范围界定为年龄不满16周岁，并且只有父母双方外出务工，或一方外出务工，另一方无监护能力的，才算是留守儿童。在这个标准下，全国摸排出902万农村留守儿童[2]。

无论是6102万还是902万，留守儿童都是一个庞大的弱势群体，需要整个社会的关爱。他们个人的生长发育、所在村镇的未来发展以及社会的长远规划都会受到其父母照料缺失这一因素的深度影响。

二 乡村留守儿童问题的迫切性

由于缺乏父母的悉心照料，乡村留守儿童在自身发展上面临诸多的风险因素。这些风险因素对乡村留守儿童的身体健康、心理健康和教育结果等方面均造成了消极的影响。

一份使用中国健康与营养调查（CHNS）数据的研究表明，乡村留守儿童比乡村非留守儿童多20%的概率易患感冒和其他慢性疾病。

---

[1] 全国妇联课题组：《全国农村留守儿童 城乡流动儿童状况研究报告》，《中国妇运》2013年第6期。

[2] 《2018年全国教育事业发展统计公报》，《中国地质教育》2019年第4期。

其中，女童和幼童受留守影响更大①。和其他留守儿童问题严重的省相比，江苏省留守儿童现象还较为乐观。但是一份来自江苏针对5岁以下留守儿童的调查显示，其抽样的528名留守儿童与对照组的非留守儿童相比，乡村留守儿童的低体重、生长迟缓患病率均显著高于同地区的非留守儿童，说明留守儿童的总体营养状况是低于非留守儿童的②。数据还显示，乡村留守儿童的贫血发生率也远高于非留守儿童③。在留守儿童的身体健康研究方面，类似的实证证据还有很多。研究者们所提供的证据证实了乡村留守儿童的确会比非乡村留守儿童有更差的健康情况，父母将孩子留在乡村而前往城市工作这一选择会显著地影响留守儿童的健康发育。

除了身体健康，留守儿童的精神健康情况也不容忽视。大量的文献对这一话题进行了系统和全面的分析。一份荟萃分析（Meta-analysis）研究了从2010年1月至2018年3月的相关留守儿童精神健康数据，该报告选取的文献资料所报告的留守儿童精神健康状态使用的是通用的精神健康测试量表④。该荟萃分析指出，乡村留守儿童的精神健康为严重状态的发生率是非留守儿童的2.7倍。在该量表框架内，乡村留守儿童面临的大多数精神健康风险因素都要高于非留守儿童。精神健康与常规的身体健康不同的是，它很难被注意和察觉，尤其对于低龄儿童；但精神健康对儿童的发育起到了至关重要的作用。状况较差的精神健康也会直接干扰到留守儿童的学习能力、人际交往能力和抗逆力等重要方面。因此，"被留守在家"这一状态会对乡村留守儿童的健康产生消极的影响，更多的社会服务项目与政策需要关注这

---

① Li Q., Liu G., Zang, W., "The Health of Left-behind Children in Rural China", *China Economic Review*, No. 36, 2015, pp. 367-376.

② 侍建波、刘明明、李中典等：《东海县农村5岁以下留守儿童体格发育状况调查》，《江苏预防医学》2007年第1期。

③ Zhou C., Sylvia S., Zhang L., et al., "China's Left-Behind Children: Impact of Parental Migration on Health, Nutrition, and Educational Outcomes", *Health Affairs*, Vol. 34, No. 11, 2015.

④ Wu W., Qu G., Wang L., et al., "Meta-analysis of the Mental Health Status of Left-behind Children in China", *Journal of Paediatrics and Child Health*, Vol. 55, No. 3, 2019.

第七章 乡村留守儿童问题的创新探索：以"童伴妈妈"为例

一弱势群体。

留守儿童的教育表现是衡量其发展的重要指标也是他们福祉的重要组成部分，因为他们的教育表现展现了他们当下的生活状态并且基本预测了他们能否在未来拥有一个良好的生活[1]。这也是大部分留守儿童的父母背井离乡前往城市打工的原因，为孩子的教育提供充足的资金支持[2]。但是，如果为了这个目的前往城市务工却恶化了孩子的教育表现，在某种程度上可以说是一种本末倒置，或者是没有意识到将孩子留守乡村会造成其教育表现恶化的情况。之前的一些文献已经一致地证明了家庭的分离，尤其是父母和孩子的分离会对儿童的教育、认知发展和心理健康产生巨大的不利影响[3]。

三 解决农村留守儿童问题对乡村振兴战略的重要意义

乡村振兴是全方位的振兴。提升农村儿童的福祉与素质既是乡村振兴的重要着力点，也是乡村振兴的重要目的。孩子是家庭的核心，当留守儿童的父母被问及为何外出务工时，大多数的回答总是围绕着改善家庭生活并为下一代创造更好的生活条件。换句话说，在我国的文化传统下，祖孙三代的辛勤努力都是围绕孩子而展开，也都是为了孩子。孩子的未来是家庭多年奋斗拼搏的根本原因。所以，改善乡村留守儿童的福祉便是最直接地改善外出务工家庭的福祉。同时，乡村振兴的最终目的是使人受益，那么让乡村孩子受益和成材，远离一些阻碍其个体发展的因素，这样的积极作用在未来的几十年都会让家庭、社会受益。

乡村振兴从长期来看是"人"的振兴。提升乡村居民的劳动生产率，使其过上富足、幸福的生活。从儿童发展理论来看，对儿童的健

---

[1] Schoon Ingrid, *Risk and Resilience: Adaptations in Changing Times*, Cambridge: Cambridge University Press, 2006.

[2] Dreby Joanna, *Divided by Borders: Mexican Migrants and Their Children*, Berkeley: University of California Press, 2010.

[3] Amato P., Cheadle J., "The Long Reach of Divorce: Divorce and Child Well-being Across, Three Generations", *Journal of Marriage and Family*, No. 67, 2005, pp. 191–206.

康、教育等方面的投资，等儿童成年后，都可以创造远超于投资的收益。孩子是乡村的未来，培养孩子，也就是孕育了乡村的未来。当然，乡村的群体也是多种多样的，每个群体也都在乡村振兴背景下有各自迫切的需求。但从潜力、可塑性和经济学的"投入—产出"等角度来比较，儿童群体是未来潜力最高的群体，最值得国家和社会投资的群体。同时，孩子在乡村的家庭里处于核心的地位，重视儿童发展也相当于盘活了整个乡村的群体，从而真正地振兴了乡村。

第二节 "童伴妈妈"项目的介入模式与效果分析

一 "童伴妈妈"项目试点期介入模式

为全面掌握留守儿童及其他困境儿童的信息，获取儿童需求并递送儿童福利服务，2015年10月，中国乡村发展基金会（原中国扶贫基金会）联合在地政府部门、公益组织、研究机构和爱心企业共同发起了留守儿童关爱项目，即"童伴妈妈"项目（原称"童伴计划"）。该项目作为专门瞄准儿童福利保障和儿童保护的项目，通过"一个人·一个家·一条纽带"的模式，以"童伴妈妈"为抓手，以"童伴之家"为平台，以县级横向联动机制为保障，建立了村级留守儿童监护网络模式，并探索了农村留守儿童福利与权益保障的有效途径。项目启动6年来，中国乡村发展基金会已先后联合共青团四川省委、贵州省民政厅、江西省慈善总会、云南省民政厅、湖北省民政厅、安徽省慈善与社会福利协会和陕西省民政厅，与中国公益研究院等技术支持方合作，在106个县1379个村开展"童伴妈妈"项目，惠及近75万余名儿童[①]，并为当地培养了一支扎根农村的"赤脚社工"队伍。

"童伴妈妈"项目以项目村内0—18岁儿童为服务对象，以留守儿童为关注重点，依托"童伴妈妈"和"童伴之家"为项目村内的

[①] 中国乡村发展基金会官网，2022年4月10日，http://www.cfpa.org.cn/project/GN-ProjectDetail.aspx? id=46。

儿童，特别是留守儿童等困境儿童，提供可及的服务。"童伴妈妈"是指在项目村聘请的一名全职的儿童守护专员，她的服务范畴包括所在村全部儿童的福利、安全和健康。"童伴之家"是指由项目与当地社区资源共享整合的儿童活动场所，项目为每个"童伴之家"配备基础设施、玩具、书籍等物资，"童伴妈妈"依托童伴之家开展活动和递送服务，通过日常活动和月度主题活动助力全村儿童的成长。

（一）"童伴妈妈"的职责

"童伴妈妈"是本项目的"核心"，是项目组挖掘的农村社区能人。"童伴妈妈"是通过县、乡、村及中国乡村发展基金会筛选出来的各个项目村的文化水平较高、有爱心、熟悉当地情况的妇女，她们来自基层，又服务于基层儿童。"童伴妈妈"原则上要求年龄在19—55周岁且仅招募女性（最初在四川项目区曾聘请过男性村委成员或代课老师担任）；大部分为高中及以上学历，在少数项目村放宽到初中学历，尽可能保证"童伴妈妈"在提供服务和参加培训时不会感到吃力。热爱儿童工作、无犯罪记录、掌握普通话及当地少数民族方言也是招募童伴妈妈时项目执行团队要考虑的部分。为保证"童伴妈妈"提供儿童福利工作的质量，完成项目要求的走访、开放"童伴之家"的数量及时间，并能全程参与集中培训和督导，"童伴妈妈"的人选最好能够专职从事此工作，村委书记/主任、文书和大学生村干部等不纳入招募的范围。

"童伴妈妈"作为在村级提供儿童福利服务、开展儿童活动的专业工作人员，服务于全村0—18岁所有儿童。她们通过连接资源来解决儿童问题或者满足其需求，保障儿童在生存、发展、受保护和参与等方面的权利。一方面，"童伴妈妈"负责对项目村内的全部儿童及其家庭提供儿童照顾和发展方面的知识宣传；另一方面，是对特殊困难儿童及其家庭开展干预和救助工作。具体来说，"童伴妈妈"的工作内容包括以下五个方面[①]。

---

① 《中国乡村发展基金会童伴妈妈工作手册》（2018年修订版）。

第一,"童伴妈妈"需要在项目启动后3个月内(若项目村儿童超过800人,可延长至6个月内完成)走访村内所有有儿童的家庭,摸清儿童数量,了解每一名儿童的基本情况,使用《儿童及家庭基本信息表》和《儿童福利服务需求评估表》建立本村儿童的基本信息库。每年还需根据走访情况,对上述表格进行更新。

第二,"童伴妈妈"依据上述两份表格将儿童分为留守儿童、孤儿、事实无人抚养儿童、服刑人员子女、大病儿童及普通儿童等并进行家访,每类儿童的家访频率各有区别。"童伴妈妈"在走访时应向儿童监护人宣传儿童权利及适用于本地的儿童福利政策,并将记录的儿童需求上报至县项目办公室(团县委、县民政局、县慈善会)或通过县项目办的协调获得教育、公安、司法等相关部门的支持。

第三,项目村常见的儿童及其家庭需求包括新生儿户口登记、办理新型农村合作医疗、申请低保或临时救助等。"童伴妈妈"需要了解儿童社会保障和福利政策,协助儿童家庭解决上述问题。对于非常规紧急事件,如儿童伤亡、创伤性事件、暴力或恶性事件等,"童伴妈妈"应在24小时内及时上报县项目办,确保项目执行团队了解事件情况。

第四,充分利用"童伴之家"开展活动,可包括儿童安全、儿童自我保护、心理健康等内容,也可借助"童伴之家"的平台组织家长培训、开展社区宣传。项目要求每个"童伴之家"每周至少开放16个小时,寒暑假期间的开放时长则要翻倍,每月要组织一次主题活动。

第五,收集走访、开展活动期间的数据和照片,学习编写案例,进行项目宣传与反馈。

为更有质量地完成上述工作,并满足"童伴妈妈"成长的需要,项目定期对"童伴妈妈"进行集中培训、骨干培训、安全专项培训和督导。北京师范大学中国公益研究院作为主要的技术合作方,为各项目区提供每年1—2次的集中培训,培训围绕着儿童工作者基础要求、儿童工作的方式方法和儿童权利公约的具体落实体现来开展。项目还吸纳了北京博源拓智儿童公益发展中心、儿童乐益会等机构针对骨干人才开展额外的赋能培训，骨干"童伴妈妈"不仅是学习者，也将作为培训者引导区域内其他"童伴妈妈"获取儿童社会工作相关知识[1]。除了线上学习和线下面授培训，根据各项目区的地域特点，以中国公益研究院为主的专家团队每年对项目区开展1—2次实地现场督导，日常则会通过QQ群/微信群/钉钉群开展答疑并指导"童伴妈妈"完成儿童福利递送和儿童保护工作。

（二）"童伴之家"的作用

"童伴之家"是"童伴妈妈"的工作场所，是项目整合了社区资源后建立的互动空间，是一个基础设施配套的、安全、健康的儿童活动场地。"童伴之家"的选择需满足室内空间不小于20平方米、室外空间不小于80平方米且无明显安全隐患等条件，最好能保证功能独立性，专供儿童活动使用。每年由中国乡村发展基金会统一为"童伴之家"采购物资，包括供"童伴妈妈"使用的基本办公设施（或原先已由村委提供）及儿童活动使用的玩教具、图书及体育活动器材。"童伴之家"门口安装有统一标志牌、张贴开放时间，并在室内显眼处悬挂项目规定的《童伴妈妈守则及"童伴之家"安全管理制度》，每个项目村每年配有活动资金，用于个性化布置"童伴之家"和组织活动。

"童伴之家"是儿童结识新朋友、娱乐和获取知识的场所。根据清华大学公共管理学院课题组在2018年开展"童伴妈妈"项目社会影响评估时的调查，在"童伴之家"开展活动，对于儿童的社会交往能力有积极的影响和改善。而且因为"在'童伴之家'里组织的活动、组织活动的方式、'童伴妈妈'获得儿童发展和儿童权利等知识后对待儿童方式的变化等"，项目村儿童向外寻求帮助以获得社会支持的能力和应对困境的能力均有正向影响[2]。

---

[1] 关珊珊：《乡村本土社工人才培养的"资源—网络式"模式——基于"童伴妈妈"的创新实践》，载邓国胜、韩俊魁《乡村振兴研究》，社会科学文献出版社2022年版。

[2] 清华大学公共管理学院课题组：《"童伴妈妈"项目社会影响评估报告》，2018年。

(三) 多部门联动的儿童福利服务体系

"一条纽带"即联通政社合作的工作网络,如图 7-2 所示。项目区地方政府建立多部门积极参与的联动机制,形成有效的、直达儿童身边的服务网络,保障儿童福利政策的落实和儿童权利的保护。横向即建立以县项目办为核心,民政、公安、司法、教育、卫计、团委、妇联等多部门参与的横向联动机制;项目在四川和贵州、江西、云南、安徽、湖北、陕西的县项目办也分别以团委或民政部门为核心,展开纵向管理。在建立政府与民间社会之间的合作关系上,"童伴妈妈"项目增进了政府与社会对公共事务的合作管理[①]。

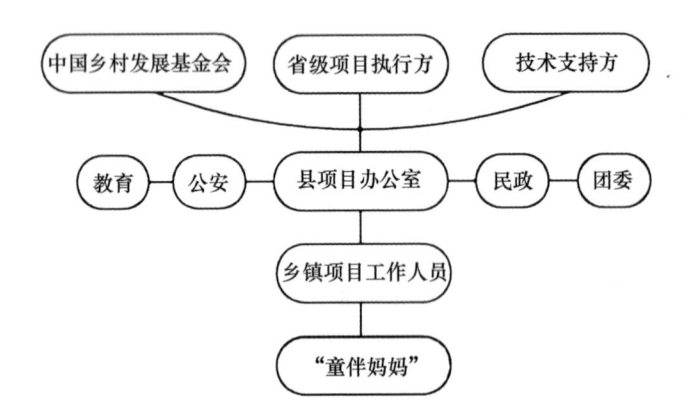

图 7-2 项目横向协调和纵向管理机制网络

县项目办公室是"童伴妈妈"项目的县级管理机构,在项目中起到桥梁的作用,其工作职责是管理本县的项目执行,督导"童伴妈妈"将儿童福利服务落实到每个儿童,将儿童的需求和"童伴妈妈"的需求向多部门及项目专家反馈并给予解决,最终促进本地的儿童福利事业发展[②]。

在具体工作中,县项目办参与"童伴妈妈"的遴选,组织"童

[①] 清华大学公益慈善研究院:《多元共治视角下"童伴妈妈"项目可持续性发展研究报告》,2018 年。

[②] 中国乡村发展基金会:《童伴妈妈项目县项目办工作手册》(2019 年 3 月修订版)。

伴妈妈"参与培训和学习，通过月度工作调度会和实地督导了解"童伴妈妈"的工作开展情况、困难和问题，积极协助"童伴妈妈"连接各类资源。县项目办还负责对"童伴妈妈"进行月度和年度考核，做到有奖有惩，对于连续3个月没有完成工作任务的"童伴妈妈"应予以更换。此外，县项目办负责管理该县"童伴妈妈"项目财务，对项目经费和额外的社会捐赠进行专账管理。

二 "童伴妈妈"项目点扩展阶段介入模式及尝试

从2020年起，中国乡村发展基金会基于关注儿童多维贫困、《中国儿童发展纲要（2021—2030）》体现的儿童福利与保护发展趋势及鼓励妇女参与新农村建设中的基层社会治理等背景，对"童伴妈妈"项目进行升级，在更多留守儿童大省或已有项目县扩展项目，持续打造行业影响力。

从项目层面来说，中国乡村发展基金会计划从服务对象、项目周期、服务内容、服务方式等方面升级、调整。自2015年年底启动至2020年，即"童伴妈妈"项目1.0阶段，项目周期为三年，服务的重点是儿童福利保障和留守儿童的陪伴。在2.0阶段中，项目周期分为建设期（第1—3年）、培育期（第4—5年）、发展期（第6年起），其中建设期的项目内容和形式不变，当项目处于培育期时，"童伴妈妈"将加强儿童保护的工作，项目配套更多经费将"童伴之家"升级为空间友好、服务友好的儿童友好家园，注重儿童参与。贵州第一批10县100个项目村于2019年年底到期，经过考核和评估，近2/3的项目村继续得到了中国乡村发展基金会的资金支持，"童伴妈妈"接受了更深入的赋能培训。2020年，"童伴妈妈"项目加入阿里巴巴"链上公益"计划，通过区块链技术实现项目进展动态化呈现，推进项目的可视化管理。

在服务方式上，中国乡村发展基金会尝试培育项目所在地的社会组织，将"童伴妈妈""一个人"变为"一队人"，支持优秀的"童伴妈妈"成立或纳入地方社会组织，通过能力建设、项目支持、筹款支持等形式支持其发展。计划参考中国妇女发展基金会联合腾讯公益发起的"超仁妈妈"公益活动，培育"童伴妈妈"的社会组织承接更多服务内容，推动机构和项目的持续性发展。2020年年初，中国乡村发展基金会"童伴妈妈"项目执行团队面向贵州、江西、云南43个项目县，针对县项目办、"童伴妈妈"成立社会组织的意愿、当地既有社会组织情况以及成立流程等内容进行摸底调研。从整体情况来看，有1/3的县项目办给予了反馈，数量不算多；部分"童伴妈妈"虽有意愿，但由于没考取社工证，在成立社工机构方面条件欠缺；而已有社会组织的项目县，机构管理和人员能力参差不齐。经调研了解到，在江西和云南分别有一家以"童伴妈妈"为法定代表人的正在运营的民办非企业单位，并均已开展儿童服务项目，且承接过政府购买服务项目或县慈善会的资金。但最后因为可试点此方案的项目县极少，不适合项目规模化的可持续性发展，此升级模式暂停推进。

2020年年初，新冠疫情暴发以来，严重影响了国民经济和社会秩序，儿童作为脆弱人群，在生活照料、安全保护、医疗救治等方面存在特殊需求和较大风险，儿童的心理支持也面临着巨大的挑战。在此背景下，中国乡村发展基金会联合湖北省民政厅儿童福利处、湖北省社会工作联合会和荆州市四叶草社会工作服务中心等社会工作服务机构合作发起"社区儿童关爱项目"，旨在为受疫情影响的社区儿童提供关爱照顾和心理支持；通过"网格化"管理模式建立儿童保护和服务递送机制，提升基层儿童工作者和一线社工机构应急事件下的儿童保护与服务能力和水平。不同于"童伴妈妈"项目的"一个人"模式，升级的项目是在湖北省10个县100个村依托村（社区）为服务平台，引入社会工作服务机构指导并配合村级志愿者、儿童主任开展儿童保护服务，逐步形成"从儿童福利主任、儿童福利督导员到县级未成年人救助保护机构和社会服务机构"的三级服务递送网络。该项目周期仅为一年，服务对象除了受疫情影响的儿童，还纳入了当地儿童福利主任、儿童福利督导员已经参与项目服务的社会工作者和志愿者等，旨在在项目中培育一支县级儿童社工服务机构队伍。有别于"童伴妈妈"项目由所在地民政部门管理，"社区儿童关爱项目"的承接机构则为社会工作服务机构，具体落地村（社区）由各县市区和社会工作服务机构来选择，且在走访和开展主题活动频率上有所降低，项目增加了个案跟进的工作。项目经费为10万元/县（区），用于培训、督导等技术支持和志愿者补贴、社区活动、个案跟进等方面。

三 "童伴妈妈"项目效果分析

2014年，国务院办公厅印发《国家贫困地区儿童发展规划（2014—2020年）》，要求关注集中连片特殊困难地区的新生儿健康、儿童营养、儿童医疗卫生保健、儿童教育保障及特殊困难儿童的教育和关爱等问题[1]。"童伴妈妈"项目的首要目标就是要建立健全农村留守儿童的福利保障网络和监护网络，并满足留守儿童各方面的发展需求。中国乡村发展基金会积极发挥社会组织支持贫困地区儿童发展的力量，项目通过一系列活动组织尽可能满足项目村儿童的亲情需求、教育需求和安全需求。根据中国乡村发展基金会项目组的总结，仅2021年，"童伴妈妈"们通过家访和电话访问儿童家庭，解决儿童福利信息需求13.17万余例，包括但不限于协助申请农村合作医疗、协助办理低保、协助辍学儿童返校、协助户籍登记等。"童伴妈妈"在"童伴之家"组织活动10.08万余次，有约71.89万余人次的儿童、9.87万余人次的家长参加"童伴妈妈"组织的日常活动和"创意手工""折支花儿赠祖国""安全教育""感恩有你，伴我同行"等主题活动[2]。

为了解项目运营以来的成效以及对当地留守等困境儿童、家庭和整个农村社区的社会影响及变化，2018年4月，项目委托清华大学

---

[1] 国务院：《国家贫困地区儿童发展规划（2014—2020年）》，2014年。
[2] 《2021年度童伴妈妈项目总结》，中国乡村发展基金会官网，2022年4月10日，http://www.cfpa.org.cn/information/project.aspx?page=2&typeid=15&name=-1&year=26&quarter=-1。

公共管理学院课题组对四川和贵州两省的"童伴妈妈"项目进行评估,结合项目前期的运营成果和挑战,重点关注项目的效果和社会影响。当时四川和贵州的20个县200个村已分别实施了1—2年的时间。在此次评估中,评估组进行了四组不同的对比来评估项目实施效果,即前后对比、有无对比、四川省和贵州省项目村成效对比及贵州省内的"童伴妈妈"社会化运作与"儿童主任"的行政化运作模式产生的成效对比[①]。为评估留守等困境儿童的福利服务的干预成效,评估组开发了"困境儿童福利保障变化指数"(见表7-1),从心理健康、卫生健康、生活、安全、教育和监护六个维度,考察项目干预的成效和影响。

表7-1　　　　　　　困境儿童福利保障变化指数

目标层：一级指标	维度层：二级指标	指标层：三级指标
困境儿童变化指数	心理健康指标 PI	儿童心理韧性 PI1
	卫生健康指标 HI	生病照顾指标 HI1 卫生习惯行为 HI2
	生活指标 LI	社会支持汇总 LI1 社会交往汇总 LI2 生活环境指标 LI3
	安全指标 SI	儿童安全意识自评 SI1 儿童安全行为指标 SI2 儿童安全结果指标 SI3
	教育指标 EI	学习成绩自评 EI1 学业辅导支持 EI2
	监护指标 GI	家庭照料 GI1 家庭监护汇总 GI2 亲子交流频率指标 GI3 亲子及家庭关系汇总 GI4

资料来源：清华大学公共管理学院课题组绘制。

根据评估组的调查结果,"童伴妈妈"项目主要体现了六个方面

[①] 清华大学公共管理学院课题组:《童伴妈妈社会影响评估报告》,2018年。

的成效。一是儿童的心理健康水平显著增强。项目村儿童的儿童心理韧性总分高于非项目村儿童,大量地参加"童伴之家"的集体活动,对丰富儿童生活和释放负面情绪、提升应对逆境的能力有极大的帮助。

二是儿童的卫生健康水平得到明显改善。针对项目在基线调研阶段发现留守儿童营养水平低、生活习惯差、缺乏青春期教育等健康风险问题,项目实施时便注意通过"童伴妈妈"的走访和"童伴之家"的活动,为儿童提供健康卫生和安全相关的知识学习,大大提升了儿童的个人及公共卫生意识。

三是儿童的多元化生活需求得到满足,社会支持体系得到巩固。评估组通过"社会交往能力""社会支持网络"及"生活环境自评"指标来考察项目村儿童在生活中的成效。除了前文提到的"童伴之家"的作用,项目村儿童因为"童伴妈妈"的存在,他们在遇到困难需要寻求支持时多了一种选择,"童伴妈妈"也成为儿童社会支持网络的一部分。

四是儿童的安全意识明显提升,项目村安全事故发生风险显著降低。"童伴妈妈"项目的发起原因一部分就是中国乡村发展基金会关注到发生在贵州毕节的几次留守儿童安全事件。由于缺少父母的照料和保护,安全问题一直是留守儿童面临的重要风险。"童伴妈妈"在接受儿童安全专项培训后,通过入户走访、讲座、小组活动等形式在村内积极开展各类儿童安全保护的知识宣传和服务。根据评估小组的调查,项目村儿童及其家庭安全意识的提升,也进一步降低其家庭安全事故发生的风险。

五是儿童学习成绩有所提升,教育环境得到改善。不同于团委等组织的"四点半课堂","童伴妈妈"项目在设计时并没有将辅导学习纳入"童伴妈妈"的工作职责,但在项目实施中,"童伴妈妈"的督促和"童伴之家"提供的场地以及丰富的图书选择都对儿童的学业表现起到了积极影响。

六是强调家庭尽责的监护体系得到巩固和完善。国务院发布的

《关于加强农村留守儿童关爱保护工作的意见》和《关于加强困境儿童保障工作的意见》均强调了家庭监护的主体责任[1]。基线调研中发现，留守儿童与外出务工的父母联系少、关系不够密切；在家务农的父母往往缺少儿童养育的知识和方法，对亲子关系也不够重视。而"童伴妈妈"组织的亲子活动以及协助留守儿童与父母视频通话，都对项目区亲子间的互动起着正向影响。但同时评估组也发现由于"童伴妈妈"的工作重心在儿童福利工作方面，对提升家庭监护责任在项目区还没有起到明显作用。

除了上述对于儿童及其家庭的直接影响，"童伴妈妈"项目的实施对于项目所在的农村社区干群关系起到一定的积极作用，为缓解基层矛盾提供了机会。比如儿童之间成为朋友后，家长间的关系会变得和睦。"童伴妈妈"协助儿童及其家庭申请补贴、登记户口等工作既为村民带来了福利，也对村支两委此前没有精力做的工作做了补充，增加了村民对基层政府的好感度和信任感，便于村干部今后更好地开展工作。

除了儿童，项目的另一直接受益人群即"童伴妈妈"。"童伴妈妈"在接受系统培训并经历儿童社会工作实践后成长为专业的、扎根基层的社会工作者（也被称为"赤脚社工"），不仅可为项目村儿童提供专业的、有质量的福利与保护服务，也提升了自身的职业竞争力。为提升业务能力，她们接受了团体活动、心理调节、儿童发展、儿童安全、沟通技巧、亲职教育、社工理论与实务及项目管理八大模块的全方位专业赋能培训[2]。除了以上集中培训，从项目实施第二年起，为建设"童伴妈妈"人才梯队，各县选拔约1/5的"童伴妈妈"参加骨干培训，加强其实际技能操作，协助"童伴妈妈"掌握参与

---

[1] 国务院办公厅印发《关于加强农村留守儿童关爱保护工作的意见》，中国政府网，2016年2月4日；http://www.gov.cn/zhengce/content/2016-02/14/content_5041066.htm；国务院办公厅印发《关于加强困境儿童保障工作的意见》，中国政府网，2016年6月13日；http://www.gov.cn/zhengce/content/2016-06/16/content_5082800.htm。

[2] 北京师范大学中国公益研究院：《童伴妈妈项目2020年贵州终期报告》，2020年。

第七章 乡村留守儿童问题的创新探索：以"童伴妈妈"为例

式培训的技巧和方法，以期骨干"童伴妈妈"能够在县域内为其他"童伴妈妈"开展培训，最终起到以点带面、支持和推动当地培训和督导支持网络建设的作用。项目已成功培养四川叙永县、贵州绥阳县和天柱县、江西安远县等地的"童伴妈妈"作为培训师在新项目区第一次集中培训时对新入职的"童伴妈妈"做经验分享。

第三节 "童伴妈妈"项目的创新模式分析

一 建构"童伴妈妈"的网络式支持体系

"童伴妈妈"项目之所以取得如此长期、大规模的成效，离不开它内在的创新模式。在整个项目中，项目的主要参与方为"童伴妈妈"——"赤脚社工"提供了网络式的支持体系，为其编织了一张"安全网"，如图7-3所示。

```
各省民政厅      中国乡村发展基金会    中国公益研究院等
   ↓                  ↓                    ↓
行政能力          物质支持              专业知识
   ⇘               ↓                    ⇙
              "赤脚社工"
```

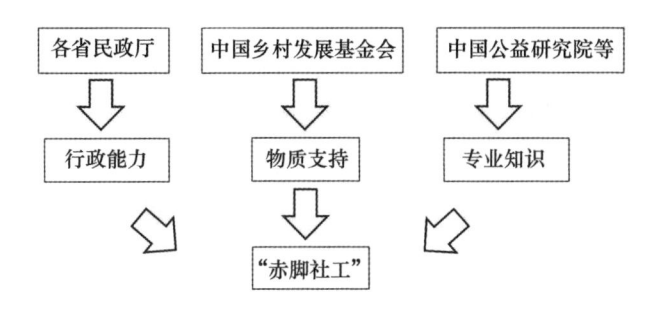

图 7-3 "赤脚社工"支持体系

"赤脚社工"的设立源自于 20 世纪 60 年代到 80 年代活跃在中国广大农村的"赤脚医生"。专业的社工人才需要专业的培养和体制，我国目前还没有普及社会工作者，尤其是农村等欠发达地区。但是乡村地区的儿童确实有问题和需求需要被解决和满足。在这种情况下，从本社区寻找合适的人，经过一定的培训就能按照规范和流程为亟待提供支持的儿童服务了。这些"童伴妈妈"具有和社区相同的文化背景，免去了融入社区的过程，并且具有一定的教育水平，能说普通话，具备基本的电脑操作知识，最主要的是热爱儿童工作。这样被选拔和培训出来的本土的儿童工作者被大家形象地称为"赤脚社工"，也称为"儿童主任"。在此基础之上，项目还为通过选拔的候选人提供了网络式的支持体系供其提升能力。

"童伴妈妈"项目主要有三个项目执行方——中国乡村发展基金会、各省民政厅和中国公益研究院。从某种程度上，中国乡村发展基金会相当于代表了来自国家层面的公益力量。在各项目区，具体配合的政府机关是各省的民政厅。地方民政厅的参与为项目的落地与执行提供了便利。中国公益研究院主要负责为本项目提供技术支持和培训服务。而其他儿童福利有关项目中，很少有项目能使三个如此强有力的合作方同时参与进来，从而为"童伴妈妈"提供开展工作的便利。

中国乡村发展基金会的物质支持，民政部门的行政支持和中国公益研究院的技术支持共同为"童伴妈妈"编织了网络式的支持体系。在过去的一些传统儿童福利项目中，类似"童伴妈妈"的角色大多只被定义为一种简单的人力资源来参与和完成项目。而在网络式的支持体系中，"童伴妈妈"也成了被服务的群体，自身得到了提升。这有利于项目整体服务质量的提升和"童伴妈妈"们在职的稳定度。她们是整个项目的轴心，也是项目成功与否的关键。

中国乡村发展基金会作为项目的主要管理方，除了运营整个项目，还同时负责为项目搭建筹资平台并且从企业和个人等方面进行筹资，通过他们的不懈努力，许多知名公司和品牌都对"童伴妈妈"项目展开了捐赠，为项目准备了充足的资金。各村的"童伴妈妈"多数为陪伴孩子在家的妇女，丈夫外出打工。她们本身便需要照顾自己的子女，"童伴妈妈"这一岗位可以让她们兼顾自己孩子的照料的同时也可以服务其他同村儿童。中国乡村发展基金会负责项目资金的统一管理，会按月为"赤脚社工"提供工资补助，每个村每位"童伴妈妈"的年度补助约为2.4万元，其中包含了基本补助、特殊补助、年底津贴和年底绩效等，不同的地区可能有一定的差异。一年2.4万元的补助预算虽然与全职工作的工资收入有一定差距，但是考

第七章　乡村留守儿童问题的创新探索：以"童伴妈妈"为例

虑到"赤脚社工"可以照料自己的孩子，也不用外出务工且项目地经济水平较低。这个数目的物质补助足以鼓励和支持"童伴妈妈"完成其工作任务。除了为她们提供的个人补贴，中国乡村发展基金会还为每个项目村准备了活动资金、物料资金等。每个项目村的年度总预算是5万元。可以说，中国乡村发展基金会的物质支持为项目的成功奠定了基础，也可以让"童伴妈妈"放下包袱去投入地完成她们光荣的使命。

各省民政厅帮助将"童伴妈妈"项目落地到项目村，民政部门的参与将"赤脚社工"们与地区的行政机构相连接起来，为他们增强了行政上的能力，并和村委会等组织产生了联系。民政厅的背书无疑让此项目在驻点村有了畅通的环境，而"赤脚社工"作为项目在驻点村的代理人，无可厚非地承担起项目与村委会甚至更高级别行政机关沟通的重任。"赤脚社工"们大部分原先只是留在家庭里照看孩子的，但是通过"童伴妈妈"项目，掌握了基础的行政能力，也开始和村委会等组织打起交道来。在后续的回访中，有些能力强的社工也留在了村委会等组织继续负责妇女儿童的工作。这也为现在的乡村振兴计划储备了大量的人才。民政厅的参与为"赤脚社工"们建立起了与村委会等组织产生联系的桥梁，而日常工作中的各种行政工作为社工们赋能，开始"有能"开展基层妇女儿童工作。因此，民政厅所提供的支持夯实了"赤脚社工"们的职业潜力。这是一份可以提高自己能力的工作，这也从职业发展的角度激励了赤脚社工们对本职工作的投入。

中国公益研究院作为"童伴妈妈"的主要技术支持方，联合其他专业机构为项目制定培训方案，针对社工们分阶段进行培训。项目的具体技术细节由中国公益研究院和相关专家提供。公益研究院在儿童保护领域拥有强大的专业背景，公益研究院所提供的专业培训真正地提高了"赤脚社工"们的儿童保护专业知识，使其接触到了专业的儿童保护流程和模式，帮她们提高了职业技能。具体的培训细节将在下一节详细阐述。

传统的类似项目所提供的培训体系是单向度的，项目发起的机构单向地提供培训服务。在"童伴妈妈"项目中，三个主要的项目参与方从多个角度向"赤脚社工"这一项目核心提供交织的网络式支持体系，使"赤脚社工"们具备解决留守儿童问题的专业能力。之后，每个项目点的"赤脚社工"将从网络式支持体系里所学知识运用到项目村去解决项目村的留守儿童问题。本项目充分地认识到"赤脚社工"是项目的成败关键，为项目具体执行人员提供网络式的支持能最大化提高项目的完成度。如此规模庞大的网络式的支持体系相当于是为项目区内的乡村地区进行了儿童保护的大造血，这是普通的课程培训等单一培训无法解决和完成的大工程，也将继续造福所在项目区，并在当地增强儿童保护意识。

二 建立"童伴妈妈"的赋能培训体系

一般的儿童福利项目对"赤脚社工"类角色的培训往往仅停留在浅层的工作流程上，"童伴妈妈"的赋能培训体系并不止步于基础的行政流程，而是为"赤脚社工"搭建了全方位的赋能培训体系，涉及儿童心理、亲职教育、项目管理和社工服务流程等。这样全方位、多角度的培训体系真正实现了对社工们的赋能提升。这在国内类似项目上尚属首次。

"赤脚社工"们的专业赋能培训体系主要由中国公益研究院提供，研究院下属的儿童社会工作发展中心、儿童福利与保护研究中心在国内有一定知名度，在儿童保护领域有很强的专业背景和资深的研究团队。

"童伴妈妈"项目准备了多期培训，考虑到"赤脚社工"们的教育背景，培训由浅及深。在项目时间内，针对所有的"赤脚社工"会有五期基础培训。除了基础培训，还会根据社工们的实际情况进行初、中、高级的培训以及骨干培训。这样架构合理的培训体系既保证了"赤脚社工"职位需要的核心知识，也可以让有学习潜力的社工们继续在这个体系内提升自己，在未来的求职市场中增加自己的筹码。

基础培训结合初、中、高三期培训对于类似的项目是一个大胆的创新，以往的基础培训只是教授工作人员如何去执行一些日常事务，本项目配套的初、中、高三级培训将一些国内甚至国际前沿的儿童保护知识以通俗的方法介绍了进来，这是以前未曾出现的。

"童伴妈妈"项目的培训设计科学、接地气并且学习门槛低。五次基础的培训内容将专业社会工作的知识高度浓缩以适应本项目。从最开始的项目流程、项目介绍和法律法规开始。之后，逐渐开始介绍基础的儿童发展理论和儿童与环境的关系。同时，辅助一些工作技巧，例如沟通技巧、儿童需求评估和情绪调节等技巧。在掌握这些基本的服务技巧之后，培训内容开始提供一些稍微抽象的介入理论。常见的包括优势视角、儿童侵害防止、亲职教育等。后续的内容会逐步提高专业性，一些专业的性教育内容被添加进了课程。一些专业的介入技巧比如危机干预、儿童心理干预也被加入到了培训之中。每次的培训也都会有满意度和培训效果的监测评估，以便及时调整培训内容和教学方式。经过如此密集和专业的培训，"赤脚社工"们在某种程度上甚至比有些大城市的所谓"社工"在儿童保护领域具备更加专业的干预知识。培训体系的知识不光让"赤脚社工"们自己受益，而且又传播到了每个项目村，形成了双向的增强效应。项目会结束，但是知识不会消失，童伴项目所提供的知识也帮助很多"童伴妈妈"有了更宽广的视野和职业平台。

童伴搭建的培训体系不光光是为了让这些社工们学到的知识仅为项目服务，也贯彻了社会工作的价值——"助人自助"。知识被传播，儿童保护的思想被传播，点亮了每个项目村的生态。其实，儿童保护问题的发生往往并不是有人故意而为，很多案例都是因为家长们的忽视，而忽视是因为他们从来没听说过或者重视过。一旦儿童保护的意识被"赤脚社工"们传播和实践，这个培训体系就不止限于为"赤脚社工"们赋能，更多的是借助社工们，为乡村赋能，为乡村的未来赋能。

第四节 "童伴妈妈"项目助力乡村
振兴的经验总结与启示

一 "童伴妈妈"项目的规模化推广经验

"童伴妈妈"项目持续多年，跨域几个欠发达省份，儿童保护效果显著。项目启动至2021年年底，中国乡村发展基金会先后联合共青团四川省委、贵州省民政厅、江西省慈善总会、云南省民政厅、湖北省民政厅、安徽省慈善与社会福利协会和陕西省民政厅等，在10省106县1379村开展"童伴妈妈"[①]项目，惠及近75万余名儿童。即使在世界范围来看，这样规模的儿童保护项目也可以占据一席之地。如此大规模的项目自然而然为我们提供了宝贵的经验总结与启示，包括项目的规模化经营。

第一，在保证服务的专业性、科学性的前提下，根据实际情况对项目服务进行浓缩，达到"留主干，去枝叶"的效果，并且始终坚持与专业机构合作。儿童保护及社会工作的从业者往往需要具备良好的教育背景和专业知识，但是考虑到欠发达地区的实际情况，这样的高标准是难以实现的。在这种情况下，项目只能是将相关领域的知识浓缩成易获取、易学习和易操作的专业培训来教授给"赤脚社工"们，并由专业人士来进行内容的把控。可以说这是在实际情况约束下能达到的最优解决办法，那么在其他社会服务项目上，如果我们遇到相同的困境，我们可以按照"留主干，去枝叶"的思路来对项目进行高效浓缩，尤其是当项目需要大规模推广时，保留最核心的项目内容，可以快速复制成功的项目经验。

第二，与当地行政单位建立良好合作关系。童伴妈妈项目采用了"政府—社会组织—专业机构"的合作关系去开发和推动项目。让项

---

① 中国乡村发展基金会官网，https://www.cfpa.org.cn/project/GNProjectDetail.aspx?id=46。

目落地，最后的一千米肯定离不开当地的行政机构。许多具体的项目内容离开当地政府部门，也无法落地。让项目具有专业水准，离不开业界专业的研究机构。童伴项目同时让二者参与进来，即保证了项目的执行情况，也保证了专业程度。对于之后的其他项目，在项目设计初期我们便要考虑这两个因素，从而达到项目的成功。

第三，"童伴妈妈"项目将每个村的项目内容高度标准化，从而具备了高度的可复制性和执行性。通过查阅"童伴妈妈"的项目书，了解到"童伴妈妈"的项目计划书相当细致，每个村子的资金使用、服务流程、监督回报等内容均被项目设计者高度标准化，推广到其他村仅需进行一些细微的调整。举一个生活中的例子，麦当劳、肯德基等的快餐，无论你在任何一家门店点餐，他的味道基本是保持不变的。"童伴妈妈"的项目标准基本做到了这样的高标准，甚至"童伴之家"的物料采购和设计等也有细致的规定，这为大规模的推广奠定了坚实的基础，这也体现了项目设计对细节的把控和要求。

第四，"童伴妈妈"项目拥有可量化的评估指标。想要大规模地推广，评估与检测就显得尤为重要。"童伴妈妈"在项目计划中便制定了可量化的评估指标，这为之后第三方的精准评估提供了良好的基础。项目的范围变大，跨越好几个省份，可量化的评估指标也为项目的管理和检测提供了抓手，让每个项目村的动态变化有迹可循。

二 "童伴妈妈"项目的经验与教训

乡村振兴是全方位的振兴，与留守儿童问题的成因相似，大量的农村劳动力走向城市，农村的"空心化"问题日益严重。随之而来的是农村养老问题无法解决和愈发严重的自杀现象。同时，农村妇女也面临着类似农村老人的严峻问题。前一节，我们提到了"童伴妈妈"的一些推广经验。其中，一些经验可用于解决乡村其他群体的问题。

首先，"童伴妈妈"项目的靶向运行体系可供解决其他群体问题。童伴妈妈的体系是一种在有限的资源条件下去解决留守儿童最迫切的问题的系统。这样的靶向系统可能不是一种非常完美的系统，但是它是可以将有限资源最大化的系统。"童伴妈妈"运用它简单直接的系统直接去干预留守儿童所面临的一些重大问题，例如性侵害、大病儿童、儿童的无人照料等。但是像其他一些霸凌、抑郁症和儿童福利等问题，这套靶向系统可能目前为止还无法触及，或者说还没有能力去覆盖。那么当我们回头关注老龄化问题时，我们是否也可以先集中精力解决老年人最迫切的问题。比如，既然农村老人的自杀率节节攀升，那么我们相应的农村"赤脚社工"是否也可以按照对待儿童一样，为有自杀风险的老年人登记造册，进行周期性的心理服务并为他们连接资源，从而减轻农村老人的自杀问题。类比地，我们也可以针对农村妇女问题进行靶向的解决，首先利用有限资源关注她们迫在眉睫的问题，例如家庭暴力、相关疾病筛查等。"童伴妈妈"的范式指引了我们如何在资源限制的情况下精准靶向地解决问题，创造了一种能解决多少就解决多少的破局思路。

其次，"童伴妈妈"项目为我们提供了一种乡村社会工作的良好应用范例。无论哪个群体，"童伴妈妈"项目中"赤脚社工"所做的工作都离不开基础的社会工作内容，只是服务的对象发生了变化。按照"童伴妈妈"的思路，我们解决乡村留守儿童问题需要"赤脚社工"的介入。我们解决老年、妇女问题也需要对应的"赤脚社工"介入，这是一种基层社工介入的模式，因为"童伴妈妈"的模式从本质来讲是一个精简化的基层社工模式，这样的模式可以快速地应用于其他群体。本项目从发起到执行，各个环节都是乡村社会工作的良好范例，这样的范例不光可以解决妇女、儿童和老人等问题，其他乡村情景下的群体也都可以良好应用。童伴项目首先营造了与政府的良好合作关系，让项目内容可以安稳落地。项目又将一些先进的社会工作内容与中国农村社会进行了有机的结合，这体现在培训体系与支持体系等方面上。这样有社会力量发展起来的运动，也为民政部门后续的基层社会工作开展树立了好的典型。

虽然相似的模式可以直接套用或者借鉴，但是留守儿童问题和老人、妇女问题在工作重心上还是有较大的不同，儿童福利项目的重点在于发展，项目关注于如何使儿童避免危险因素，并且获得有效资源去进行自我发展。而老人、妇女问题往往与一个个家庭相关联，是一个发生在家庭情景下的问题，这对项目执行者的能力又有了新一层的要求。随着群体的年龄的增加，介入案主精神世界也增加了对执行者能力的要求。"童伴妈妈"的框架可以被复制并用于解决其他乡村群体的问题，但是内涵上不同的群体需要不同的侧重点以及相应的能力。

经过多年、大范围地铺开"童伴妈妈"项目的同时，该项目也给我们带来了很多教训，值得借鉴。首先，要加强项目管理，进一步提高管理效率和效果。虽然"赤脚社工"的物质补助还算可观，但是很多"赤脚社工"会随着家庭的整体计划和变动而离开项目岗位。另外，少数的"赤脚社工"由于自身能力的不足，无法完全胜任此岗位。在这种情况下，就需要加强项目的激励和淘汰机制，对于有爱心、有能力的"童伴妈妈"，项目需要进一步去培养和激励，从而将其留下。对于能力不足、绩效表现差的妈妈，需要培养其竞争意识，鞭策或是淘汰。虽然针对各村"童伴之家"的投资很充裕，但是部分"童伴之家"的使用效率却不是很高，物资所能发挥的作用没有被激活。这启示我们应当梳理优化"童伴之家"的物资，并完善相应的活动计划，让童伴妈妈高效利用物资。此外，童伴之家是为儿童服务的，在满足基础的活动玩耍的功能下，应当适当地引导孩子的阅读习惯等。

其次，加强外部合作和监督，全面提升培训质量。目前，项目的技术支持主要由中国公益研究院等机构提供，在儿童保护方面，公益研究院具有一定程度的不可替代性。但是儿童板块的培养内容还包括了游戏开展、儿童阅读和艺术类等内容。这些相关的内容可以再引进其他合作方，对外分包招标，增强竞争强度，提升服务的质量。同时，对于合作方，应该提升监督环节，来对项目质量进行保证。

最后，提高项目的可持续发展能力。因为项目铺开的范围较大，所以每年的年度预算较高。在项目第一阶段的三年周期结束之后，根据相应的退出机制，项目点有了一定程度的缩减。将近80%的项目资金来源于中国乡村发展基金会的筹资，其余的来自地方配套。要想长期维持项目运转，充足的资金肯定是必不可少的。解决项目资金问题，可以朝两个方向努力。政府方向，对于儿童的投入，会在未来收到正向的收益，很多文章已经对其进行了论证。政府能否加大力度继续对项目投入可以说显得尤为重要。但是新冠疫情下，各地方财政收入都显著下降，在这种条件下，政府继续支持本项目存在一定的困难。那么，我们只能向社会寻求帮助，筹款肯定是重要的一环。但是真正提高项目可持续能力的突破点在于提升项目的"双赢"商业化。企业直接去捐钱也许是最简单的方法，也显示了企业的社会责任。但是考虑到本项目如此之大，那么其背后蕴含的商业价值也像一座未探明的矿藏等待挖掘。百乡千村，巨大的农村市场可供与企业合作，在保证企业和项目双赢的前提下，谨慎地与商业公司进行合作，有可能是改善项目资金池的爆破点。随着城市化的发展，乡村留守儿童面临着日益严峻的各种问题。作为乡村中的重要组成部分，乡村留守儿童也是乡村振兴中的重要一环。"童伴妈妈"项目引入"赤脚社工"这一概念来进行乡村留守儿童问题干预，并逐步将项目范围扩大到七个省份。在世界范围内，都曾未出现由社会组织发起的如此规模庞大的儿童保护干预项目。此项目为传统儿童保护项目提供了创新的范例，展示了其可供规模化推广的经验；同时也为其他乡村弱势群体提供了可借鉴经验。虽然仍存在一些不足，但也为我们提供了相关的经验教训。在乡村振兴的背景下，本案例为解决乡村留守儿童问题提供了一些创新探索的经验。

第八章

构建不同产业的晕轮效应：日本小布施町打造比较优势的乡村发展之路

在本地历史文化资源、自然景观资源呈现分散状、碎片化，缺少整体性旅游资源的乡村，如何打造属于本地区的比较优势，构建本地区旅游资源的独特性，是众多同质化严重的乡村在推进乡村发展过程中需要解决的重大问题。日本长野县小布施町通过探索在同一个地理空间整合景观营造项目、开放花园（Open Garden）项目、栗子点心项目等，实现艺术文化、景观营造与栗子生产、加工和销售的有机融合，实现不同产业的晕轮效应（Halo Effect），打造具有地方特色的体验式商品和服务，对于中国各地乡村振兴的实践具有一定的借鉴价值。

第一节 小布施町乡村发展背景分析

一 小布施町历史分析

小布施町最早从日本绳文（公元前1200年至公元前300年）时代开始种植水稻，在此基础上逐渐形成村落。镰仓时代（1185—1333年）、室町时代（1336—1573年）开始使用"小布施"这个名称。幕府时期（1192—1867年），发展成为日本北信浓地区经济和文化中心，在幕府时期后期，日本手绘浮世绘著名画家葛饰北斋（1760—1849年）和日本著名俳句诗人小林一茶（1763—1827年）等文人墨客曾到访小布施町，促进了小布施町文化的发展，也成为小布施町日后推进乡村文化振兴的重要历史资源。明治时期（1868—1912 年），养蚕业成为小布施町的主导产业，逐渐发展成为长野县著名的养蚕地区。1889 年 4 月，在日本推进町村制的背景下，小布施村、福原村、大岛村、饭田村、山王岛村、北冈村、押羽村 7 个村庄合并成新的小布施村；都住村、中松村、雁田村 3 个村合并为新的都住村。在此基础上，1954 年，根据《町村合并促进法》的相关规定，小布施村升级为小布施町，同年 11 月，小布施町与都住村合并，形成了现在的小布施町。

二 小布施町的土地使用情况分析

小布施町的行政区划面积为 19.12 平方千米，其中，旱田面积占比为 40.2%，山林面积占比为 14.9%，住宅面积占比为 12.4%，水田面积占比为 8.6%，道路面积占比为 7.1%，河流和湖泊面积占比为 4.4%，其他类型用地占比为 12.4%，如图 8-1 所示。

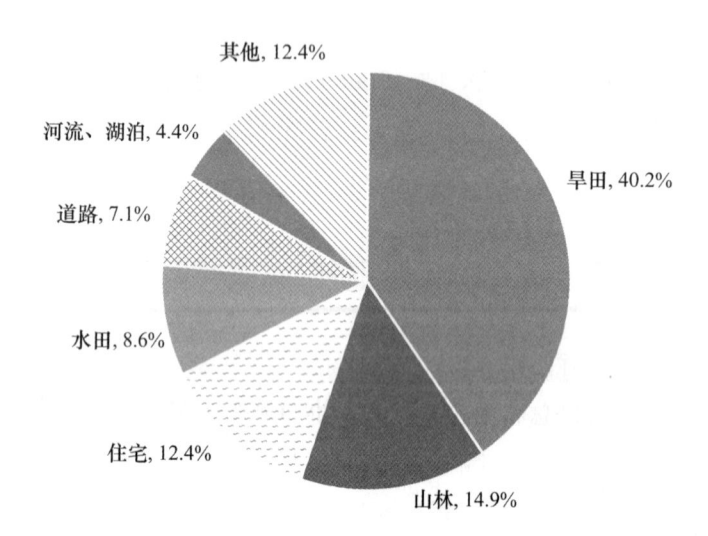

图 8-1 小布施町土地类型

资料来源：https://www.town.obuse.nagano.jp/fs/1/2/3/4/4/_/obusetoukei.pdf。

三 小布施町人口结构分析

截至2022年6月1日,小布施町总人口为3938户、10997人,其中男性人口5305人,女性5692人。关于人口结构的详细统计,只有2015年日本政府组织实施的日本国情调查数据,因此,关于小布施町详细的人口数据,本章采用2015年日本国情调查数据,如图8-2所示。

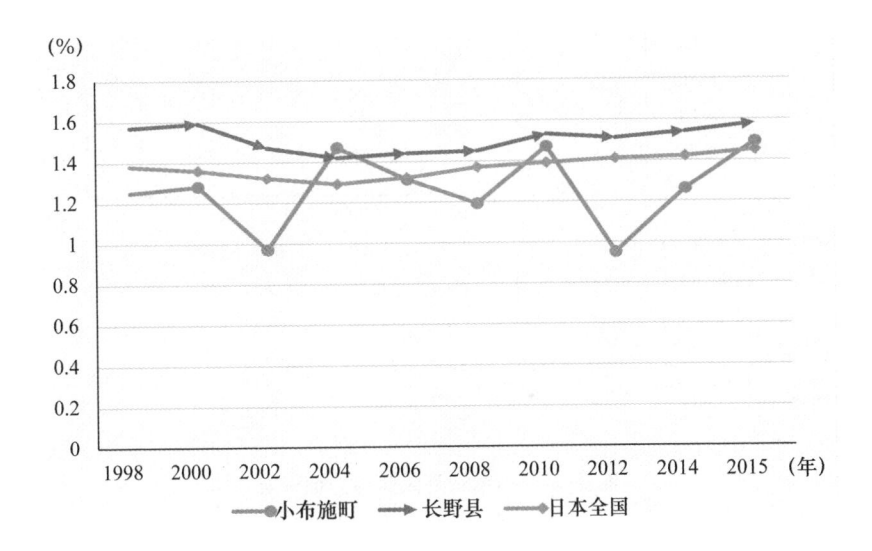

图8-2 小布施町人口总和生育率情况

资料来源:https://www.town.obuse.nagano.jp/fs/1/2/3/4/4/_/obusetoukei.pdf。

第一,在人口总和生育率方面,小布施町人口总和生育率从1998年到2015年变化较大,总体上低于所在的长野县和日本全国的数据,如图8-3所示。

第二,在人口总数和各年龄段人口数量方面,小布施町的总人口基本上保持在1万人左右,呈现逐步下降的趋势,但是,人口的户数呈现不断增加的趋势。此外,65岁以上人口不断增加,相反15—64岁和15岁以下人口则不断减少,说明小布施町面临着严峻的老龄化问题，如图 8-4 所示。在此背景下，单独依靠小布施町当地人口难以有效构建以内循环为主的产业形态，需要构建一个内循环和外循环共存的产业，特别是在外循环产业方面，需要艺术文化产业、生态旅游产业和农产品销售等方式，吸引更多的外部游客。

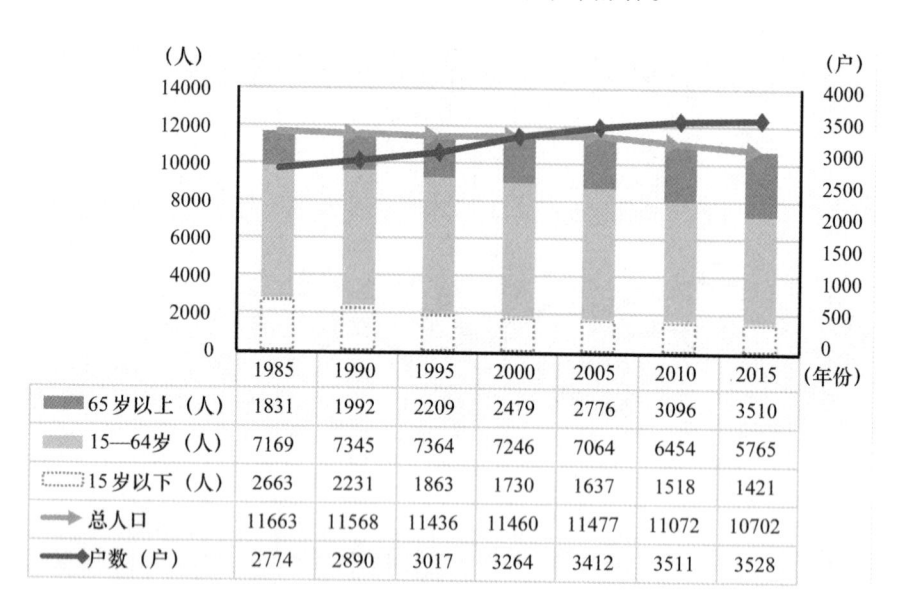

	1985	1990	1995	2000	2005	2010	2015
65岁以上（人）	1831	1992	2209	2479	2776	3096	3510
15—64岁（人）	7169	7345	7364	7246	7064	6454	5765
15岁以下（人）	2663	2231	1863	1730	1637	1518	1421
总人口	11663	11568	11436	11460	11477	11072	10702
户数（户）	2774	2890	3017	3264	3412	3511	3528

图 8-3　小布施町人口与户数情况

资料来源：https://www.town.obuse.nagano.jp/fs/1/2/3/4/4/_/obusetoukei.pdf。

第三，在人口变动情况方面，从 1989 年开始，小布施町的总人口数量有增有减，但是从 2005 年开始，人口呈现出负增长的状态，如图 8-5 所示。但是，通过对比表 8-1 的数据可以看出，造成人口负增长的主要原因是人口自然死亡人数的增加。通过表 8-1 中的社会动态变化数据可以看出，流入小布施町的人口数量基本上高于流出人口的数量，可以推测出，这主要是由于通过乡村发展的探索，营造了良好的生活和生产环境，促进了外部人口向本地区的流动。

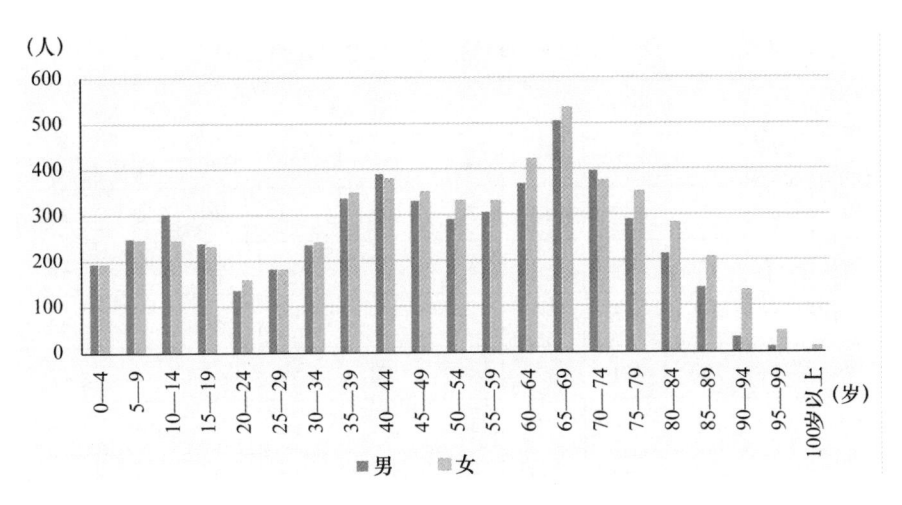

第八章 构建不同产业的晕轮效应：日本小布施町打造比较优势的乡村发展之路

图 8-4 小布施町 2015 年不同年龄阶段男女人口数量

资料来源：https://www.town.obuse.nagano.jp/fs/1/2/3/4/4/_/obusetoukei.pdf。

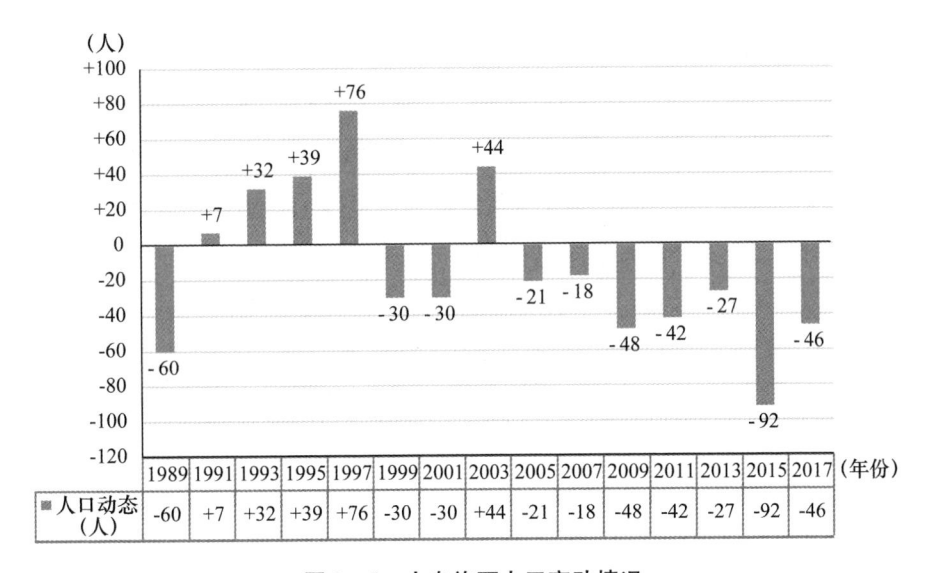

年份	1989	1991	1993	1995	1997	1999	2001	2003	2005	2007	2009	2011	2013	2015	2017
人口动态（人）	-60	+7	+32	+39	+76	-30	-30	+44	-21	-18	-48	-42	-27	-92	-46

图 8-5 小布施町人口变动情况

注：人口动态数据由人口自然变动（出生和死亡人口数量变动）、社会变动（流入和流出人口数量变动），出国、回国、脱离国籍等变动构成。

资料来源：https://www.town.obuse.nagano.jp/fs/1/2/3/4/4/_/obusetoukei.pdf。

表8-1　　　　　小布施町人口自然变动和社会变动情况

年份	年度增减	自然变动（人）			社会变动（人）			其他（人）		
		出生	死亡	增减	流入	流出	增减	登记	消除	增减
1989	-60	111	102	+9	244	316	-72	10	7	+3
1991	+7	92	93	-1	372	370	+2	9	3	+6
1993	+32	88	110	-22	422	372	+50	8	4	+4
1995	+39	101	121	-20	427	371	+56	4	1	+3
1997	+76	105	87	+18	444	392	+52	16	10	+6
1999	-30	120	113	+7	398	436	-38	13	12	+1
2001	-30	85	103	-18	419	428	-9	4	7	-3
2003	+44	90	106	-16	442	384	+58	4	2	+2
2005	-21	77	107	-30	350	337	+13	0	4	-4
2007	-18	95	110	-15	359	363	-4	4	3	+1
2009	-48	84	120	-36	341	359	-18	7	1	+6
2011	-42	80	134	-54	332	323	+9	4	1	+3
2013	-27	82	136	-54	330	287	+43	3	19	-16
2015	-92	68	141	-73	301	316	-15	7	11	-4
2017	-46	65	137	-72	339	310	+29	5	8	-3

注：其他部分中的登记主要是回国人员，消除部分是指出国或脱离日本国籍人员。

第四，在产业人口方面，小布施町的第一、第二产业的就业人口总体呈现下降的趋势，而第三产业的就业人口则整体呈现上升的趋势如图8-6所示，这主要是由于小布施町推进的乡村发展主要是以观光旅游产业为主，因此，相关的服务行业就业人数也不断增加。

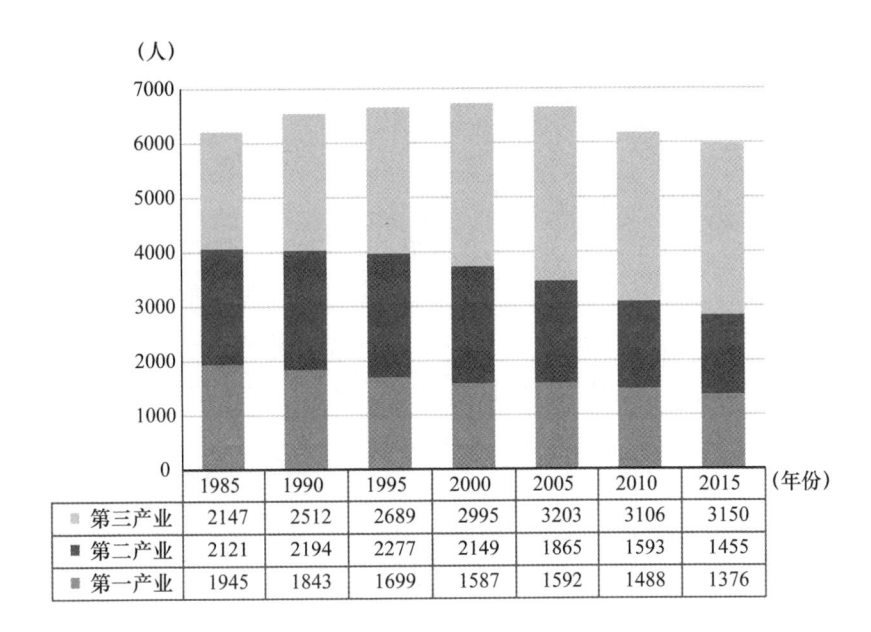

第八章 构建不同产业的晕轮效应：日本小布施町打造比较优势的乡村发展之路

(年份)	1985	1990	1995	2000	2005	2010	2015
第三产业	2147	2512	2689	2995	3203	3106	3150
第二产业	2121	2194	2277	2149	1865	1593	1455
第一产业	1945	1843	1699	1587	1592	1488	1376

图 8-6 小布施町三大产业就业人数

资料来源：https://www.town.obuse.nagano.jp/fs/1/2/3/4/4/_/obusetoukei.pdf。

四 小布施町产业分析

在农业产业方面，历史上小布施町是一个农业为主的地区，小布施町出产的苹果、葡萄和栗子比较有名。特别是栗子产业在地方创生[1]背景下，通过三产融合方式，以栗子为原料，打造栗子羊羹、栗子金团（栗子泥点心）、栗子蒙布朗等点心，将传统的第一产业的栗子转型升级为吸引外地游客在小布施町消费的第三产业。小布施町的栗子产业距今有600余年的历史，由于流经小布施町南部的松河常年泛滥，在当地形成了冲积地，这也为小布施町的农业发展提供了基础。但是，由于松河河水偏酸性，使小布施町的土地不适合种植大米等日本传统农作物，为此，适应酸性土壤的栗子成为小布施町的主要农业作物。小

---

[1] 在日本，地方创生是指为了纠正资源过度向东京等大城市集中，缓解地方人口流失情况，通过对地方采取各种支持性政策，促进地方在就业机会、年轻群体回流等方面实现突破。

布施町的栗子产量虽然远低于茨城县、熊本县，但是，因为江户时代（1603—1868年），小布施町栗子与纪州的橘子、甲州的葡萄一起被选定为"江户三大果"，作为地方朝贡的特产，贡献给江户时期的将军，因此，小布施町也被称为"栗子之乡"。

在文化产业方面，小布施町的文化主要体现在日本著名的浮世绘大家葛饰北斋（1760—1849年）在小布施生活和创作的历史。葛饰北斋被美国《生活》杂志评选为生活在1000—1999年对全人类有重大影响的人物之一，即"百位世界千禧名人"，葛饰北斋是唯一入选的日本人。

天保年间（1830—1844年），江户政府推进了以缩减政府财政支出、抑制物价和振兴农村为主要内容的改革。在此背景下，以绚丽和奢华为主题的浮世绘创作在江户城受到限制。为此，1842年，时年83岁的葛饰北斋受小布施町富农高井鸿山（1806—1883年）的邀请，初次到访小布施町，并在小布施町进行浮世绘创作。此后，葛饰北斋又三次到访小布施町，并在小布施町创作了《龙》《凤凰》《男浪》《女浪》《八方睥睨凤凰图》等作品。

葛饰北斋与小布施町的历史渊源也成为日后小布施町推进乡村发展的重要内容。1976年，小布施町政府修建了"北斋馆"美术馆，这也成为小布施町乡村发展的起点。1983年，在离北斋馆数百米的地方修建了高井鸿山纪念馆，用于展示作为画家、书法家、思想家的高井鸿山的相关史料。

第二节　小布施町乡村发展的行动主体分析

小布施町在推进乡村发展过程中，包括政府、企业、居民、居民自组织等不同的行动主体基于自身的资源优势、专业优势等在不同类型的乡村项目中扮演着不同的角色；同时，鉴于乡村发展项目的公益性、专业性和系统性特点，需要不同的行动主体通过协作构建一个以乡村发展为主要目标的行动者网络。

第八章 构建不同产业的晕轮效应：日本小布施町打造比较优势的乡村发展之路 ▶▶▶

一 政府在小布施町乡村发展中的角色分析

对于一些缺少先天资源禀赋的地区而言，探索乡村发展项目需要政府在公信力、可信度和预期性方面发挥探索性和兜底线作用。在小布施町乡村发展案例中，政府的角色可以总结为：规划者、组织者、协作者、倡导者。

（一）规划者角色

规划者角色主要体现在政府通过制定地方综合发展规划，明确未来一段时间地区主要发展方向，引导政府和社会力量资源投入重点领域，从而实现地方发展由点到面的突破。以小布施町景观营造项目（1982—1986年）为例，1981年，小布施町成立规划调整课，在此基础上制定了《小布施町第二次综合规划》，计划将1976年建设的北斋馆周边的区域划定为历史文化区，并将小布施町定位为"富饶美丽乡村"。随着景观营造项目的完成，1986年，小布施町政府又出台了《第二次综合规划后期基本规划》，制定了"富饶乡村环境设计标准"，进一步将小布施町划分为"清爽生活区""历史文化区""岩松院故乡区""西部玄关口逢濑区"等。1987年，为了进一步细化环境设计标准，受日本建设省的委托，小布施町制定了《小布施町地方住宅规划》，根据城镇中心区域、农村区域、新型住宅区域等不同区域的特点，规定了不同区域房屋屋檐、外墙的形状和颜色等。这也为后期分区域推进不同类型乡村发展项目提供了政策依据。此外，1990年，小布施町政府出台了《富饶美丽乡村建设条例》，规定政府可以为相关的造景项目提供补贴并进行表彰。2004年，随着日本政府出台《景观法》，都道府县和政令市指定城市等省级政府成为"景观行政团体"[①]。2005年，小布施町新修订了《富饶美丽乡村建设条例》，

---

① 根据《景观法》的相关规定，景观行政团体是指从事景观行政管理工作的行政机关，被认定为景观行政团体的政府机关可以制定本区域的景观规划，在景观规划区域，与景观相关的建筑以及施工等，相关的工程设计和施工方法需要向景观行政团体进行报备，并获得批准。由此，避免了因各种类型市场主体的无序开发，可能对景观整体性造成破坏。

并于2006年成为"景观行政团体",同年3月出台了《小布施町景观规划》。可以看出,在推进造景项目过程中,小布施町政府通过各类规划,将小布施町划分为不同的区域,并利用自身景观行政团体的身份,制定了详细的标准,避免了各种无序开发,实现了同一规划区域采用相同的标准。

(二)组织者角色

所谓的组织者角色主要体现在政府通过组织实施相关乡村发展项目,引导社会力量参与相关项目,激活其他行动主体,将其卷入乡村发展行动者网络。

20世纪60年代,随着小布施町人口减少到1万人以下,小布施町不仅面临着严峻的人口问题,同时人口的流失也造成各类生产主体和消费主体的缺失。为此,1969年,小布施町与长野县政府合作成立了小布施町开发公社,在小布施町开发建设住宅房地产,70年代,小布施町人口恢复到1万人以上。在此基础上,小布施町政府利用开发房地产剩余的资金,建设了北斋馆,这也成为小布施町乡村发展的起点。通过打造北斋馆,成功吸引外部游客,这也为后期打造景观营造、开放花园等项目,提供了游客基础。

小布施町政府的组织者角色也体现在开放花园(Open Garden)项目当中,如图8-7所示。开放花园一般是指将居民个人的庭院向一般的公众开放。开放花园最早起源于1927年成立的英国国家花园计划(the National Garden Scheme,NGS)慈善团体,通过吸引居民在规定时间内将个人家庭的庭院向公众开放,收取门票或通过募捐箱募捐[1],并将门票或募捐收入主要用于慈善和医疗、园艺研究机构。小布施町的开放花园项目起源于20世纪80年代。当时的小布施町居民自治组织"町内自治会"在当地发起成立了"美丽乡村事业推进委员会",组织小布施町的中小学生会成立绿化部,开展花草种植;同

---

[1] 英国开放花园项目的收费方式比较多元,有的地区的开放花园项目或重要私人花园的开放则需要提前线上购票,有的则是在每处开放花园设置捐赠箱,可以现场捐赠。

第八章 构建不同产业的晕轮效应：日本小布施町打造比较优势的乡村发展之路

时组织老人会建设花坛，种植花草。1988年，随着"故乡创生事业"概念的提出，小布施町政府组织居民到欧洲等国家学习景观营造。在此基础上，2000年，小布施町正式发起开放花园项目。该项目由小布施町政府直接运营，但是，政府并不直接投入资金，相关的费用和景观营造由居民自主实施。

图8-7 小布施町开放花园标志

资料来源：https://obuse-opengarden.com/howfun。

（三）协作者角色

所谓的协作者角色是指政府配合企业、居民自组织、居民等社会力量开展的相关乡村发展项目，政府为其提供合法性背书，确保项目的顺利实施。例如，在景观营造项目中，政府除了扮演规划者的角色，还扮演着协作者的角色，如成立住房建设咨询所，编写住房建设指南和广告物设置指南等。

首先，在住房建设咨询服务方面，1989年，为配合小布施町景观营造项目，小布施町政府成立了住房建设咨询所，每个月组织两次咨询服务，对计划建设住房的居民提供符合环境设计标准的住房建设意见，包括房屋外墙颜色、房屋屋顶形状、门前绿化等，此外，还提供"两代同堂一同居住如何建设房屋"之类的建议。负责提供具体建议的人主要是小布施町当地的建筑师。2004年，在《景观法》出台之前，居民在建设房屋时，可以自主选择是否咨询相关意见，但是,《景观法》出台之后,在小布施町建设房屋时都需要向政府提交申请,特别是在景观营造重点区域,规定在建设房屋前30日需要征求住房建设咨询所的相关房屋建设意见。

其次,在住房建设指南和广告物设置指南编写方面,为促进当地居民加深理解和支持环境设计标准,小布施町政府制作和印刷了住房建设指南和广告物设置指南,向居民和相关企业进行发放,特别是对于建筑企业而言,在承接房屋建设项目时,可以参考指南,避免因房屋设计和建设与当地的景观营造设计标准不一致产生的各类冲突。同时,通过标准前置的方式,确保了景观营造标准的统一,为小布施町开展文化和旅游项目提供了基础。

二 企业在小布施町地方创生中的角色分析

在小布施町地方创生中,企业扮演着重要的角色,特别是企业发挥自身在经营管理方面的优势,不仅为当地栗子产业的三产融合提供了重要支持,同时,企业,特别是家族企业为当地政府输送了领导者,将企业的经营管理理念嵌入政府行政行为中。此外,企业在企业社会责任和企业公民理念的影响下,通过组织或参与各类居民自组织、非营利组织等方式,参与小布施町的地方创生事业。

(一) 产业振兴主导者角色

在小布施町,产业振兴除了文化旅游产业,主要体现在栗子产业。通过栗子产业的三产融合,将栗子产业更多的附加值留在乡村,不仅增加了当地居民务工的收入,也带动了旅游产业发展。

小布施町的栗子加工和销售主要由三大家族企业控制,分别为樱井甘精堂、竹风堂和小布施堂。其中,樱井甘精堂由樱井家族经营,经营栗子相关产品最早可以追溯到1808年,1964年成立现在的公司樱井甘精堂,主要从事栗子点心制造、销售,经营餐饮店和咖啡厅,拥有6家直营店门店,其中两家位于小布施町,1家产品加工工厂。竹风堂成立于1893年,由竹村家族经营,主要从事栗子点心的生产、批发、零售、线上销售,在长野县内拥有12家店铺,其中8家店铺除了销售业务，还经营餐饮业务，在长野县须坂市设有一处栗子点心加工工厂。小布施堂成立于 1923 年，由市村家族经营，主要从事栗子点心制造、销售，及餐饮和住宿等业务，拥有两处直营店，均位于小布施町；销售店铺分布在长野县、东京都、大阪府和爱知县，其中，长野县 2 家、东京都 4 家、大阪府 1 家、爱知县 1 家；零售网点遍布日本全国 28 个都道府县；经营小布施堂的市村家族除了栗子产品，还经营着桝一市村酿酒厂。

由于小布施町的栗子种植规模相对有限，难以满足小布施町所有栗子点心企业的需求，所以，目前小布施町的栗子点心原材料除了小布施町，也会从日本其他生产栗子的地方采购，在此基础上将小布施町内外生产的栗子原料配合使用。为了维护小布施町栗子点心的品牌，上述三家企业会与当地的原料供应商和生产设备供应商之间不定期召开非正式的交流会，相互交流生产技术，确保小布施町栗子点心产品品质的稳定性。此外，通过设立销售网点，成功在小布施町实现栗子产业的三产融合，为推动当地的旅游产业发展提供了有力支持。

（二）为地方治理输送人才

小布施町的三大栗子产品销售企业不仅专注于栗子产业的发展，同时，由于长期扎根小布施町，也为当地政府输送了地区领导者，在此过程中，一些企业的经营理念和手法可能在一定程度上也影响了当地政府的行为方式。例如，第四任町长为市村郁夫（1969—1979年），其在任期间建造了北斋馆，正式启动了小布施町的乡村发展项目；第八任町长为市村良三（2005—2021 年）；现任町长为樱井昌季（2021 年至今），樱井昌季在担任町长之前，曾经是樱井甘精堂的负责人，也曾担任过小布施町商工会的会长。"在小布施町有多位意见领袖。例如，曾经产生过町长的市村家，不仅有市村良三町长，也有小布施堂社长市村次夫，此外，樱井甘精堂的樱井社长也担任过商工会的会长。竹风堂的竹村利器社长、日本酒生产企业的松叶屋的市川博之社长等彼此之间好像都有一定的联系与合作，这些人并不是突出单个的个体，但是，通过彼此间的联系掌握着小布施町的整体运营。"

（三）乡村公益项目推动者角色

所谓的乡村公益项目推动者，主要是指企业在企业社会责任和企业公民理念的推动下，通过发起和参与乡村公益项目，推动乡村发展。例如，樱井甘精堂、竹风堂和小布施堂三家企业为实现"以北斋馆为中心将小布施町整体打造成为一个博物馆"的目标，小布施堂建设了高井鸿山纪念馆，竹风堂建造了"日本灯具博物馆"，樱井甘精堂建造了"栗木美术馆"。这些博物馆和美术馆也成为小布施町旅游产业的重要内容。此外，企业还积极参与小布施町政府组织实施的开放花园项目，将企业的老店铺等打造成为开放花园的一部分，免费向公众开放。

三 居民及居民自组织在小布施町乡村发展中的角色分析

小布施町乡村发展的一个重要特点是居民及居民自组织积极参与各类项目，如景观营造项目、开放花园项目等，这种参与一方面提高了居民横向之间的凝聚力，另一方面打造了小布施町乡村发展的模式，促进了项目的可持续性。

（一）发挥政策倡导者的角色

当地居民及居民自组织通过政策倡导等方式，吸引政府的关注，从而为官民协同发挥作用提供基础。例如，在景观营造项目方面，为保护小布施町的景观营造象征之一的雁田山，小布施町的居民自发组织成立"雁田山自然保护会"，组织实施自然保护运动。该保护会的会长之后担任小布施町的町长。在雁田山自然保护会的倡导之下，1982年，小布施町政府将禁止过度采石和交通安全写入《第二次综合规划》。

（二）发挥乡村发展组织者的角色

小布施町乡村发展的一大特点是当地居民及居民自组织深度参与各类乡村发展项目，当地的各类人才以专业和行业为纽带，结成专业的居民自组织。一方面为政府提供专业化的意见；另一方面结合组织

第八章　构建不同产业的晕轮效应：日本小布施町打造比较优势的乡村发展之路

的特长，实施各类乡村发展项目。

1. 小布施景观研究会

在小布施町组织实施景观营造项目和小布施町出台《美丽乡村建设条例》的背景下，1991年6月，在北村电机商会会长的呼吁下，由当地的建筑和造园相关专业人士组织成立了小布施景观研究会。会员主要包括生活在小布施町，并在小布施町从事建设类业务的人员，同时，也包括生活在小布施町，但是，相关建设业务主要是在小布施町以外地区的人员。研究会不接受任何政府的资助，经费主要来自会员缴纳的会费以及赞助商的捐赠。研究会除了从专业的角度向有建造需求的店铺和居民提供专业的景观营造建议，会动员会员企业采用传统建筑营造手法为居民建造住宅。同时，为提升当地居民关于景观营造重要性的认识，研究会向当地居民发行《原创生活》（O－LIFE）杂志，希望通过杂志培养当地居民情操。

2. Ala-obuse

Ala-obuse是一家由民间和政府共同发起和经营的企业，企业的生产经营收益主要用于小布施町公益慈善项目，目的是通过官民共同参与方式，推进乡村建设，因此，Ala-obuse属于社会企业。由于Ala-obuse成立之初主要是由民间发起，因此，本章将Ala-obuse纳入居民自组织进行分析。

Ala-obuse的前身是小布施堂的副社长利用小布施堂的店铺组织了一个名为"彩时屋"的民间音乐活动组织。在此基础上，1993年1月，小布施町商会共同发起成立了城镇建设公司。此时，小布施町政府也正在计划成立一个小布施町导游服务中心。在此背景下，1993年，由民间和政府共同发起成立了一个能够发挥政府和民间各自优势的社会企业。Ala-obuse主要从事地方商品策划，各种公益活动和会议的组织，农产品生产和销售，房屋租赁，观光旅游设施运营与管理，广告制作与宣传，宾馆、民宿等住宿设施的信息提供，等等。在导游服务中心，不仅向游客提供周边区域的相关信息，同时也提供咖啡、地方特产销售、多功能室出租等服务。

3. 东京理科大学—小布施町乡村建设研究所

2005年,东京理科大学与小布施町合作在小布施町设立"东京理科大学—小布施町乡村建设研究所",希望通过发挥高校等科研机构在乡村建设方面的专业优势,探索一种大学与地方协同的乡村发展模式。

东京理科大学—小布施町乡村建设研究所的主要活动内容包括四个方面。乡村历史和建筑的调查研究、文献收集,为政府政策制定建言献策,建筑类项目计划制订和监督,居民教育,等等。

通过以上对政府、企业、居民、居民自组织等不同主体参与情况和角色的分析可以看出,小布施町乡村发展的最大特点是构建了一种自上而下和自下而上的官民学共同参与的乡村发展道路,其中,社会力量在其中扮演着重要的角色,政府在此过程中更多的是发挥其在规划、政策、资源方面的优势。一方面,能够激活社会力量的活力,培养社会力量的参与意识和参与能力;另一方面,社会力量的深度参与能够为乡村的可持续发展提供根本的动力和支持。

第三节 小布施町乡村发展的主要做法与效果分析

20世纪50年代,小布施町的人口达到1.1万人左右,但是,随着日本农村整体空心化程度的加深,小布施町在70年代减少到1万人以下,面对人口减少和农村空心化,如何推进乡村发展,特别是在本地人口不断减少的背景下,吸引外部人口和优化当地产业结构成为小布施町的选择。为此,1969年当选小布施町町长的市村郁夫将小布施町的发展定位确立为"文化立町"和"农业立町"。其中,文化立町主要是指通过挖掘小布施町的文化资源,通过发展旅游产业吸引外部游客到当地旅游,促进旅游经济发展,在此基础上打造和宣传小布施町的文化、自然等优势,吸引外部人员到当地定居,实现"游客"向"居民"的身份转变。农业立町主要是指依靠企业继续深挖栗子等传统优势农业,通过在小布施町打造集栗子点心零售、餐饮、住宿等为一体的综合设施,实现栗子产业三产融合,将栗子产业嵌入小布施町旅游产业，一方面实现栗子产业的升级，另一方面为旅游产业增加新的要素。本案例将以景观营造、开放花园和栗子产业为主，分析小布施町乡村发展的主要做法，以及不同乡村发展行动主体如何在景观营造、开放花园和栗子产业中通过纵向和横向联系，构建以官民互动为主要特点的"小布施式"项目振兴模式。

一 小布施町乡村发展的主要做法

（一）官民协同：小布施町景观营造项目

椚座圭太郎和大谷真奈美认为，景观是人格权的一方面，景观是一个地方可持续发展的必要条件。一般来说，景观包括自然景观和历史景观，景观由地区居民共同所有，不属于特定的个人或组织，因此，为了实现地方可持续发展，景观营造不能局限于对既得利益的保护以及维持现有的秩序，需要从社会创新的角度出发，吸引更多的人参与景观营造当中[1]。小布施町的景观营造项目可以分为前后两个阶段。

1. 景观营造第一阶段

由于传统上小布施町缺少旅游资源，因此，在景观营造项目之前，小布施町并未将旅游产业纳入乡村发展体系。20世纪50年代，随着日本进入高度经济成长期，小布施町的人口开始向大城市单向流出，为了减少本地人口的流失以及吸引外部人口的流入，60年代，小布施町选择房地产开发作为本地区的主要经济发展政策，试图通过开发房地产，吸引长野市及周边区域的人口到小布施町居住。虽然，房地产开发政策一定程度上促进了人口的回流，到70年代，小布施町的人口恢复到1万人以上，但是，新流入的人口与小布施町原住民由于存在文化、职业、教育、地域等各方面的差异，两种异质人群难以实现有效融合。在此背景下，如何推动新旧居民的融合是当时小布施町政府首先需要解决的问题。为此，小布施町选择建设北斋馆，通

---

[1] 椚座圭太郎、大谷真奈美：「都市景観形成が児童・生徒・学生の住環境・居住意識に与える影響」、『人間発達科学部紀要』2012年第6卷第2号，第125頁。

过利用葛饰北斋在日本的影响力，构建新旧居民对小布施町的共同认同感。由于北斋馆建设在水田当中，周边都是稻田，因此，北斋馆也被揶揄为"水田中的美术馆"；此外，再加上社会上怀疑北斋馆所展示的葛饰北斋的作品是否为真迹，在各种因缘巧合之下，小布施町的北斋馆逐步被世人所熟悉，最后演变成为"要看北宅的话，就得到小布施"的一种未曾预设到的效果。北斋馆的建设是小布施町乡村发展的起点，也为景观营造项目打下了基础。

北斋馆建成后，由于游客数量的增加，在北斋馆附近汇聚了许多餐饮和店铺，其中一些是栗子销售店铺，可以看出，北斋馆的建设也为小布施町栗子产业的发展提供了一个对外展示的窗口。

当时高井鸿山家族计划将高井鸿山的招待文人墨客的"悠然楼"以及相关的仓库出售，为此，小布施町政府计划将"悠然楼"的建筑购买过来，并修建道路等基础设施，与北斋馆一起打造成连片的旅游景点。但是，小布施堂的负责人市村次夫认为，由政府自下而上地进行开发，可能会打破当地的原始历史风貌，此外，由于缺少历史建筑保护规划，在新开发的地区可能出现与历史建筑风格完全不一致的新式建筑。为此，小布施町文化观光协会、狮子会（Lions Club）、商工会等组织召开了"讲述明日的小布施"研讨会，组织市民参与小布施町乡村建设的研讨。在此背景下，计划开发区域的土地所有者小布施堂（市村次夫）、长野信用金库小布施分店、小布施町政府、建筑家宫本忠长以及两位居民市村良三和真田达夫六个代表经过两年的讨论，最后决定不采用政府购买土地进行综合开发的方案，而是采用土地置换方式，在北斋馆周边的历史文化区域建设高井鸿山纪念馆、小布施堂总店、长野信用金库小布施分店和两家民居。景观营造项目于1982年开始建设，1987年完工。

通过上述历史事件分析可以看出，小布施町景观营造项目第一阶段的主要特点是以北斋馆建设为起点，让政府认识到可以通过打造文旅产业推动小布施町乡村发展。同时，在此过程中，小布施町当地的企业和居民也逐步认识到乡村的发展，特别是景观营造不能

第八章　构建不同产业的晕轮效应：日本小布施町打造比较优势的乡村发展之路

只是政府单一的自上而下的开发，为推动历史建筑的保护和实现乡村可持续地发展，也需要当地企业和居民积极参与，通过自下而上的参与，不仅可以保护乡村建筑风格的一致性，同时也可以调动更多的居民参与。

2. 景观营造的第二阶段

以促进新旧居民融合为主要目的打造的北斋馆在成为吸引外地游客的旅游热点之后，小布施町政府和当地居民开始构建如何将小布施町建设成为更加吸引外地游客的旅游胜地。为此，1986年，小布施町政府于1986年制定了《小布施町综合规划后期基本计划》，将"悠然楼"周边的历史文化区域、小布施町车站周边区域和岩松院周边区域纳入开发对象，为实现景观的和谐统一，制定了《环境设计协作标准》。此外，1990年进一步制定了《富饶美丽乡村建设条例》，1992年制定了《住房建设手册》《广告物设置手册》等标准，但是，这些标准并不具有强制性。2006年，小布施町被日本政府认定为"景观行政团体"，获得了景观营造规划、审批的权限，从而为实现小布施町统一风格的景观营造提供了法律基础。

景观营造不仅为小布施町推动文旅产业发展提供了基础，同时也提升了小布施町居民对小布施的认同感和自豪感。这种认同感和自豪感也成了在平成大合并（1999—2006年）过程中，小布施町选择不与其他行政区域合并，而是选择自主发展道路的主要原因。2004年，小布施町发布"小布施町走向自立的未来展望"。2005年，小布施町政府宣布，不与其他周边行政区域进行合并。在此基础上，小布施町试图通过发挥在景观营造方面积累的经验，以"协作与交流的乡村发展"为主题，推进小布施町居民、当地企业、大学及研究机构、区域外企业协作，同时发展"交流产业"[①]，实现小布施町式乡村发展。

（二）公私空间融合：小布施町开放花园项目

白幡洋三郎指出，在人们直接能够观察到的前花园种植绚烂多彩的

[①] 在日本，所谓的"交流产业"是指以满足区域外需求为主要目标的生产活动。

花草是西方园艺（Gardening）常见做法，如果种植的花草不能为他人所欣赏，那么就不能称之为园艺[①]。下村孝和梅森雄治认为，园艺融合了有助于提升人们生活空间品质的要素，追求的是种植的技术、日用器具以及居住环境的和谐统一[②]。因此，园艺可以通过提升人们的生活环境品质，促进居民在美丽居住环境营造过程中的主体性参与[③]。在日本，开放花园项目最早出现在1998年左右，不同于英国的开放花园主要是为慈善事业募集资金，日本的开放花园项目主要用于乡村建设、城乡人员交流、旅游产业发展等。在小布施町，开放花园项目于2000年启动，不同于日本其他地区的开放花园项目主要是由园艺爱好者等民间主体自下而上推动实施，小布施町的开放花园项目是日本第一家由政府自上而下推动实施的，如图8-8所示。

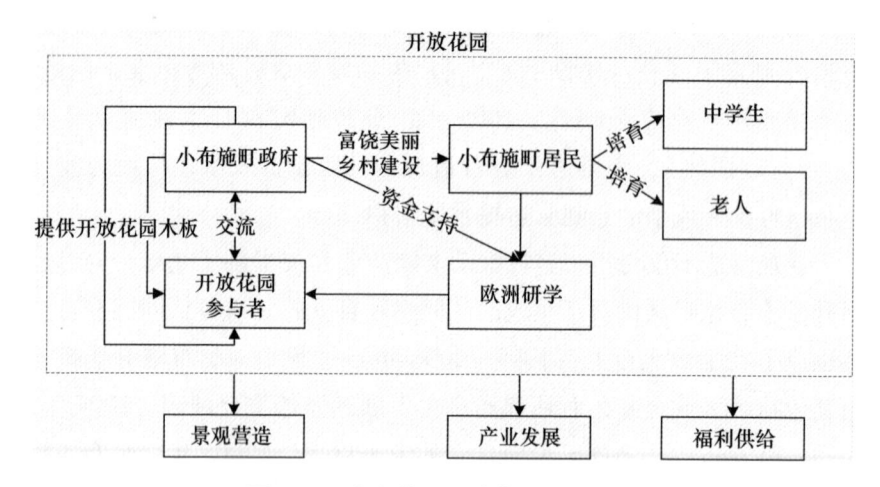

图8-8 小布施町开放花园项目模式

资料来源：笔者绘制。

[①] 白幡洋三郎：「ガーデニングと園芸」、『ランドスケープ研究』2001年第65卷第1号，第19—20頁。

[②] 下村孝、梅森雄治：「イングリッシュガーデンからジャパニーズガーデンへ特集に当たって」、『ランドスケープ研究』2001年第65卷第1号，第1—2頁。

[③] Katsutoshi Nonaka, "Potential and Development of Contemporary Garden City", *Journal of The Japanese Institute of Landscape Architecture*, No. 1, 2000, pp. 17-20.

1. 小布施町开放花园项目的历史沿革

1980 年，为满足当地居民追求休闲和舒适的生活居住空间，小布施町居民自治组织"小布施町町内自治会"发起成立了"美丽乡村事业推进委员会"，根据不同区域的特点，组织实施乡村美化运动。例如，在当地的中学，依托学生会，组建绿化部，教授学生如何种植花草；依托老人会，组织当地老年人建造花坛。此外，还鼓励当地居民将种花融入日常生活。在此基础上，1981 年，小布施町政府制定第二次综合规划，提出小布施町的发展定位是"富饶美丽乡村建设"。1989 年，日本政府提出"故乡创生事业"的发展目标，在此背景下，小布施町为了学习西方如何打造美丽乡村，发起"景观与花的乡村，欧洲花的乡村建设研学"项目，组织当地居民赴欧洲进行研学，该项目一直持续到 1997 年，共计派遣 150 名居民赴欧洲和加拿大等国家学习园艺等技术。在此基础上，1990 年，小布施町出台了《富饶美丽乡村建设条例》，开始重点打造以花草和绿色为主题的景观营造项目。1992 年，为推进"花之乡村"产业化，小布施町建设了"花的庭院小布施"，作为相关信息传播的基地。1994 年，小布施町的花园建设项目在日本政府举办的"第四届花之乡村建设大赛"中获得"农林水产大臣奖"。1997 年，为了进一步推进花之乡村建设事业，小布施町建设了花卉苗木生产基地"小布施花卉中心"。

可以看出，小布施町的开放花园项目并不是一时兴起，而是通过前期的培育，提升居民对美丽乡村建设重要性的认识，并通过研学活动，培养园艺建造相关人才，这也是后期开放花园项目能够顺利推进的基础。

2. 小布施町开放花园项目的主要做法与特点

（1）小布施町开放花园项目的主要做法

2000 年，小布施町正式提出开放花园项目，当年，共有 39 家私人庭院参与该项目。截至 2022 年 7 月，共有 136 处私人庭院参加开放花园项目。

第一,开放花园项目的目标设定。小布施町在推进开放花园项目过程中,赋予开放花园项目三大功能,即景观功能、产业功能和福利功能。其中,景观功能是指通过发挥开放花园作为园艺艺术的功能与作用,打破传统私人庭院的封闭性,将私人庭院嵌入美丽乡村系统工程,构建开放式的庭院,打造小布施町特有的景观;产业功能是指将开放花园嵌入文旅产业,通过开放花园吸引外部游客到当地旅游和消费,促进产业转型升级和居民增收;福利功能是指通过开放私人庭院,为小布施町居民营造一种充满花草的美丽乡村,改善当地居民生活环境。

第二,开放花园项目的实施。小布施町政府利用"花的庭院小布施"宣传基地,为有意愿参与开放花园的居民提供庭院造景技术指导。此外,印刷"小布施开放花园手册",引导外来参观者根据自己的兴趣爱好选择自己喜欢的庭院进行参观。目前,小布施町的开放花园按照季节类型分为春、夏、秋、春—秋四类[1];从花园分布地域来看,开放花园已经覆盖了小布施町全部区域,游客可以根据距离原因选择中心区域、东部、西部、南部、北部进行游览;在庭院类型方面,共分为日式、西式和日式西式混合型三种类型。在小布施町,所有参与开放花园项目的庭院都免费向公众开放。

(2)小布施町开放花园项目的主要特点

第一,政府有限参与。小布施町的开放花园项目主要由政府组织和运营,但是政府并不会向游客收取参观的费用,同时也不会向参与的庭院所有人支付任何的费用,庭院的营造和维护全部由庭院所有人自己承担,政府仅仅制作相关的宣传手册,以及为庭院所有人制作庭院的木牌,庭院所有人可以根据自身的情况选择悬挂开放的木牌或暂停开放的木牌。此外,为促进开放花园项目更好发展,

---

[1] 春、夏、秋、春—秋四类分别是指最适合在春季观赏的花园、最适合在夏季观赏的花园、最适合在秋季观赏的花园以及春夏秋三个季节都适合观赏的花园。

第八章 构建不同产业的晕轮效应：日本小布施町打造比较优势的乡村发展之路

政府会每年组织一次开放花园所有者交流会，听取后者关于开放花园的意见。

第二，居民主动参与。河岛敬、上山肇通过对小布施町居民的访谈调查发现，参加开放花园项目的庭院所有者主要是基于以下原因参与该项目。自身喜欢庭院，所以参加；外来人员会参观自己的庭院，所以会有意识将自己的庭院建设得更加美丽，在此过程中，小布施町整个环境变得更好；邻居彼此之间会相互协助完善自己的庭院；社区社会资本不断提升[①]。

（三）产业互嵌：小布施町栗子产业

由于栗子是一种可生食食物，因此，历史上，栗子产业更多地作为第一产业。但是，作为第一产业的栗子其自身的附加值较低，如何提升栗子产业的附加值，推动栗子产业从第一产业向第二、第三产业延伸，是栗子产区推动产业振兴和三产融合需要解决的问题。对此，作为日本传统栗子产区的小布施町通过栗子点心的加工，不仅丰富了栗子产业链，提高了栗子的附加值，同时，通过发挥栗子点心作为地方性特产的作用，丰富了小布施町的文旅产业要素，推动了小布施町文旅产业的可持续发展。

在日本，传统上栗子被看作一种水果，被用作甜味剂来源。但是，点心出现之后，则赋予了栗子新的功能。河野友美认为，在众多的食品当中，点心除了具有一般的饮食功能，还是一种能够给人们带来享受感觉的奢侈美味，日式点心经常被用于节庆日礼物、茶点和馈赠礼物，在机械文明不断发展的今天，点心能够满足人们追求精神愉悦的需求[②]。日式点心通过加工具有风味俱佳、外形美观和营养丰富的特点。在此基础上，北村嘉行认为，日式点心的生产是一种工业艺术品产业[③]。虽然，在日本全国大部分地区都有种植栗子，但是以栗

---

① 河島敬、上山肇：「長野県におけるオープンガーデン活動に関する研究—小布施町と松本市のオープンガーデンを事例として」『都市計画』2016 年版，第 720 頁。
② 河野友美：『菓子（新・食品事典 10）』、真珠書院 1991 年版、第 2 頁。
③ 北村嘉行：『工芸産業の地域』、原書房 2006 年版、第 7 頁。

子点心生产为主的产业在空间分布方面则相对集中。中岛常雄指出，在栗子点心产业当中，相关的生产部门无论其生产规模大小，很多都会开展零售业务①。这一点也体现在小布施町，在小布施町的栗子产业链中，生产部门和销售部门基本上都集中在一个地方。目前，小布施町的栗子生产和销售企业，除了上文介绍的樱井甘精堂、竹风堂和小布施堂三大企业，还包括角屋、小布施岩琦、小布施栗果制造、松仙堂、栗庵风味堂、盐屋樱井6家规模较小的企业。在空间分布方面，9家企业形成了以樱井甘精堂、竹风堂和小布施堂三大企业为中心集中分布的特点。这种空间布局，一方面能够在不同的企业之间形成一种竞争关系；另一方面，也有利于彼此之间的学习。例如，作为最早从事栗子点心生产的樱井甘精堂研发出"落雁""栗鹿之子"和"栗子羊羹"，如图8-9所示，其他企业经竞相模仿，生产出类似的点心。

图 8-9 樱井甘精堂的"栗子羊羹"
资料来源：https://www.kanseido-shop.com/SHOP/328583/328586/list.html。

但是，栗子点心产业的发展仅仅依靠当地人口难以支撑大规模生产，需要将栗子点心产业嵌入一种能够带来大量外部消费群体的

---

① 中岛常雄编：『现代日本産業発達史XVIII食品』、现代日本産業発達史研究会1967年版、第389頁。

第八章　构建不同产业的晕轮效应：日本小布施町打造比较优势的乡村发展之路 ▶▶▶

产业链。因此，在小布施町开始推进景观营造、开放花园之后，随着外来游客数量的增加，为小布施町当地的栗子产业的转型升级和规模化发展提供了很好的机遇。在此过程中，栗子点心产业嵌入文旅产业机制主要是通过栗子点心的"观光旅游化"，赋予栗子点心小布施町特产的新身份，"在著名文化和自然景点，当欣赏着美丽景观时，人们会陷入陶醉和精神亢奋状态，此时，如果能够品尝美味的话，那么即使是平时经常吃的东西，也会感觉美味。同时，在品尝的过程中，通过感受商品背后所蕴含的历史，能够感受到商品的厚重感和稀缺性，这会进一步增强人们从商品中获得的味觉刺激"①。在栗子点心产业嵌入文旅产业过程中，栗子点心通过发挥自身特产属性，进一步丰富了文旅产业内容，增加了游客在当地消费旅游新的要素。这种互嵌所带来的效果就是晕轮效应，如图8-10所示。所谓的晕轮效应也被称为光圈效应或日晕效应，是指人们在评价某个事物时，会被评价对象所具有的某一突出特点所吸引，从而忽视该事物其他方面的特点，以致在评价该事物时，该事物的突出特点会很大程度上影响评价者对该事物的总体评价。小布施町的景观营造和开放花园项目强化了游客对小布施町的认知和认可，进而也会提升游客对小布施町栗子点心的满意度；同时，通过品尝小布施町栗子点心，在获得身心愉悦感受的同时，也会加强游客对小布施町以及小布施町品牌的认知，从而构建了小布施町的唯一性。通过这种产业之间的晕轮效应，会扩大小布施町风景与栗子点心的存在感，小布施町的地域品牌声望通过与栗子点心品牌声望产生叠加，从而进一步放大了小布施町的地域品牌，这也是小布施町能够吸引众多游客的主要原因。

---

① 廣石忠司、山田耕嗣、遠山浩等：「地域ビジネスの振興に関する事例研究―主として長野県坂城町，小布施町―」，『専修マネジメント・ジャーナル』2019年第9卷第1号、第38頁。

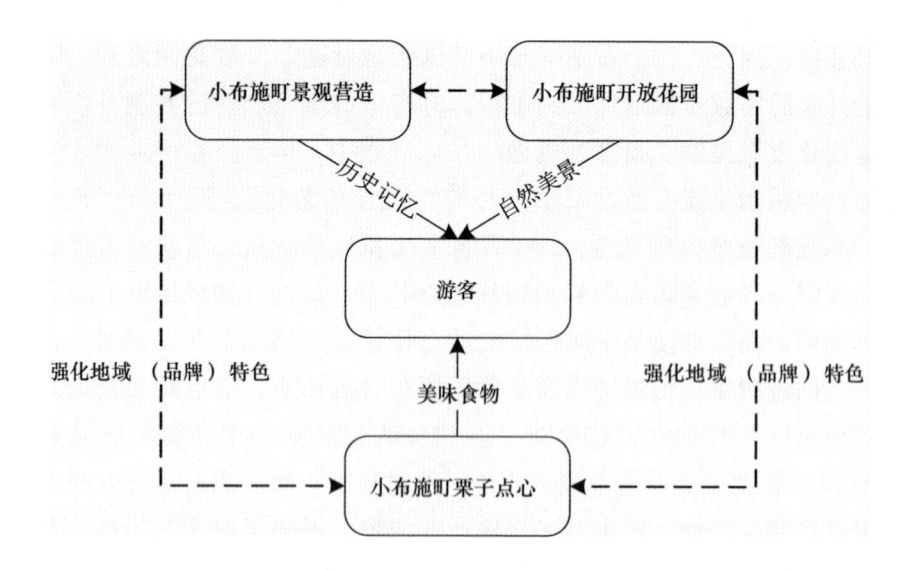

```
                ┌─────────────────┐         ┌─────────────────┐
    ┌──────────→│  小布施町景观营造  │←─────→│  小布施町开放花园  │←──────────┐
    │           └─────────────────┘         └─────────────────┘            │
    │                    │   历史记忆      自然美景   │                      │
    │                    ↓                          ↓                      │
    │                    ┌─────────────────────────┐                       │
    │                    │          游客            │                       │
    │                    └─────────────────────────┘                       │
    │                                ↑                                     │
 强化地域（品牌）特色              美味食物                      强化地域（品牌）特色
    │                    ┌─────────────────────────┐                       │
    └───────────────────→│     小布施町栗子点心      │←──────────────────────┘
                         └─────────────────────────┘
```

图 8-10 小布施町不同产业（项目）间的晕轮效应

资料来源：笔者绘制。

二 小布施町乡村发展的效果分析

作为长野县辖区面积最小的村，人口只有 1.1 万人左右，面对人口不断减少的局面，小布施町希望通过景观营造、开放花园、栗子点心产业等项目改善以农为主的产业结构，通过发展文旅产业，吸引外部人口到当地旅游消费，最高时年度旅游人数超过了 110 万人，是常住人口的 100 倍以上。小布施町关于乡村发展的探索一定程度上缓解了人口外流和空心化程度，然而，面对大城市对年轻人的虹吸效应以及文旅产业溢出效应相对有限的特点[1]，小布施町依然面临着人口流失和除文旅产业之外，其他产业弱化的问题。

第一，第三产业不断发展。根据图 8-6 所示小布施町三大产业就业人数可以看出，1985—2015 年，小布施町的第一产业和第

---

[1] 根据日本国土交通省观光厅的测算，以 2019 年为例，观光产业的经济溢出效应主要体现在生产溢出效应和就业岗位溢出效应，其中生产溢出效应为 5.3%，即旅游产业创造的 GDP 占全部 GDP 的比重；就业岗位溢出效应为 6.6%，即旅游产业创造的就业岗位占当年全部产业就业人数的比重。

第八章 构建不同产业的晕轮效应：日本小布施町打造比较优势的乡村发展之路

二产业的就业人数总体呈现不断下降的趋势，而第三产业就业人数则呈现缓慢上升的趋势。可以推测，促进第三产业就业人数数量和占比不断上升的主要原因是文旅产业的发展带动了服务业就业人数的提升。

第二，花卉产业不断发展。通过美丽乡村和开放花园等项目，带动了花卉产业的发展，2002—2017年，花卉相关产业产值总体呈现上升的发展趋势。并根据预测，花卉产业今后还将继续发展，如图8-11所示。

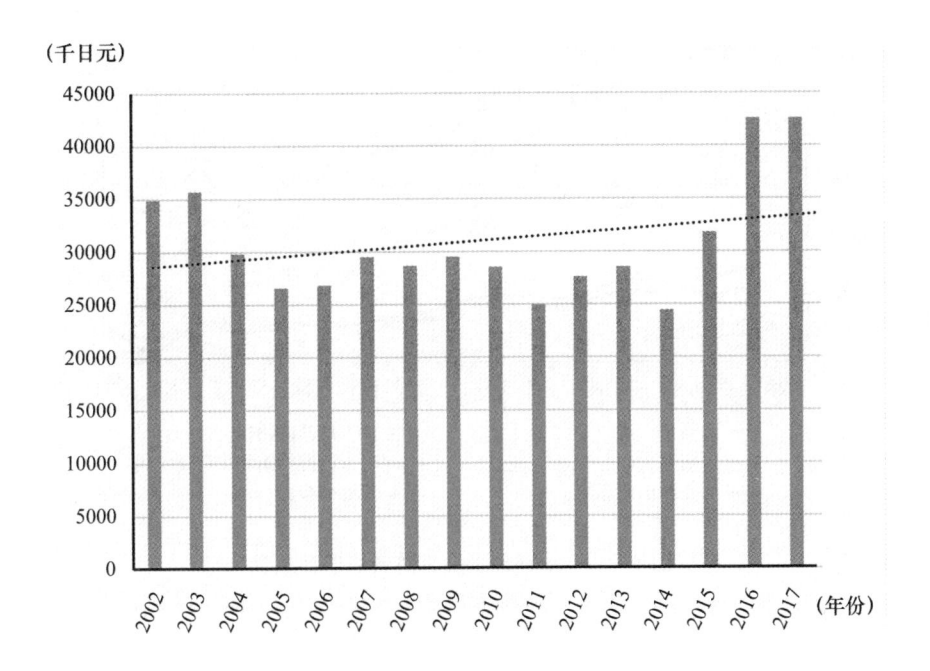

图8-11 小布施町的花卉产业产值

资料来源：https://www.town.obuse.nagano.jp/fs/1/2/3/4/4/_/obusetoukei.pdf。

第三，吸引外部游客，促进文旅产业发展。2003年后的小布施町主要旅游景点游客数量的变化情况，如图8-12所示，虽然从2003年游客数量有所减少，但这主要是由于随着旅游新概念和新资源开发完成后，外部游客的旅游热情逐步回归正常导致的正常的旅游人数回落。相对于1.1万人的居住人口数量,游客的绝对数量依然庞大。对于一个面积小、缺少旅游资源的小乡村来说,通过打造景观营造、开放花园和栗子点心产业,吸引了居住人口100倍以上的游客,这对于提振当地产业和提高居民收入来说具有巨大的促进作用。

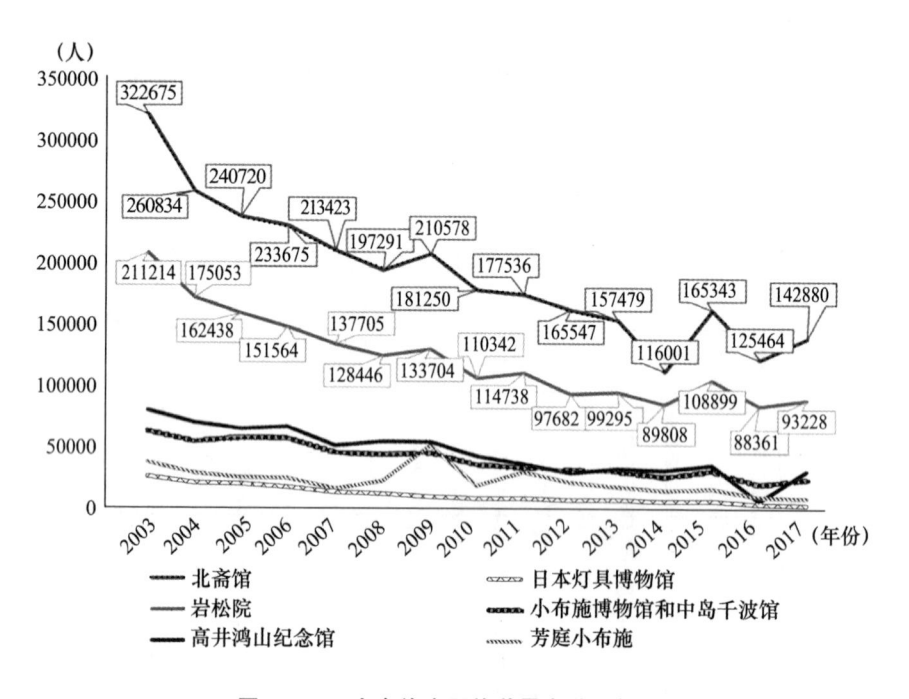

图 8-12 小布施主要旅游景点游客数量

资料来源: https://www.town.obuse.nagano.jp/fs/1/2/3/4/4/_/obusetoukei.pdf。

除了主要旅游景点游客数量能够反映当地旅游产业的发展现状,也可以通过当地火车站的人数和高速公路ETC车辆通行量侧面反映游客数量情况,如图8-13和图8-14所示。

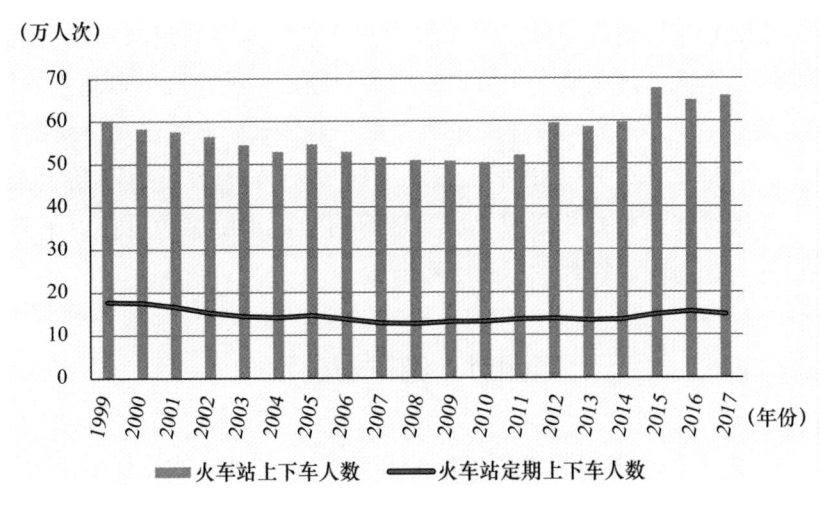

第八章 构建不同产业的晕轮效应：日本小布施町打造比较优势的乡村发展之路

图 8-13 小布施町火车站使用人数

资料来源：https://www.town.obuse.nagano.jp/fs/1/2/3/4/4/_/obusetoukei.pdf。

图 8-13 中的定期上下车人数可以认为是生活和工作在小布施町的人，除了定期使用者，其余的大部分旅客可以被认定为来小布施町旅游的人数。

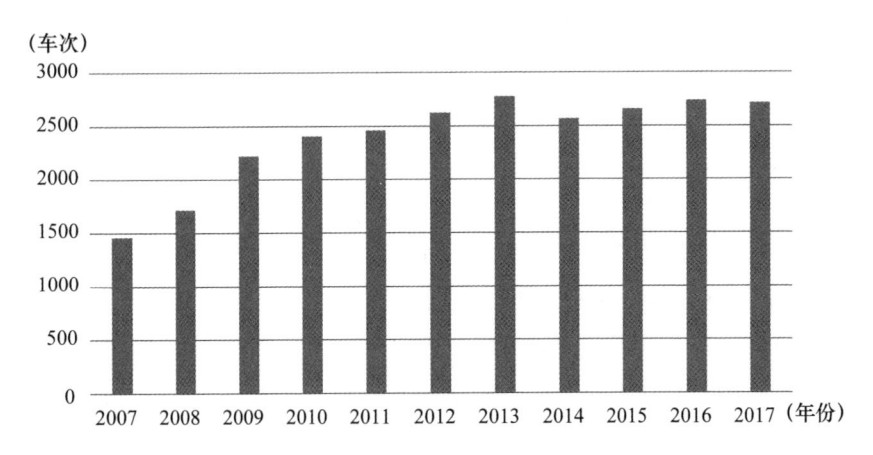

图 8-14 小布施町高速公路 ETC 通行车次

资料来源：https://www.town.obuse.nagano.jp/fs/1/2/3/4/4/_/obusetoukei.pdf。

由于日本工薪族通勤工具主要是火车、地铁等轨道交通，因此，ETC通行车次的情况基本上可以认定为非固定人员往返小布施町的情况，其中主要是乘坐私家车的游客。而在总体旅游人数出现下降的背景下，火车站非定期上下车人数和ETC通行车辆数量则不断上涨，主要原因可能是来自长野市等小布施町周边城市游客数量相对下降，而自驾与远途的游客数量不断上涨所致。

第四节　结论与启示

经过40余年乡村发展探索，小布施町探索出一条具有小布施町特色和标签的乡村发展路径，在此过程中，不仅吸引了大量的外部游客到当地旅游，更为重要的是培养了民间参与的意识和参与能力，构建了一个官民协同的治理模式。目前，我国各地正在积极推进乡村文旅产业，通过文旅产业打造美丽田园，一些地方也通过创新乡村发展的方式，打造美丽庭院，降低农户庭院之间的围墙，将原本私密性的庭院赋予半开放性和开放性的空间属性。一方面推动邻里之间的沟通交流，提升乡村社会资本；另一方面也可以与文旅产业结合，赋予文旅产业更多的要素，提升文旅产业的质量。小布施町的案例可以为我国一些地方探索如何激活民间主体活力、如何科学布局产业群提供了借鉴和参考。

一　小布施町乡村发展的经验和不足

（一）小布施町乡村发展的经验

1. 以乡村文化建设增进村庄凝聚力

随着外来人口的增加，新村民与原住民在文化、习俗、阶层行为模式等各方面的差异凸显，两种异质人群的冲突与矛盾日益增多，这不仅容易造成阶层割裂，同时难以协调新旧村民的集体行动，导致在乡村公共事务治理方面，可能面临着不同主体的零和博弈。如何增进小布施町的凝聚力，促进新旧居民的融合就成为当地政府面临的难题。小布施町的经验就在于从文化认同入手，通过建设北斋馆，利用葛饰北斋在日本浮世绘画界的知名度和影响力，构建新旧居民对村庄历史文化的认同感，以此提升新村民与原住民的自豪感，增强村庄的凝聚力，从而为乡村发展提供坚实的基础。而北斋馆的建设也就成为小布施町乡村发展的起点，同时，也为村庄的整体景观营造和文旅产业的发展奠定了良好的基础。

2. 通过赋权提升社会力量参与的热情和参与能力

赋权理论强调包括公民参与、政府协同和社会合作等在内的范围较广的实践过程。面对缺少资源、缺少青壮年劳动力、人口出生率不断下降、老龄化程度不断加深的局面，需要运用社会创新思维、理论、工具和方法在现有的资源、人口、产业等基础之上，通过激活更多的主体，使其加入乡村发展系统工程，发挥不同主体的功能与作用，才能推动传统产业的迭代，构建新的治理模式。

小布施町乡村发展的起点是通过打造北斋馆，试图转变传统以农业生产和房地产为主的经济发展模式。为此，政府发挥了引导者的角色，通过建设北斋馆，并以此引起社会关于北斋馆的讨论，在此过程中，逐步明确了小布施町通过景观营造推动经济发展模式转型的乡村发展方向。同时，政府建造北斋馆所引发的社会舆论效应，也成功引起小布施町当地企业、有志之士和一般居民的关注。因此，在后期的景观营造项目过程中，企业、居民等利益相关者主动介入景观营造项目，为了避免政府主导可能造成的破坏传统历史建筑风格等问题，民间主体通过土地置换等方式，拒绝了政府通过土地收购统一规划和统一建设的方案，这也被日本各界认为是小布施町推动乡村建设"小布施式"的主要特征。

3. 构建多元产业互嵌的乡村产业发展模式

单一产业的溢出效应相对有限，面对乡村发展这一系统性和复杂性的时代命题，难以单独依靠单一产业去实现乡村发展的所有目标。因此，多元产业培育成为乡村发展的重要选择。但是，多元产业如果不能有效整合，则难以发挥产业群的乘数效应，也可能导致产业之间产生恶性竞争资源和目标客户群体等现象的出现。因此，在推进乡村发展过程中，需要具有顶层设计的思维，在产业布局方面，选择能够产生正和博弈的产业，在此基础上，通过产业互嵌，发挥产业间的晕轮效应，实现不同产业对其他产业的支持作用。

在旅游产业方面，历史文化旅游产业、自然景观旅游产业彼此之间是同一属性的产业，二者之间具有天然的亲近属性。此外，饮食产业是对旅游产业具有积极正向作用的一个产业，通过向游客提供美味的食物，可以增加游客对旅游地地域属性的认识，赋予旅游地高品质旅游目的地的标签。同时，历史文化旅游和自然景观旅游也可以为餐饮产业带来大量的外部消费群体，延长游客在当地滞留的时间，提高旅游消费基数。在小布施町，无论是北斋馆的历史文化旅游项目，抑或是开放花园的自然景观旅游项目，都需要提高游客的黏性，为此，当地的栗子点心产业为旅游产业发展提供了很好的基础，通过提供高品质饮食，满足了游客欣赏风景、体验历史的视觉和心理的需求，同时，也满足了口腹需求。通过这种产业互嵌，可以增强不同产业的优势，弱化产业不足可能给游客带来的不良感受，促进普通游客向回头客身份的转变。日本观光协会研究指出，回头客对于各地区文旅产业振兴可持续发展是最重要的目标群体，回头客对旅游地的满意度诉求是多元的，特别是一些只存在于旅游地的生活文化和景观是回头客满意度的重要组成部分[1]。而游客在旅游过程中获得的满足感更多的是游客的一种主观评价过程中所产生的一种积极的情感反应。当游客怀着某种期待来到旅游地之后，如果游客的期待得到回应，或者现场感受超过游客最初的期待，那么，游客就容易获得满足感，而一旦产生这种满足感，游客再次来访的可能性就会大大提升，而游客也将再次成为旅游地的游客。而在影响游客满意度因素方面，自然环境一般被认为能够给游客带来美好的体验，泊真儿、吉田富二雄研究指出，安

---

[1] 日本観光協会：「平成21年度版観光の実態と志向」、『第28回国民の観光に関する動向調査　リピートする観光地の条件とは』、2010年。

静的空间（如大山和森林等）能够消除游客的紧张情绪，而大海可以释放人们的情绪，并让人们能够自我反省，因此，风景优美的地方具有消除紧张和转换心情的功能①。此外，SCOP 通过调查发现，关于游客到访小布施町的理由，其中一个很重要的内容就是可以在当地购买特产②。而在小布施町，景观营造可以满足游客对人文景观的追求，开放花园可以满足游客欣赏自然风景的诉求，栗子点心则可以满足游客购买特产的需求。在此背景下，一个1.1万人的小乡村才能创造年度最高游客数量达到110万的成绩。

（二）小布施町乡村发展的不足

1. 开放花园参与主体的可持续性问题

野中胜利通过对参与小布施町开放花园项目的居民进行问卷调查发现，小布施町的开放花园存在如下的问题。在责任感驱使下参加开放花园项目的居民，在后期责任感可能会转化为限制居民参与的负担感；得不到政府资金方面的支持；游客的期待感会转化为参与居民的压力；等等③。因此，为了实现开放花园项目的可持续发展，一方面需要继续保持居民参与的热情，特别是让居民在参与过程中能够获得满足感；另一方面也需要政府为参与的居民提供多元化的支持政策，例如借鉴英国的开放花园模式，向入园参观的游客收取一定的费用，收取的费用一方面用于公益慈善事业捐赠，另一方面用于参与开放花园居民的补贴，激励更多的居民参与开放花园项目。

2. 年轻群体参与度不足

通过图 8-2 可以看出，小布施町的人口结构仍然以中老年为主，青年群体数量较少，此外，从 2005 年开始，小布施町的人口一直呈

---

① 泊真児、吉田富二雄：「プレイベート空間の機能と感情及び利用場所との関係」、『社会心理学研究』1999 年第 15 巻第 2 号、第 77—89 頁。

② SCOP（特定非営利活動法人）：小布施町における観光効果の実際：平成 20 年度小布施町における観光客　実数とその経済効果について～小布施町観光経済波及効果測定調査結果報告～，2009 年。

③ 野中勝利：「長野県小布施町におけるオープンガーデンの特徴と課題」、『ランドスケープ研究』2002 年第 65 巻第 5 号、第 805—808 頁。

现负增长。造成这种问题的原因一方面是由于大城市对青年群体的虹吸效应，另一方面是小布施町现有的产业结构的溢出效应相对有限。例如，景观营造项目是基于小布施町历史上形成的中心区改造进行的，而景观营造项目又主要由当地的传统栗子点心大企业和少数居民代表为主进行推进，这种由土地所有权人为主推进的项目难以给予年轻人参与的空间；此外，开放花园、栗子点心产业等都属于文旅产业体系中的一环，而文旅产业本身对其他产业的带动效应相对有限，难以为年轻群体提供创业的空间。因此，在未来，为保持小布施町乡村发展的活力，需要继续探索更加多元化的产业结构，特别是能够为年轻群体创业提供开放性和包容性的产业。

二　小布施町乡村发展案例对中国的启示

2021年，《中共中央　国务院关于全面推进乡村振兴加快农业农村现代化的意见》提出，为巩固拓展脱贫攻坚成果、推进乡村振兴，要在做好生态保护的前提下发展乡村旅游。2022年，文化和旅游部、教育部、自然资源部、农业农村部、国家乡村振兴局、国家开发银行六部委联合发布了《关于推动文化产业赋能乡村振兴的意见》，提出通过发展文化产业赋能乡村振兴。此外，2022年，国务院发布《关于做好2022年全面推进乡村振兴重点工作的意见》，提出持续推进农村一二三产业融合发展，重点发展乡村休闲旅游等产业。可以看出，在乡村振兴背景下，国家高度重视乡村文化旅游产业对乡村振兴的带动作用。除了中央政策，一些社会组织也在积极探索通过社会创新的方式，推进乡村振兴。例如，韶关市乡村振兴公益基金会在韶关市开展美丽庭院项目，试图通过打破传统农户之间的围墙，降低围墙的高度，或者设置外部可视的围墙，促进邻里沟通，重构邻里共同体关系。因此，研究小布施町案例对我国的乡村振兴创新探索具有一定的启发意义。

第一，开展景观营造项目需要重视居民的自下而上的参与。目前，我国一些现存历史建筑的地区以及少数民族聚居区，开展以景观开发为主题的乡村振兴项目，在政府主导和企业主体参与的基础上，应当积极引入当地居民的主体性参与，发挥当地居民了解历史和文化的优势，保持景观营造区域内的建筑物风格的一致性，在减少对历史建筑破坏的基础上，引入新的元素和功能，使其在乡村振兴中发挥新的作用。

第二，积极引入开放花园项目。开放花园项目并不是完全拆除现有农户的围墙，而是以美丽乡村建设为出发点，引导村民积极开展美丽庭院建设，通过种植花草和打理庭院，培育当地村民对美丽乡村重要性的认识。同时，结合现有农村空心化和三留守问题，可以以留守儿童、留守妇女和留守老人为突破口，引导其在自家庭院种植花草。在此基础上，结合乡村文旅项目，将开放花园项目嵌入乡村文旅项目。为了推进开放花园项目的可持续性发展和发挥开放花园项目对其他乡村发展项目的晕轮效应，可以将英国的开放花园收费制度与日本的开放花园常年开放的特点进行整合，例如，可以通过设立开放花园网站，进行门票销售，或由第三方在每个开放花园设置捐赠箱，设立最低捐赠额；同时，为了最大化开放花园对其他文旅产业以及其他产业的正向促进作用，可以根据地区气候和地理位置等特点，设置四季开放花园，保证开放花园项目效果，为游客提供性价比最高的观赏庭院。

第三，引导产业合理布局。目前，我国正在积极推动三产融合，但是，三产融合更多的是指每一类产业纵向的整合，缺少对横向产业间整合的关注。因此，在推进乡村产业振兴过程中，应当积极重视不同产业之间的溢出效应以及彼此之间是否能够产生晕轮效应。特别是在一些开展乡村文旅产业的地区，普遍存在重建设轻服务的问题，难以满足游客对旅游景点多元化的诉求。例如，可以在打造文旅产业过程中，依托现有第一产业，积极提升第一产业产品的精细化加工，赋予其"地方特产"的属性。

第九章

三重空间生产：日本香川县直岛艺术振兴乡村案例研究

随着空心化和人口老龄化程度的加深，以及第一产业农业发展的内卷化，在此背景下，日本部分农村地区开始探索通过挖掘乡村自然资源和历史文化资源推动旅游产业发展，进而激活乡村内生动力，提高当地居民收入。2007 年，日本政府制定"旅游立国推进基本计划"，尝试通过旅游资源，特别是乡村旅游资源的挖掘、培育和激活，改变地方传统的产业发展模式。如何发现、挖掘和生产旅游资源是各地不得不首先考虑的问题。对于一些缺少自然和历史旅游资源的地区而言，艺术成为推动旅游产业发展和建设创意农村的新方向。佐佐木雅幸指出，发端于 20 世纪 90 年代初的通过文化推动城市更新的"创意城市"（Creative City）理念也可以用于农村的更新，"在当地村民自治以及创意的基础上，推动当地丰富自然生态环境的保护，培育传统文化，引入新的艺术、科学和技术，建设附有创意的乡村"[①]。但是，在推进艺术振兴乡村的过程中，面临着双重的风险，一是从乡村的角度而言，在引进外来艺术创作主体或艺术项目组织者的过程中，如果过于强调现代艺术在乡村振兴中的作用，突出艺术家对艺术本身的理解，则容易忽视乡村本身的重要性，造成乡村成为艺术创作和展示的工具；二是从艺术的角度而言，如果只看重艺术的符号化意义，

---

① 佐々木雅幸：『創造都市への展望　都市の文化政策とまちづくり』、学芸出版社 2007 年版、第 42 頁。

第九章 三重空间生产：日本香川县直岛艺术振兴乡村案例研究

则容易忽视艺术本身所具有的内在思想和意蕴，艺术最终成为乡村吸引游客的工具①。因此，在推进艺术振兴乡村过程中，如何避免乡村和艺术的双重工具化，实现乡村与艺术的结构性整合是必须要解决的重要问题。对此，本文选择香川县直岛艺术振兴乡村案例进行分析，试图对上述问题进行回应和解答。香川县直岛从1988年提出"直岛文化村构想"以来，通过"倍乐生之家"美术馆、"Out of Bounds"、"THE STANDARD"艺术展、"家"艺术项目等，构建艺术的物理空间，在此基础上，艺术家（倍乐生公司）通过艺术作品等符号和艺术话语构建营造了公共空间（精神空间）。但是，基于艺术振兴乡村的根本目标，需要将艺术公共空间上升为以记忆、情感、生活准则以及人与人之间的互动关系网络为表征的日常生活的公共空间（社会空间）。在艺术所生产出的三重空间中，艺术家（或艺术项目组织者）将在乡村的"纯粹艺术"的创作转化为在地艺术（Site-specific Art）创作，实现了艺术对乡村的深层嵌入；通过"文化客体化"，乡村居民获得对在地艺术的解释权，扩大了自身对艺术掌控的边界，实现乡村居民对艺术的深层嵌入。日本直岛艺术振兴乡村的案例对于我国正在推进的乡村振兴，特别是对文化振兴和旅游产业振兴乃至乡村自组织振兴的路径探索具有一定的借鉴和启发意义。同时，在直岛案例中，通过艺术嵌入乡村的探索，提升了当地村民的收入，完善了乡村基础设施，这也为中国正在推进的共同富裕探索提供一种新的思路。

第一节 直岛开展艺术振兴乡村的背景分析

作为远离日本本岛的离岛，和其他众多离岛一样，直岛在推进艺术振兴乡村之前面临着旅游资源不足、人口空心化、土地空心化、乡村空心化、工业衰落等多重困难与挑战。在此背景下，20世纪80年

---

① 宫本結佳：「地域がアートに出会う時―直島における展開過程の検討―」、『フォーラム現代社会学』第18卷、第111—121頁。

代，直岛开始探索引入艺术家创作艺术作品，引导当地村民参与艺术创作的艺术振兴乡村路径。

一　直岛地理位置分析

直岛在行政区划上属于香川县直岛町，由直岛本岛以及周边27个岛屿组成，总面积为14.22平方千米（其中，本岛面积约为8平方千米，附属岛屿面积约为6平方千米）。在地理位置上，直岛距离香川县高松港13千米，距离冈山县宇野港3千米。虽然直岛在行政区划上隶属于香川县，但是，直岛的工业用水和生活用水由冈山县玉野市通过海底输水管道的方式供应，此外，在居民购物、医疗服务和教育资源等方面也主要依赖冈山县。由于离岛属性，历史上造成直岛交通不便，连接直岛与日本本岛的交通只有班次较少的海上渡轮，阻碍了直岛与日本本岛的交流，也导致直岛在推进乡村振兴方面难以采用传统产业振兴模式，亟须探索一种创新性的模式和路径。

二　直岛人口结构分析

在人口方面，直岛和其他日本大多数乡村一样，面临着人口外流、人口年龄结构老龄化、出生率下降等问题，造成当地现有人口难以支撑产业发展所需人力资源和消费群体。特别是，位于直岛北部的三菱矿业（现在更名为三菱综合材料）在20世纪70年代，由于国际铜价下跌和铜产品市场萎缩，当地大量的产业工人失业并离开直岛，这进一步加剧了直岛当地的人口结构问题。

如图9-1所示，直岛无论是在绝对人口数量方面抑或是户均人口数量方面，都呈现出不断递减的趋势，人口的减少，导致直岛内部发展动力不足，在远离日本本岛的情况下，现有的人口规模难以形成自我发展的内循环，决定了直岛的振兴更多的需要外部的力量。

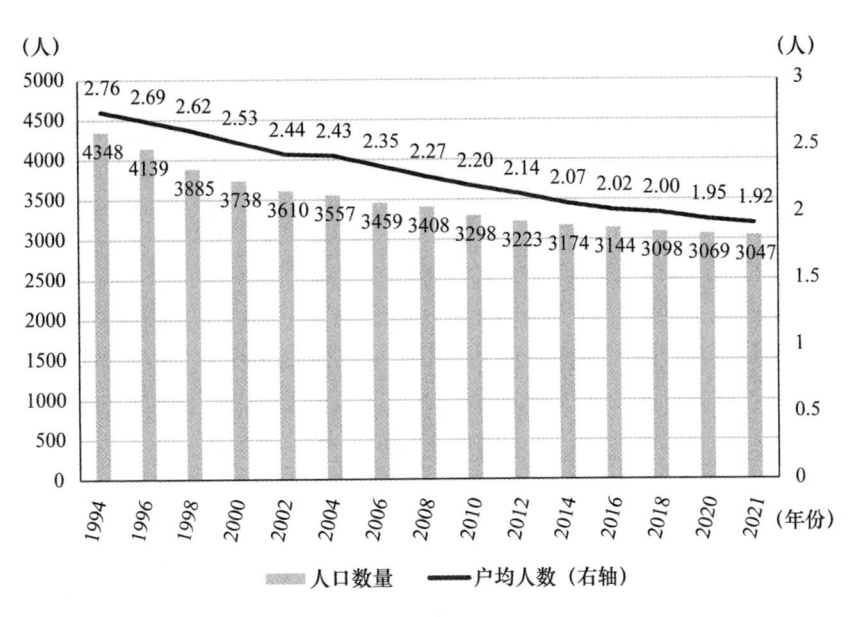

第九章 三重空间生产：日本香川县直岛艺术振兴乡村案例研究

图 9-1 直岛人口变化情况

资料来源：『直島町統計情報』、https://www.town.naoshima.lg.jp/government/gaiyo/toukei/index.html，2022 年 3 月 15 日。

在人口年龄结构方面，如图 9-2 所示，65 岁以上人口的比例整体上呈现不断上升的趋势，其指标远超高龄社会的 65 岁以上人口占比 21% 的标准。也可以看出，65 岁以上人口的占比在 2018 年达到最高值之后，呈现出逐步下降的趋势，显示出通过当地在乡村振兴方面的努力，通过吸引外部人口的方式，一定程度上缓解了人口老龄化的程度。但是，整体而言，直岛依然面临着严重的人口老龄化问题。人口老龄化一方面增加了当地政府社会保障支出，可能对政府在其他公共设施和公共服务方面的支出产生挤压效应；另一方面，人口老龄化也意味着劳动人口的比例不断下降，难以为经济社会事业发展提供充足和有效的劳动力支持。

在人口的社会流动方面，无论是转入人口抑或是转出人口都呈现出波动的情况。在转出人口方面，2000 年，转出人口的数量呈现缓慢下降的趋势，甚至在某些年份低于转入人口数量，如图 9-3 所示。

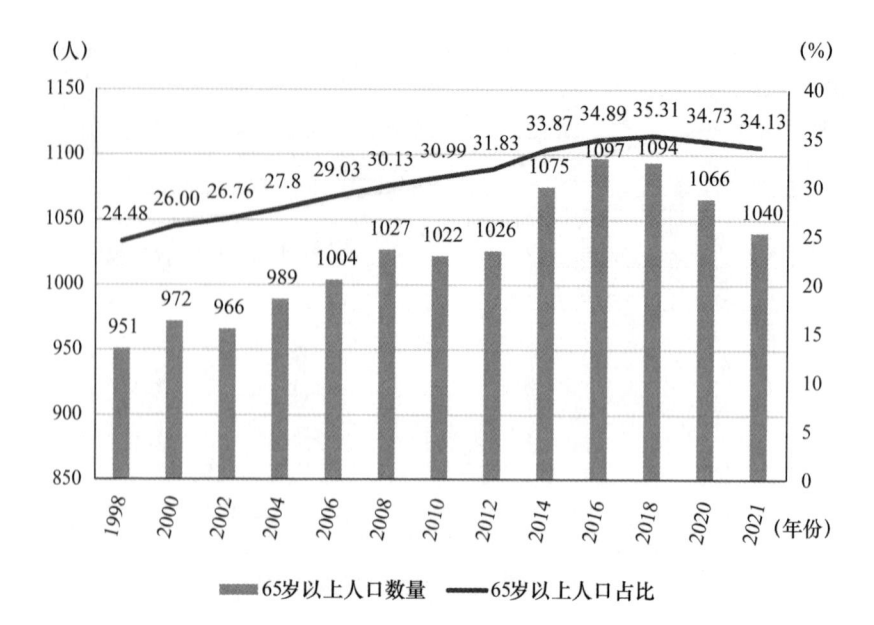

图 9-2　直岛 65 岁以上人口的数量及其占比

资料来源：『直島町統計情報』，https://www.town.naoshima.lg.jp/government/gaiyo/toukei/index.html，2022 年 3 月 15 日。

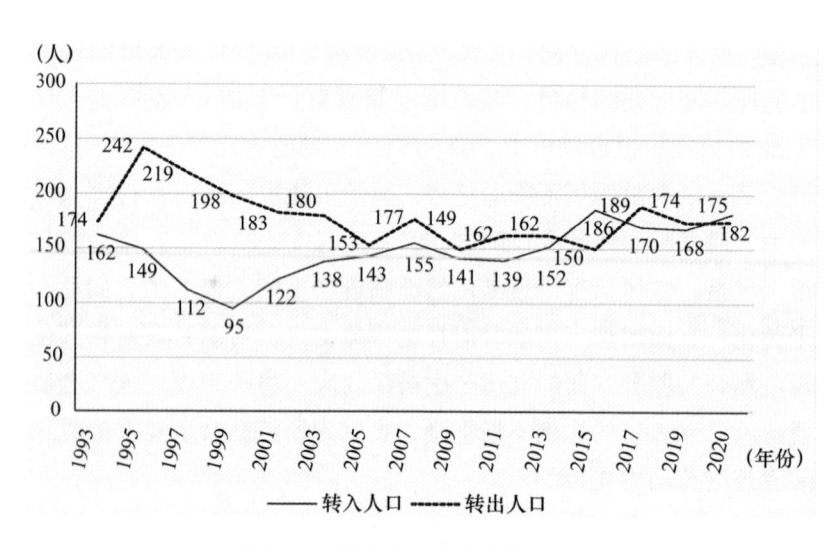

图 9-3　直岛人口的社会流动情况

资料来源：『直島町統計情報』，https://www.town.naoshima.lg.jp/government/gaiyo/toukei/index.html，2022 年 3 月 15 日。

第九章 三重空间生产：日本香川县直岛艺术振兴乡村案例研究 ▶▶▶

与此对应，在转入人口方面，从20世纪90年代末，呈现出不断增加的趋势。这与倍乐生公司开始在90年代后半期重点发力艺术振兴具有一定的相关性，因此，要解决人口社会性净流失的局面，需要继续推进以艺术等为工具的乡村振兴。

三 直岛产业分析

历史上，由于直岛多山地，平地面积较少，传统产业主要是海运业、水产养殖、制盐以及冶金等。特别是在工业方面，1917年三菱矿业在直岛设立了炼铜工厂，使得冶金成为直岛的主导产业，支撑了直岛的经济社会发展。但是，随着20世纪70年代国际铜价的波动，产业类型较为单一的直岛面临着产业转型升级的压力，亟须探索一种环境友好型的产业发展路径。本小节以三菱矿业为主，分析直岛在传统产业衰落的背景下，面临的困境与挑战。

在三菱矿业冶金厂进驻之前，直岛的常住人口基本上维持在2000人左右。根据日本第一次国情调查，随着冶金厂的启动，到1920年，直岛的人口增加到676户2944人，到1940年，人口则进一步扩大到1247户5524人。根据1955年的国情调查数据显示，直岛从事制造业的人口比例达到了55.5%，其中，半数以上从事金属、机械和化工[1]。三菱矿业的进驻，促进了当地人口的增加。此外，随着人口的增加，各类公共设施也不断完善，例如，建设了综合性医院、学校以及自来水等设施。

但是，随着1969年三菱矿业新的冶金厂建设的停工以及20世纪70年代国际铜价的下跌，这种单一产业发展模式的弊端开始显现。一方面，人口数量开始急速下滑，直岛的人口在1955年到达顶峰的7501人之后，1970年减少到6000人，此后，人口平均每年减少300人左右，如图9-4所示；其中，直岛町三产就业人数变化情况如图9-5所示。另一方面，相关的公共设施和公共服务的供给也面临着挑战，例

---

[1] 柴田弘捷：「銅製錬・アート・産廃処理の町・直島の現在 - 人口構成・産業構造・雇用環境」，『専修大学社会科学研究所月報』，2012年第587-588卷、第23—54頁。

· 253 ·

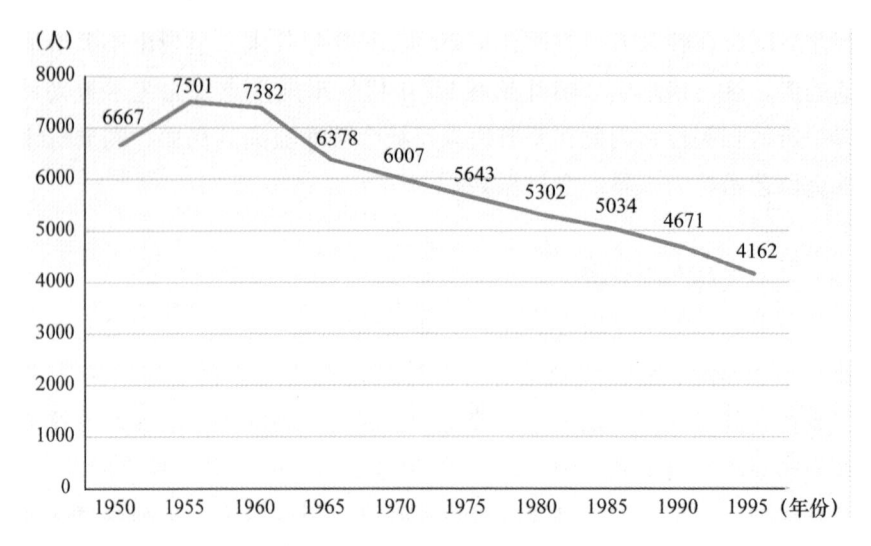

图 9-4 直岛的人口变化情况

资料来源：柴田弘捷,「銅製錬・アート・産廃処理の町・直島の現在—人口構成・産業構造・雇用環境」、『専修大学社会科学研究所月報』、第 29 頁。

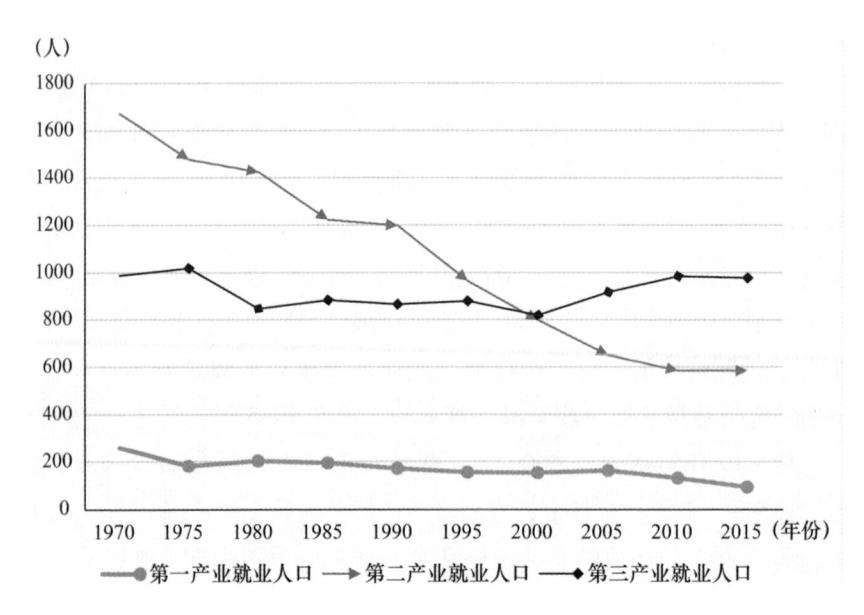

图 9-5 直岛町三产就业人口变化情况

资料来源：https://www.town.naoshima.lg.jp/government/gaiyo/toukei/sanngyou20191113.html, 2022 年 3 月 20 日。

如，三菱矿业的附属医院停止营业、中小学的学生数量不断下降。

三菱矿业的冶金厂促进了直岛的人口增加及公共设施和公共服务的完善，但是，其负面作用也非常明显，主要体现在冶金厂产生的废气不仅对自然环境产生了破坏，也对当地居民的健康产生了威胁。此外，1975年，在直岛附近的丰岛出现了非法排放工业垃圾的情况，这也造成了直岛当地居民的恐慌。

面对单一的产业结构的脆弱性和冶金业可能产生的环境风险，1959年，直岛町町长的三宅亲连提出了产业振兴和发展旅游产业的发展目标，具体而言，就是在直岛的北部地区，依靠现有的三菱矿业冶金厂，推动工业的发展；在直岛中部地区，打造以教育和文化为核心的生活空间；在南部地区以濑户内海国立公园为中心，开展自然景观和历史文化遗产的保护，推进旅游产业发展。为此，直岛町于1961年与藤田观光公司合作开发南部地区，并向藤田观光出售了南部地区170万平方米的用地，用于旅游产业开发。但是，由于出售的用地属于国立公园，其开发建设受到法律的种种限制，难以获得相应的开发许可，最终，藤田观光公司撤出了直岛。为此，直岛町需要重新探索一种轻资产和轻开发的发展方式。在此背景下，福武书店（1995年改名为倍乐生公司）的创始人福武哲彦提出"希望将濑户内海上的岛屿打造成为全世界青少年聚集的营地"的发展理念，这与当时三宅亲连提出的将直岛南部地区打造成为文化中心的构想产生了共鸣，由此，直岛的发展模式进入以艺术振兴乡村的新时期。

第二节　直岛艺术振兴乡村的行为主体分析

在直岛艺术振兴乡村的发展历程中，以直岛町为代表的政府、以福武书店为代表的市场以及以艺术家、村民、社会组织（志愿者）、高校等为代表的社会力量基于自身的角色和优势，在直岛的艺术振兴乡村中各自扮演着重要的角色。

一 政府在直岛艺术振兴乡村中的定位与功能

2001年12月,日本颁布了《文化艺术振兴基本法》,其中关于地方政府在文化艺术振兴中的定位与作用规定,有关文化艺术振兴相关事务,地方政府与中央政府进行合作,根据地方特点,自主制定相关政策,并组织实施。2017年,日本对《文化艺术振兴基本法》进行了修订。一是增加了"推进与旅游、城乡建设、国际交流相关政策的有机融合"。增加此部分的内容,主要目的是针对社会老龄少子化、全球化等形势变化,文化艺术相关政策不能仅局限于文化艺术本身的振兴与发展,同时应当将文化艺术振兴与旅游、城乡建设等进行融合。二是在该法第14条,在国家为推进地区文化艺术振兴以及由此实现地区振兴而实施的政策性支持对象中,增加了"艺术节"等。三是将第2条第6款的内容修改为,在以当地人为主体实施的文化艺术活动过程中,应当推动能够反映各地历史和风土人情的文化艺术发展。通过法律的修改,将地方政府实施的文化政策覆盖范围从公演以及展示等在建筑物内进行展示的传统文化艺术扩大到艺术节等。

在日本,以地方政府为主体实施的文化相关政策的制定和实施始于20世纪70年代。到80年代,各地纷纷开始建设剧场、文化馆、博物馆、美术馆等文化设施。90年代,开始出现艺术文化振兴基金。但是,由于历史上,在日本发动的对外侵略战争中,政府通过对文化艺术进行统治和干涉,使文化艺术成为对外侵略战争的工具,基于对战争的反思,无论是国家层面抑或是地方政府层面,对文化艺术活动仅能提供间接的支持,不能对文化艺术的内容进行干涉[1]。

基于以上背景,在直岛艺术振兴乡村的案例中,以直岛町为代表的政府在整个直岛艺术振兴乡村过程中扮演着理念倡导者、资源供给者、活动策划组织者等角色。

---

[1] 根木昭:『文化政策学入門』、水曜社2010年版、第40頁。

第九章　三重空间生产：日本香川县直岛艺术振兴乡村案例研究 ▶▶▶

（一）艺术振兴乡村的理念倡导者角色

1959年，首次当选直岛町町长的三宅亲连提出了发展旅游业的目标规划，并提出要将直岛打造成不同于发达地区低俗的旅游，而是一种"清洁"的旅游。当时，大众旅游概念开始兴起，各种旅游地无序开发、游客的不文明行为等乱象开始出现。因此，直岛要实现的清洁旅游不是卫生层面的清洁，而是不会产生因旅游资源无序开发导致各种问题的绿色旅游理念。在这一理念之下，三宅亲连积极吸引能够与现有自然环境相融合的临海学校、青少年营地以及各种团体的培训会等入驻直岛。

在此基础上，直岛町政府开始寻求对改善当地旅游基础设施并对培育当地产业有所帮助的企业。为此，直岛町政府最早开始与专注于旅游产业的藤田观光公司合作。为开发直岛的旅游产业，藤田观光公司专门成立了"日本无人岛株式会社"，提出打造"健全的普通公众休闲娱乐设施"的发展理念，主要包括养鱼场、宾馆、民宿、海水浴场、营地、体育设施等。但是，由于藤田观光公司计划开发的地区属于国立公园，其开发活动受到限制，不得不于1966年中断了直岛开发计划。继藤田观光公司之后，直岛町政府选择与擅长文化教育事业的福武书店进行合作，最终促成了"直岛文化村构想"。针对直岛文化村，三宅亲连提出了自己的发展理念，即不应当将直岛打造成单一的休闲、体育活动场所，而应当发挥直岛山海簇拥的自然优势，探索与自然融合的发展模式，营造休闲放松的空间，以文化艺术为主线，创造有利于青少年、老年人、艺术家和企业家多重属性人群交流且能够激发人们创造性的场所[1]。

（二）艺术振兴乡村的资源供给者角色

在倍乐生公司介入直岛艺术振兴乡村之前，直岛町政府制定了"文教地区计划"，计划在直岛的中部地区建设教育文化设施，主要包括小学、幼儿园、市民体育馆和直岛町政府等。但是，在建设教育

---

[1] 直岛町史編纂委员会：『直岛町史：直岛町役場』、1990年版、第744頁。

文化设施过程中,并没有采用日本其他地区公共设施中常见的设计方案,而是邀请设计师将艺术因素融入公共设施的设计。这些20世纪70—80年代设计建造的公共设施在后期的艺术振兴乡村过程中,形成了"直岛建筑群",成为直岛艺术的重要组成部分。

(三)艺术振兴乡村的活动策划组织者角色

虽然政府不能直接干涉具体的艺术设计内容,但是,政府可以通过策划组织实施艺术类活动的方式,为艺术振兴提供软性支持。以濑户内海国际艺术节为例,该艺术节以直岛为中心,覆盖了濑户内海12个岛屿,通过不同的艺术方式,展示濑户内海各岛屿的艺术作品。最早策划濑户内海国际艺术节的就是香川县政府的工作人员,2004年,香川县申请了"全国都市再生样板调查"项目,获得了500万日元的政府补贴,以此为契机提出组织濑户内海国际艺术节。2010年,由香川县知事作为艺术节活动执行委员会会长,福武财团[①]的福武总一郎理事长作为综合策划,组织策划了第一届的濑户内国际艺术节。艺术节每三年举行一次,主要利用港口、梯田、山地、废弃学校和废弃房屋等进行艺术作品的展示。

二 倍乐生(福武书店)在直岛艺术振兴乡村中的定位与功能

倍乐生的英文表述为"Benesse",是由拉丁语"Bene"(美好的)和"Esse"(生活)组成,因此,"美好的生活"是倍乐生集团的宗旨。倍乐生集团是日本著名的教育出版集团和外语教学机构,其业务范围涵盖从幼儿到成人教育等各阶段。倍乐生的前身为福武书店,1985年,福武书店的创始人福武哲彦访问直岛,并与时任直岛町町长的三宅亲连会谈,福武哲彦的"希望将濑户内海上的岛屿打造成为全世界青少年聚集的营地"的理念获得了三宅亲连的认同,双方就将直岛建设成为文化圣地达成了一致。但是,1986年,福武哲彦突然去世,福武书店的相关业务由其儿子福武总一郎继承。倍乐生(福武

[①] 福武财团是倍乐生公司的股东。

第九章 三重空间生产：日本香川县直岛艺术振兴乡村案例研究

书店）在直岛推进的艺术振兴乡村实验基本上可以分为四个阶段，每个阶段，其扮演的角色有所不同。

第一，20世纪80年代后期开发直岛南部地区。1987年，倍乐生在直岛南部购买了165公顷的土地用于旅游相关产业的开发。1989年，倍乐生在直岛开设了"直岛国际营"，以此为依托举办了面向倍乐生教育会员的夏令营活动，这项夏令营活动持续了十几年，前后共邀请了1万人以上的小学生在直岛开展夏令营活动。在这一时期，倍乐生并没有明确通过艺术振兴直岛的发展理念，相关的文化活动也呈现碎片化的特点。例如，在直岛国际营设置了由荷兰艺术家Karel Appel设计的"青蛙与猫"雕塑作品。

第二，20世纪90年代上半期的以艺术家为主体推动直岛现代艺术发展期。1992年，由安藤忠雄设计的融合了美术馆与宾馆功能为一体的"倍乐生之家"开业，这也成了倍乐生在直岛推进现代艺术活动的起点。在此之后，陆续组织策划实施了"三宅一生展""与风共舞"等艺术展。在开设艺术展之外，倍乐生在这一阶段开始探索艺术作品常设展、作品的创作以及艺术作品的收藏工作。例如，在这一阶段邀请草间弥生创作了"南瓜"作品，成为直岛艺术的代表作。

第三，20世纪90年代后半期的艺术与直岛历史和居民生活融合期。不同于前期艺术活动主要局限于倍乐生购买的直岛南部用地，为了实现艺术创作与当地生活融合的在地艺术，开始将艺术创作扩大到直岛其他地区，并实现艺术与直岛历史和居民生活的融合。例如，倍乐生邀请艺术家创作了"家"系列艺术作品。

第四，2000年之后的乡村与艺术共生时期。2004年，安藤忠雄在直岛设计了"地下美术馆"，由此促进了直岛旅游业发展进入快车道。此外，为推进乡村与艺术的融合以及艺术振兴乡村，倍乐生邀请大竹伸朗设计了"I♥汤"的直岛澡堂作品。不同于地下美术馆促进了外部游客到直岛旅游，直岛澡堂作品则为本地人与外地游客创造了交流的公共空间。

通过以上关于倍乐生参与直岛艺术振兴乡村的历史分析，可以看出，倍乐生作为直岛艺术振兴乡村的主要发起方，扮演着导演、编剧、出品方和出资方等角色，形成了以倍乐生为中心的直岛艺术振兴乡村网络。

三　其他社会主体参与直岛艺术振兴乡村的角色与功能

在直岛艺术振兴乡村的场景中，除了政府和倍乐生等角色，艺术家、当地居民、社会组织（志愿者）、高校等也分别基于自己的比较优势，同样扮演和发挥着主角的角色与功能。

第一，艺术家的角色与功能。艺术家在参与直岛艺术振兴乡村过程中，一方面通过发挥自身专业特长，基于自身对艺术的理解，以及自身艺术创作技能的习得，在直岛进行艺术创作。但是，这种创作更多的基于艺术家的专业视角以及自身对艺术的理解进行创作，创作的过程是一种专业知识的表出过程，创作出的作品缺少在地性，其他主体，特别是在地居民难以实现主体性参与。这主要体现在20世纪90年代上半期的艺术创作，如倍乐生之家、草间弥生的"南瓜"作品、"三宅一生"等绘画展。另一方面，关注艺术创造的在地性，积极推进艺术创作与在地要素的融合，关注直岛当地的历史和文化生活等，实现了创作的艺术家视角向"艺术家 + 在地"视角的转变。这主要体现在20世纪90年代下半期之后的艺术创作，如"家"系列项目、"地下美术馆""直岛澡堂'I♥汤'"等艺术作品中。

第二，当地居民的角色与功能。当地居民在直岛艺术振兴乡村过程中，根据项目发起方的倍乐生以及艺术作品创作者的艺术家的角色在不同时期的变化，也分别扮演着游客角色和创作者角色。首先，在游客角色方面，在20世纪90年代之前，直岛艺术振兴乡村的探索主要由倍乐生和艺术家主导，当地居民可以以游客的身份进行参观。例如，倍乐生之家在开放之后，免费向当地居民开放；各种艺术展也邀请当地居民进行参观。其次，在创作者角色方面，主要体现在20世纪 90 年代后期之后的艺术项目当中，例如，在"家"系列项目中，艺术创作的空间转变为当地居民废弃的房屋或公共设施，当地居民也可以发挥自身熟悉当地历史的特长，作为导游为外地游客进行讲解；2001 年组织的"Standard"艺术展中，直岛当地老年人作为志愿者负责项目的具体运行。

第三，社会组织（志愿者）的角色与功能。在社会组织方面，主要是指直岛町观光协会，一方面负责直岛町旅游资源的宣传、相关数据统计；另一方面也直接参与艺术项目的具体运营，例如 2009 年，"直岛澡堂'I♥汤'"项目开始运营的时候，倍乐生将该项目的具体运营委托直岛町观光协会负责。在志愿者方面，志愿者参与直岛的艺术振兴项目主要体现"Koebi-tai"志愿者队伍参与濑户内国际艺术节。Koebi-tai 志愿者队伍成员来自全球，主要协助艺术家进行艺术作品的创作、艺术节的宣传、艺术节期间的运营等。以 2019 年濑户内国际艺术节为例，共有 7165 人次（1324 人）志愿者参与艺术节的志愿者活动，在 1324 名志愿者当中，国外志愿者人数占到 18% 左右。

第四，高校的角色与功能。高校的优势体现为知识的专业性和志愿者精神。在直岛艺术振兴乡村过程中，香川大学的大学生通过在当地运营咖啡馆，并将咖啡馆打造成一个开放性的公共空间，发挥学生在店铺经营、志愿者服务等方面的优势。香川大学的大学生在学校和老师的支持下在直岛开设了一家名为"Cafe Goo"的咖啡店，咖啡店由经济学、教育学、农学、法学、工学等学科的学生负责运营，一方面作为学生实习实训的基地，培养学生的经营管理理念；另一方面培养学生的社会责任。特别在社会责任培养方面，一是咖啡店的收益主要通过慈善捐赠的方式，捐赠给一家名为 Second Hand 的 NPO 组织，用于支持发展中国家的经济发展；二是环境保护倡导，依托咖啡馆，向游客和直岛当地的居民倡导环境保护理念，如清洁能源的使用、厨余垃圾的无害化处理、减少使用一次性筷子和塑料袋等；三是承担旅游导游志愿者角色，参与直岛町观光协会以及直岛町观光志愿者协会的志愿者活动等。

第三节 直岛艺术振兴的主要做法与效果分析

直岛艺术振兴乡村的主要做法体现在通过构建列斐伏尔所提出的三重空间生产（物理空间、精神空间和社会空间），如图9-6所示，通过在地艺术的艺术创作方式，实现艺术与直岛历史、社会生活的有机融合。

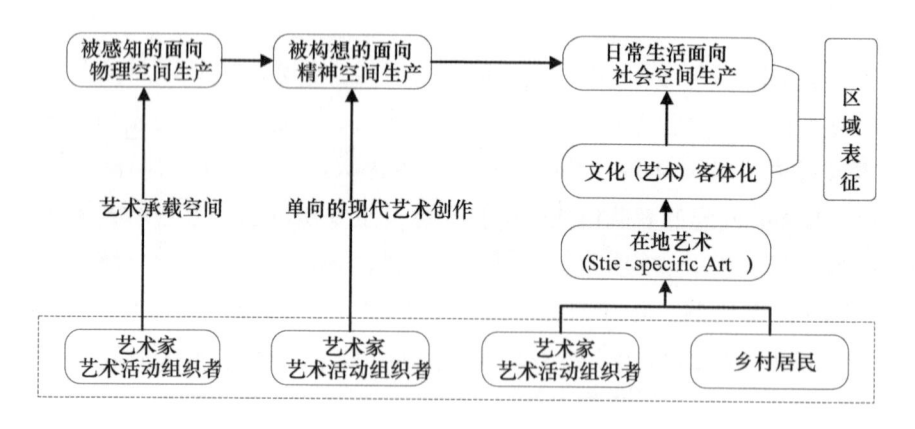

图9-6 直岛艺术振兴乡村的"三重空间生产"

一 三重空间生产：直岛艺术振兴乡村的主要做法

公共空间可以看作一种"容器"，通过对公共空间这一容器的观察，可以分析公共空间中不同行动者之间的行为模式和互动关系。此外，公共空间也经常被看作一种创造物，承载着人们关于视觉审美的价值判断。列斐伏尔在《空间的生产》一书中突破了传统从物质—意识两个层面对公共空间本质进行分析的框架，创造性地提出了空间三元论。一是被感知（Perceived）的面向（物质空间），包括自然和宇宙，是一种可视化的物理存在，能够被人们感觉所感知的事物；二是被构想（Conceived）的面向（精神空间），是被城市规划师、城市管理人员等建构和抽象化的存在，是一种体现了空间建构行动者意识的空间；三是日常生活的面向（社会空间），是通过符号化和图像化呈现

第九章 三重空间生产：日本香川县直岛艺术振兴乡村案例研究

出的与生活密切相关的存在，承载着空间容器中人们的记忆、情感、生活准则和价值观[1]。列斐伏尔所指涉的空间"不仅仅是一个容纳各种社会互动发生的容器，还是物理空间、历史遗产、象征意义和生活经验的结合体，是由各种政治和社会力量生产而成的。空间结构和社会关系本质上是辩证统一的，不同的利益群体试图将各自的社会版本镌刻到空间上，从而形成和维持一种文化"[2]。由于空间中不同行动者的属性、价值观以及对空间的感知和想象的不同，形成了对空间不同的认识，从而使得空间充满差异性和多元性。从艺术空间生产的角度而言，物理空间主要指涉美术馆、文化馆、历史文化民宅等可视化的实在物理空间；精神空间指涉艺术家（或艺术项目组织者）通过自身对艺术的理解和价值判断，创造艺术作品，构建一套艺术的知识体系和话语体系；社会空间指涉艺术物理空间所在区域的利益相关者，主要包括当地的居民基于日常性生活体验，在共同的记忆与情感的基础上产生的对艺术的理解，在一定程度上获得对艺术的解释权。

关于文化客体化，太田好信认为，"真正的文化"不是想象出来的，而是经由现在人选择和解释后的结果。这种对文化选择和解释的过程就是文化客体化，即文化是一种可以操控的对象，在操控的过程中重新建构，即使是被视作传统的文化要素，也需要以新的文化要素方式被重新解读[3]。不同于传统的文化论将关注重点放在东道主的实践层面，文化客体化观点将旅游产业分化为"被欣赏的东道主所具有的资源"和"游客欣赏的资源"[4]。该观点认为，旅游地居民透过游客对当地资源的认识和价值判断，再构自身对旅游资源的认识，并在

---

[1] Lefebvre H., *The Production of Space*, Tans by Donald Nicholson-Smith, MA: Blackwell Publishing, 1991.

[2] 孙小逸:《空间的生产与城市的权利：理论、应用及其中国意义》,《公共行政评论》2015 年第 3 期。

[3] 太田好信:「文化の客体化—観光をとおした文化とアイデンティティの創造—」、『民族学研究』1993 年第 57 卷第 4 号、第 391 頁。

[4] 渡部瑞希:「観光人類学における『ホストとゲスト』の相互関係」、『くにたち人類学研究』2006 年第 1 卷、第 47 頁。

此基础上实现自身对旅游资源解释和控制的权力,从而避免了旅游产业化可能造成的当地人"不在场"的风险。通过文化客体化,当地居民不仅获得了对旅游资源的解释权和控制权,同时也创造了新的区域表征。寺冈伸悟提出所谓的"区域表征"是指不同行动者基于自身的视角与解释从而形成对当地的一种认知[1]。区域表征论认为,在一个地区内存在不同的行动者,每个行动者对于当地存在事物因视角的不同会形成不同的解释。这种解释和认识包含了对事物认知的信息,对于当地所表现出的认知不是片段的和碎片化的,而是一种"全过程"的认知。在这个全过程中,当地居民从中能够发现更多的潜在可能性。因此,具有不同偏好和价值判断的人因其对事物、人或空间不同的认知被嵌入不同的网络或层级,由此形成多层的区域表征[2]。但是,当地居民要通过文化客体化,获得对当地旅游资源的解释权,还需艺术家、艺术活动组织者等外在行动者转变对乡村文化资源开发利用的方式,从引入现代艺术向创造在地艺术转变,实现文化的在地性,基于乡村特有的自然资源和历史文化资源进行创造和开发。

(一)被感知的公共空间:艺术物理空间的生产

关于空间生产,列斐伏尔认为空间首先是一个能够产生社会互动的容器,表现为物理的空间。这种物理空间是固定的,是能够被外部所感知的独立存在的实体[3]。倍乐生控股公司在推进直岛艺术振兴乡村过程中,首选建设美术馆用于美术作品的展示。此外,还通过传统村落民宅的改造,将民宅打造成承载历史与传统的艺术空间。

第一,美术馆的建设。基于前期提出的直岛文化村构想,倍乐生控股公司于1992年在直岛南部建造了一个兼具美术馆和宾馆功能的综合性设施"倍乐生之家"。"倍乐生之家"成为直岛现代艺术振兴

---

[1] 寺岡伸悟:『地域表象過程と人間―地域社会の現在と新しい視座』、行路社2003年版、第10頁。

[2] 寺岡伸悟:『地域表象過程と人間―地域社会の現在と新しい視座』、行路社2003年版、第1—10頁。

[3] Harvey D., *Spaces of Neoliberalization: towards a Theory of Uneven Geographical Development*, Franz Steiner Verlag, 2005.

第九章 三重空间生产：日本香川县直岛艺术振兴乡村案例研究

乡村的起点。从 1992 年开始，在"倍乐生之家"美术馆中陆续策划实施了"柳幸典展 Wandering Postition""麦克兄弟（Doug and Mike Starn）展""三宅一生展""敕使河原宏风展"等。这些展览主题多样，展出的多为日本国内外著名艺术家的作品。2004 年，随着直岛文化村构想的空间范围从南部地区扩展到整个直岛地区，倍乐生控股公司将直岛艺术振兴乡村的项目更名为"倍乐生艺术场直岛"。为了更好展示倍乐生控股公司负责人福武总一郎购买的莫奈作品——"睡莲"，由日本设计师安藤忠雄设计建造了"地下美术馆"。由于"地下美术馆"建筑整体上基本是位于地下的，因此，除了用于展示莫奈、瓦尔特·德·玛利亚、詹姆斯·特瑞尔 3 位艺术大家的作品，因其自然融为一体的设计理念，"地下美术馆"建筑本身也成为艺术品。除了"倍乐生之家"和"地下美术馆"，倍乐生控股公司还在直岛上建设了李禹焕美术馆（2010）、安藤博物馆（2013）等其他艺术空间。

第二，传统村落住宅与公共活动设施的艺术化改造。基于对前期现代艺术振兴乡村的路径探索，倍乐生控股公司意识到，为了实现艺术深度嵌入乡村，需要根据直岛的自然风土人情，邀请艺术家进行创作，推动在地艺术发展，而非一味展示与直岛无关的现代艺术品。"家"艺术项目是其中的代表。1997 年，该项目在空心化程度较高的直岛中部地区的古村落，通过改造废弃古民宅而启动，从艺术的视角赋予古民宅艺术属性。"家"艺术项目代表性的作品包括"角屋""南寺""护王神社""石桥""围棋会所"等。

通过对美术馆和"家"艺术项目的介绍可以看出，前者是用于展示艺术作品的现代艺术物理空间，后者是赋予古民宅艺术属性的物理空间。通过艺术物理空间的打造，营造用于艺术家、游客和当地居民互动和产生连带的公共空间。在艺术物理空间生产的过程中，倍乐生控股公司、艺术家等是主体，当地居民以提供废弃古民宅等方式进行有限参与。但是，通过艺术物理空间的生产，一方面吸引了外部游客，另一方面有效盘活了乡村闲置的房屋等，为精神空间生产，特别是社会空间生产提供了物理空间基础。

(二) 被构想的公共空间：艺术精神空间的生产

空间表征是认知行为的结果，是一种被构想的面向。列斐伏尔认为，行政机关、资本家和专家等通过对权力和话语权的控制，构建一套抽象的话语体系，生产同质化的空间，用于实现自身对空间的控制[1]。在艺术精神空间生产层面，主要体现为艺术的创作主体以及艺术项目的组织主体利用自身对艺术理念、意涵和创作的控制，形成自身对艺术的认知的话语体系。倍乐生控股公司在推进直岛艺术振兴乡村过程的前期阶段，主要是通过邀请直岛外部的现代艺术家，基于艺术家的认识与理解，在直岛的物理空间中引入现代艺术作品。在此基础上，吸引外部游客到直岛进行旅游和消费。例如，1989年安藤忠雄在直岛设计的"直岛国际露营地""倍乐生之家"，以及1994年推出的"out of Bounds"艺术展、草间弥生的"南瓜"（1994）和"红南瓜"（2006）作品、柳幸典的"世界旗帜蚂蚁农场"（1990）、让·米歇尔·巴斯奎特（Jean Michel Basquiat）的"汽车嘟嘟（Gua-Gua）"（1984）等。

这种艺术精神空间的生产具有两方面的特点。一是艺术精神空间的生产主体是艺术家和艺术项目组织等外部主体。这些外部行动者利用自身对艺术话语权的认知和控制，基于自身偏好去设计和引入艺术作品。他们对艺术的在地性不够重视，当地村民的参与程度有限。而以艺术家、艺术项目组织者、游客为代表的艺术创作和欣赏群体与当地居民之间存在结构性障碍。当地居民会将艺术看作吸引游客在当地消费的工具，而艺术项目组织者以及艺术家往往将直岛看作现代艺术展示的空间。在此过程中，艺术像是乡村振兴的工具，乡村像是艺术展示的空间工具。

二是艺术在表达区域表征时采用的是抽象的表现手法，缺少乡村

---

[1] Lefebvre H., *The Production of Space*, Tans by Donald Nicholson-Smith, MA: Blackwell Publishing, 1991.

的生活气息。艺术项目组织者邀请艺术家在直岛进行创作，虽然其创作过程中试图实现艺术与当地自然进行融合，但当地居民难以理解其抽象表达方式而难以实现对艺术创作的主体性参与。但是，借助艺术家和艺术项目组织者的视角，通过艺术精神空间生产，一定程度上促进了当地居民关于艺术以及艺术与乡村之间关系认知的转变，认识到艺术可以促进乡村发展，乡村中的某些东西也可以被艺术化。这也为当地居民深层次参与的艺术社会空间生产提供了认知基础。

（三）日常生活的公共空间：艺术社会空间的生产

列斐伏尔认为，基于日常生活的认知而形成的对空间的感知和想象是一种社会空间。社会空间不是物理空间和精神空间的简单叠加，而是"源自于对物质空间——精神空间二元论的肯定性解构和启发性重构。社会空间的生产主体不仅是为了批判物质空间和精神空间生产主体的思维方式，还是为了通过注入新的可能性来使他们掌握空间知识的手段获得活力。列斐伏尔批判了把物质空间和精神空间简单叠加为社会空间的做法，他认为社会空间是与社会生活隐秘的一面相联系的、复杂的符号体系，展布在伴随着它的形象和象征中的空间，是一个真实的空间"[1]。倍乐生公司在推进直岛艺术社会空间生产过程中主要采取了以下三种策略。

第一，引入在地艺术理念，实现艺术社会空间生产。暮沢刚巳提出，特定的场所和特定的空间紧密不可分，在这种紧密不可分的关系中形成的美术作品的创作方法就是"在地艺术"[2]；长畑实和枝广可奈子认为，倍乐生控股公司在直岛打造的"家"艺术项目都是在地艺术的表现形式。"在创作过程中融入与当地居民的交流和协作，当地的历史、生活和文化与现代艺术融为一体，从而创造新的价值。"[3]

---

[1] 赵海月、赫曦滢：《列斐伏尔"空间三元辩证法"的辨识与建构》，《吉林大学社会科学学报》2012年第2期。

[2] 暮沢剛巳：「サイト・スペシフィック」、載暮沢剛巳編『現代美術を知るクリティカル・ワーズ』、フィルムアート社2002年版、第89頁。

[3] 長畑実・枝廣加奈子：「現代アートを活用した地域の再生・創造に関する研究—直島アートプロジェクトを事例として—」、『大学教育』、2010年第7号、第137頁。

该项目是通过对直岛中部地区废弃古民宅的改造而赋予其新的艺术要素，实现古民宅的资源化。2001年9月4日至12月16日，倍乐生控股公司组织策划了名为"Naoshima Standard"的艺术展，关键词之一是"在地性"。通过艺术作品的创作和展示，实现直岛的发展历史以及直岛居民生活的可视化。艺术展共分为三菱综合材料展区、宫之浦村落展区和中心村落展区3个分会场，"每个展区展现了直岛的断代史。艺术家将每个展区中不同年代的历史融入到作品当中"①。

第二，推动当地居民主体性参与，将情感和记忆内化于艺术社会空间。社会空间的生产有赖于情感、记忆以及价值观等日常经历的再现和生产，以实现艺术的生活化。在该过程中，艺术家以及艺术项目组织者通过在地艺术的生产，将当地居民的历史文化和生活经历融入作品，并邀请当地居民作为志愿者参与作品的讲解。当地居民运用自己对乡村的记忆和情感在一定程度上获得对艺术作品解释的自由空间。宫本结佳通过对直岛艺术振兴乡村中的"落合商店"作品的分析指出，"落合商店"原本是直岛当地的一间杂货店，是当地居民购物和交流的一个据点。在杂货店停业后，负责落实商店改造的艺术家大竹伸朗在杂货店的改造过程中，保留了杂货店最初居民帮助店主售卖产品的模式，委托杂货店邻居向游客介绍商店的历史、当地居民的传统购物方式等。"对于居住在周边的居民来说，帮助那些不熟悉杂货店商品摆放位置的居民准确找到商品，帮助店主进行商品销售是其在长期生活实践中获得的一种生活经验。游客在杂货店购买的商品种类可能不同，但是这种互助的实践是一样的。在艺术展中，居民利用艺术作品自由解释的特点，向游客讲述自己对当地的认识，从而实现日常生活的可视化，进而确立自身在旅游产业化中的主体性地位"②。

---

① 宮本結佳:「住民の認識転換を通じた地域表象の創出過程―香川県直島におけるアートプロジェクトを事例にして―」、『社会学評論』2012年第63卷第3号、第396—397頁。

② 宮本結佳:「住民の認識転換を通じた地域表象の創出過程―香川県直島におけるアートプロジェクトを事例にして―」、『社会学評論』2012年第63卷第3号、第398—400頁。

第九章 三重空间生产：日本香川县直岛艺术振兴乡村案例研究

可以看出，不同于精神空间生产中当地居民的被动式参与，在社会空间生产中，当地居民能够利用自身熟知在地艺术中内化的当地历史文化的优势，实现文化（艺术）的客体化，获得对在地艺术的解释权。

第三，通过文化（艺术）的客体化，创造新的区域表征[1]。传统的区域表征是外部主体对当地自然资源和历史文化资源认知的结果，更多的是基于游客或旅游项目组织者的视角。但是，通过文化（艺术）客体化，当地居民以主体性角色向游客讲述地区的历史，并透过生活的可视化，将传统的生活赋予新的意涵。宫本结佳认为，可以通过"生活经验的可视化"和"口述景观"两种方式，创造新的区域表征[2]。在生活经验可视化方面，当直岛当地居民看到倍乐生控股公司利用艺术振兴乡村的实践后，自主地制作了村落古民宅的标志牌，并制作了古民宅的地图方便游客进行游览。此外，不少居民利用政府的补贴制作了传统的门帘，悬挂在各自家庭的玄关处，使之成为直岛村落的一道风景。当地居民将当地日常生活中的经验和风俗以可视化的方式向外来游客进行展示，使自身获得对当地文化和历史的解释权，同时也创造了新的区域表征，丰富了地域的物质文化内涵。在口述景观方面，随着倍乐生控股公司在直岛举办各类艺术展，2004年，当地的居民自发成立了"直岛町观光志愿者协会"，向游客介绍当地的风土人情，形成一种"口述景观"。"这种通过居民讲述活动创造的'口述景观'通过游客与居民的互动创造出新的区域表征。'口述景观'的对象不仅包括艺术作品，也包括各种物理景观，将现存的资

---

[1] 区域表征论认为，在一个地区内存在不同的行动者，每个行动者对于当地存在事物因视角的不同会形成不同的解释。这种解释和认识包含了对事物认知的信息，对于当地所表现出的认知不是片段的和碎片化的，而是一种"全过程"的认知。在这个全过程中，当地居民从中能够发现更多的潜在可能性。因此，具有不同偏好和价值判断的人因其对事物、人或空间不同的认知被嵌入不同的网络或层级，由此形成多层的区域表征。

[2] 宫本結佳：「住民の認識転換を通じた地域表象の創出過程—香川県直島におけるアートプロジェクトを事例にして—」、『社会学評論』2012年第63巻第3号、第400—403頁。

源转化为自身可操控的资源之外，也生成了新的资源"①。

二　直岛艺术振兴乡村的主要效果

直岛艺术振兴乡村的主要效果体现在游客数量的增加、基础设施的完善、推动生活富裕、游客满意度的提升、社会美誉度的增加以及艺术振兴乡村模式的扩散。

（一）推动旅游产业发展

1. 完善了直岛当地的旅游基础设施

在直岛开始艺术振兴模式探索之前，直岛与外部的交通联系只有班次较少的渡轮，现在直岛与外部的联系不仅增加了渡轮的班次，同时直岛与周边的玉野市、高松市、丰岛、犬岛、小豆岛等都开通了渡轮。在市内交通方面，开通的公交已经可以将直岛上所有的旅游景点和艺术作品展示点连接起来，方便游客的参观旅游。

在住宿方面，作为一个常住人口只有3000人左右的小岛屿，目前，宾馆、民宿、旅馆等住宿设施达到了69处；在餐饮方面，在直岛町观光协会登记的餐饮店达到了61个。此外，直岛面向外地游客还提供自行车、摩托车和汽车租赁业务。可以看出，通过艺术旅游产业的振兴，不仅吸引了大量游客，同时也促进了当地服务业的发展，在为游客提供更加完善的服务的同时，也方便了直岛当地居民的生活，为未来吸引外地人口到直岛当地安家落户提供了一定的基础。

2. 促进了直岛游客数量的增加

根据直岛町观光协会的统计，1990年，直岛町的游客数量为11358人次，到2021年，人数扩大到192984人次，扩大了17倍。其中，如图9-8所示，由倍乐生公司组织策划实施的艺术类设施和作品成为游客的首要目的地。

可以看出，随着20世纪90年代上半期，倍乐生之家投入运营，

---

① 宫本結佳：「住民の認識転換を通じた地域表象の創出過程—香川県直島におけるアートプロジェクトを事例にして—」、『社会学評論』2012年第63卷第3号、第402頁。

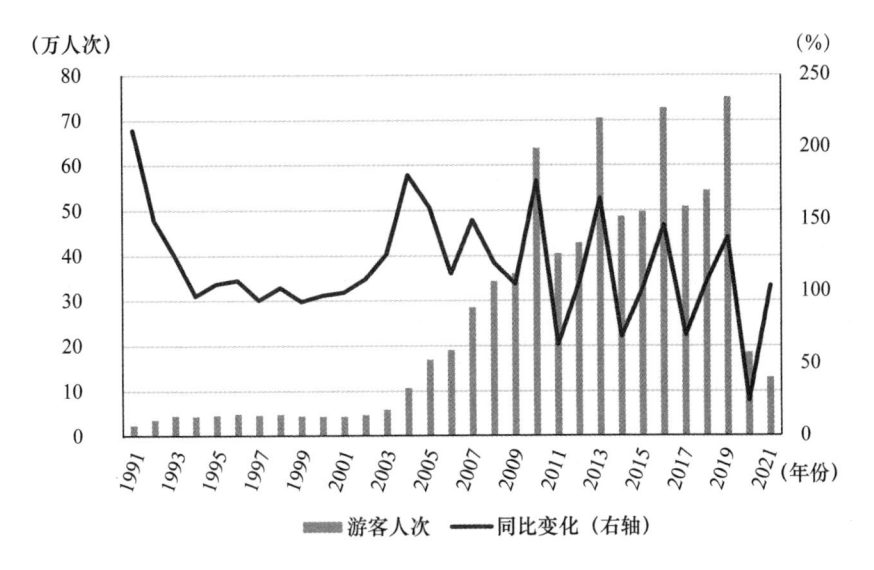

第九章 三重空间生产：日本香川县直岛艺术振兴乡村案例研究

图 9-7 直岛游客数量变化情况

资料来源：『直島町統計情報』、https://www.town.naoshima.lg.jp/government/gaiyo/toukei/index.html，2022 年 3 月 15 日。

以及一系列临时艺术展的开设，游客数量呈现逐步递增的趋势，这种平稳增加的趋势一直延续到 90 年代后半期。但是，到 2004 年，游客人数突然增加，这主要是因为 2004 年，地下美术馆开始运营。2010年、2013 年、2016 年、2019 年人数的突然变化主要是因为濑户内国际艺术节从 2010 年开始，每隔 3 年举办一次。

通过艺术振兴方式，不仅大幅度增加了直岛游客的数量，同时，游客也对直岛的艺术振兴乡村项目质量表达了高度的认同。以 2019 年举办的濑户内国际艺术节为例，2019 年的濑户内国际艺术节举办时间为2019 年 4 月，持续 107 天，共有 32 个国家和地区的 230 组艺术家参与，参观游客达到了 118 万人次。组委会通过对 6857 名游客的调查发现，95.5% 的受访者对本次艺术节评价为"非常好"和"好"；关于是否再次参加艺术节，86.3% 的游客回答"非常想参加"和"想参加"[①]。

---

① https://setouchi-artfest.jp/press-info/press-release/detail307.html，2022 年 3 月 17 日。

（二）改善了直岛当地居民参与乡村公共事务的意识

直岛艺术振兴乡村的实践探索具有两方面的属性，一是营利性艺术项目属性，主要体现在该项目是由倍乐生公司主导，倍乐生公司通过建设艺术项目，获得一定的门票等受益；二是乡村公共事务属性，主要体现在，通过该项目推动了当地居民的主体性参与，实现了乡村旅游产业的发展。特别是通过艺术嵌入乡村的发展模式，改变了当地居民对艺术项目的认知，同时也提升了居民对乡村的认同感。

以濑户内国际艺术节为例，通过对艺术节当地居民的调查发现，2016年，69.5%的居民对艺术振兴乡村的模式表示了高度认可；2019年，68.4%的居民对艺术振兴项目的模式表示了高度认可，如图9-8所示。此外，对于不认可艺术振兴乡村模式的居民比例由2016年的15.3%下降到2019年的14.7%。此外，2016年，有65%的居民对继续举办国际艺术节此类的艺术项目表示了高度认可；2019年，有62.9%的居民对继续举办国际艺术节此类的艺术项目表示了高度认可，如图9-9所示。

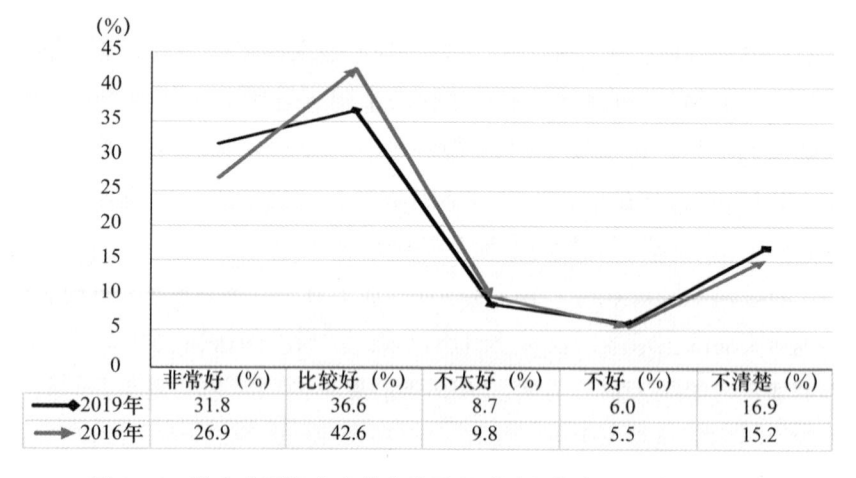

	非常好（%）	比较好（%）	不太好（%）	不好（%）	不清楚（%）
2019年	31.8	36.6	8.7	6.0	16.9
2016年	26.9	42.6	9.8	5.5	15.2

图9-8 濑户内国际艺术节当地居民对引入艺术项目的认可程度

资料来源：https://setouchi-artfest.jp/，2022年3月25日。

通过艺术节等艺术方式提升了当地居民对艺术振兴方式的认可程度之外，艺术振兴项目的实践探索也一定程度上改变了当地居民对于

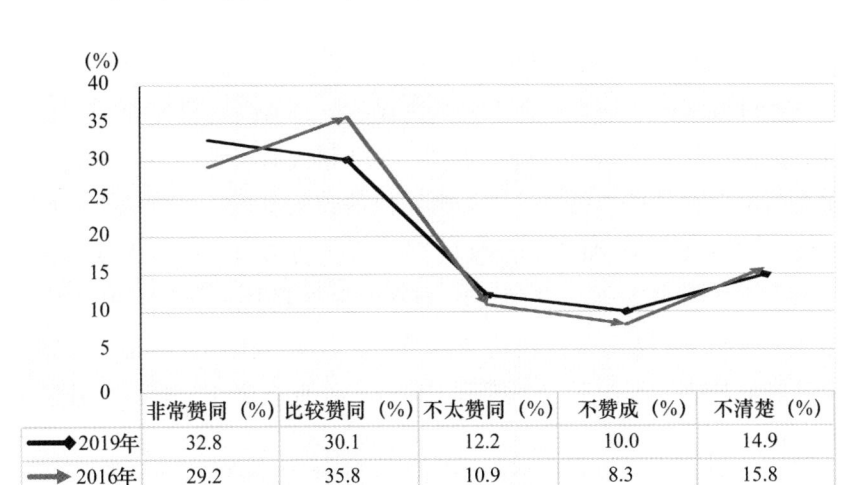

第九章 三重空间生产：日本香川县直岛艺术振兴乡村案例研究

	非常赞同（%）	比较赞同（%）	不太赞同（%）	不赞成（%）	不清楚（%）
2019年	32.8	30.1	12.2	10.0	14.9
2016年	29.2	35.8	10.9	8.3	15.8

图9-9 当地居民对继续举办艺术节的认可程度

资料来源：https://setouchi-artfest.jp/，2022年3月25日。

故乡的认知。通过调查发现，2016年，有45%的居民因为艺术节改变了对故乡的认知；2019年，有39.6%的居民因为艺术节改变了对故乡的认知，如图9-10所示。

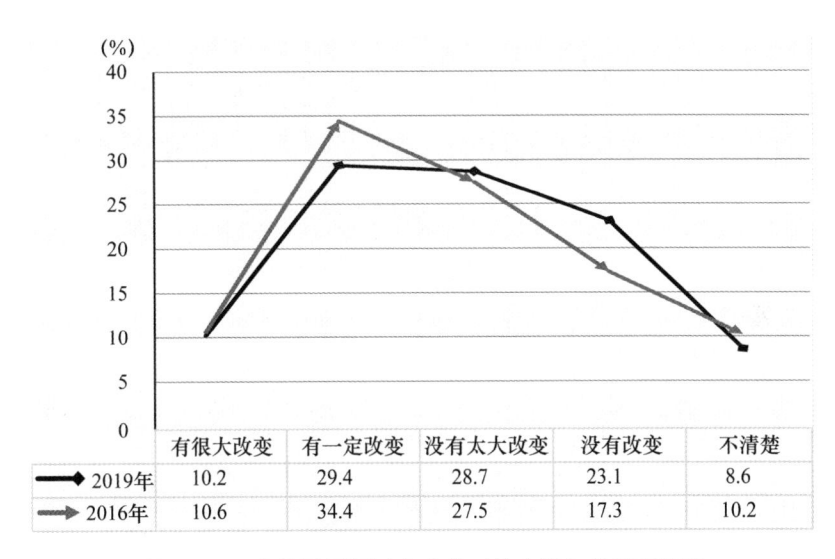

	有很大改变	有一定改变	没有太大改变	没有改变	不清楚
2019年	10.2	29.4	28.7	23.1	8.6
2016年	10.6	34.4	27.5	17.3	10.2

图9-10 当地居民通过艺术节对故乡认知的转变情况

资料来源：https://setouchi-artfest.jp/，2022年3月25日。

(三)提升了当地居民的收入

乡村振兴根本落脚点在于提高居民收入,实现生活富裕目标。在直岛案例中,在倍乐生公司于20世纪80年代后半期在直岛推进艺术振兴项目后,从整体而言,直岛町居民的收入呈现上升的趋势,特别相较于80年代上半期之前,收入有了明显的增加,居民平均收入在日本全国的排名方面,也呈现出上升的发展趋势。但是,由于从90年代初开始,随着日本经济泡沫的破灭,日本国民的收入呈现停滞甚至下降的趋势,如图9-11所示。因此,在此背景下,可以看出,直岛通过艺术振兴乡村项目,一定程度上提升了居民的收入,如图9-12所示。

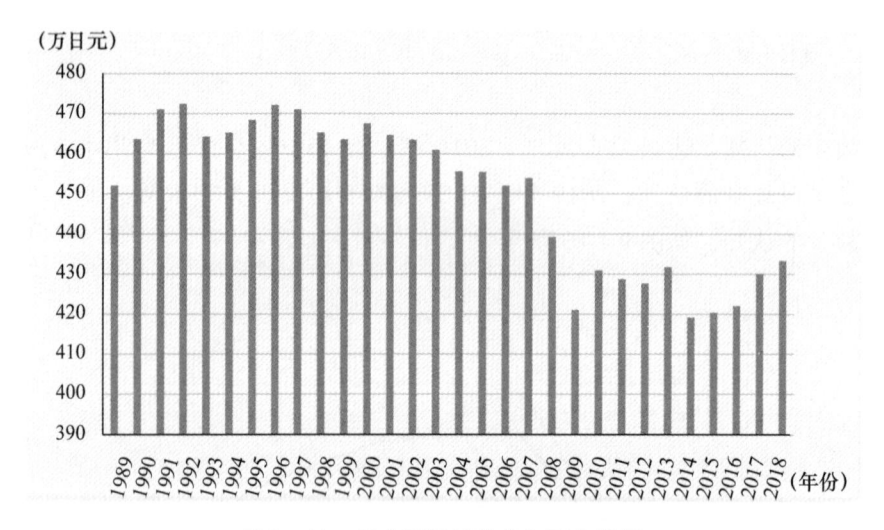

图9-11 日本国民平均收入变化情况

资料来源:https://www.mhlw.go.jp/stf/wp/hakusyo/kousei/19/backdata/01-01-08-02.html,2022年3月25日。

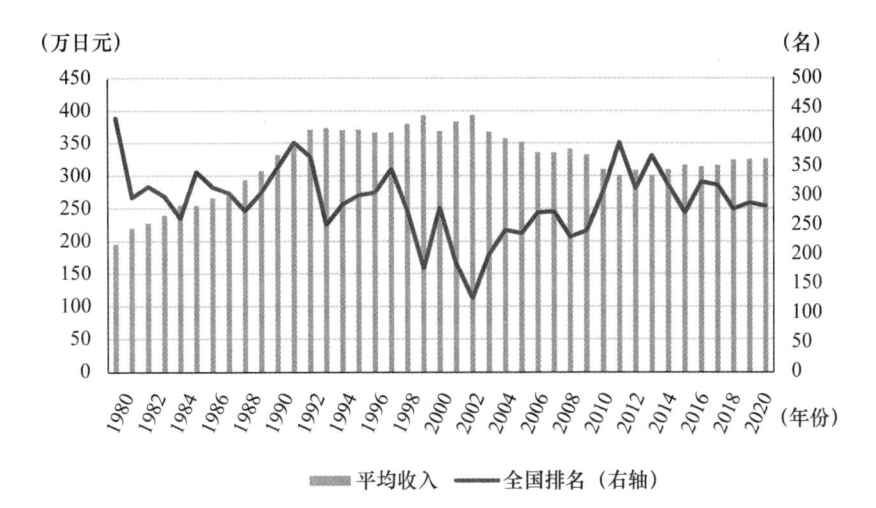

第九章 三重空间生产：日本香川县直岛艺术振兴乡村案例研究 ▶▶▶

图 9-12 直岛町居民年平均收入和全国排名

资料来源：https://www.nenshuu.net/prefecture/shotoku/shotoku_city.php?code=373648，2022 年 3 月 25 日。

（四）推动了艺术振兴乡村模式的扩散

直岛艺术振兴的案例在国际上获得了广泛关注，2000 年被美国旅游杂志 Condé Nast Traveler 评选为"新七大奇迹"；2019 年，被 Lonely Planet's Best of Japan 杂志评选为日本十大景点之一，被英国 National Geographic Traveller 杂志评选为 2019 年全球最值得去的 19 个地方之一，并被纽约时报评选为 2019 年全球最值得去的 52 个地方之一。由倍乐生主导的艺术振兴乡村的模式，不仅实现了直岛艺术的发展和乡村的振兴，同时，也实现了艺术振兴乡村模式对外的扩散，实现了艺术振兴乡村模式的可复制。例如，倍乐生公司通过濑户内国际艺术节，将直岛之外的其他周边岛屿和地区也纳入艺术振兴乡村的实践探索范围之内，如丰岛、女木岛、男木岛、小豆岛、大岛、犬岛、沙弥岛、本岛、高见岛、粟岛、伊吹岛、高松港、宇野港等。除了临时性的艺术展，倍乐生公司还在一些岛屿建设了常设的美术馆或艺术类项目，如女木岛的女根美术馆，犬岛的精炼所美术馆、"家"项目和"生活植物园"项目，丰岛的美术馆、横尾馆、针工厂、福武之家等。

· 275 ·

此外，直岛的艺术振兴乡村的模式除了被复制到日本国内，还被借鉴到日本之外的其他国家。例如，中国山东省淄博市沂源县桃花岛学习参考直岛模式，策划和实施了艺术振兴乡村的项目。

第四节　直岛艺术振兴乡村创新模式分析

直岛推进的艺术振兴乡村模式不同于传统的乡村旅游产业发展模式，采用通过艺术作品和艺术创作的方式，赋予乡村新的要素，实现将传统上属于城市的艺术要素融入乡村生活，特别是在后期的项目中，更是积极推动艺术家和艺术作品与直岛当地历史和居民生活相融合，实现了在地艺术，使直岛当地的居民由中立的旁观者转变为积极的参与者，激发了居民的内生动力，实现了项目本身和项目效果的可持续性发展。直岛艺术振兴乡村的创新之处主要体现在以下几个方面。

第一，构建了以倍乐生为主体的艺术振兴行动者网络。在直岛的艺术振兴乡村的模式探索中，出现了政府、企业、社会组织、志愿者、居民、艺术家、高校等不同领域的行动者，如图9-13所示。倍乐生通过不同的联结机制将不同的行动者整合在一起。例如，与政府之间，福武书店的创始人福武哲彦与直岛町町长三宅亲连之间因为都追求将濑户内海上的岛屿打造成一个具有文化氛围的地区，基于共同的理念，促进了政企之间的合作；在倍乐生与艺术家之间，由倍乐生邀请日本国内外的艺术家进行创作，形成了一种基于艺术创作的文化共同体；在倍乐生与居民之间，一方面倍乐生建设的艺术项目免费向居民开放，另一方面，在后期的项目中，鼓励居民的主体性参与；在倍乐生与社会组织之间，通过项目委托方式，将一部分艺术项目的管理交由社会组织负责；在倍乐生与志愿者之间，倍乐生为志愿者参与国际性艺术节提供了渠道和平台，志愿者则通过志愿活动推动了直岛艺术项目的国际性，并为直岛的发展提供了智力支持；在与高校关系方面，高校的加入更多是一种自主的行为，利用倍乐生等提供的物理空间，以学生创新实践的方式和志愿者身份参与直岛的艺术振兴项目。

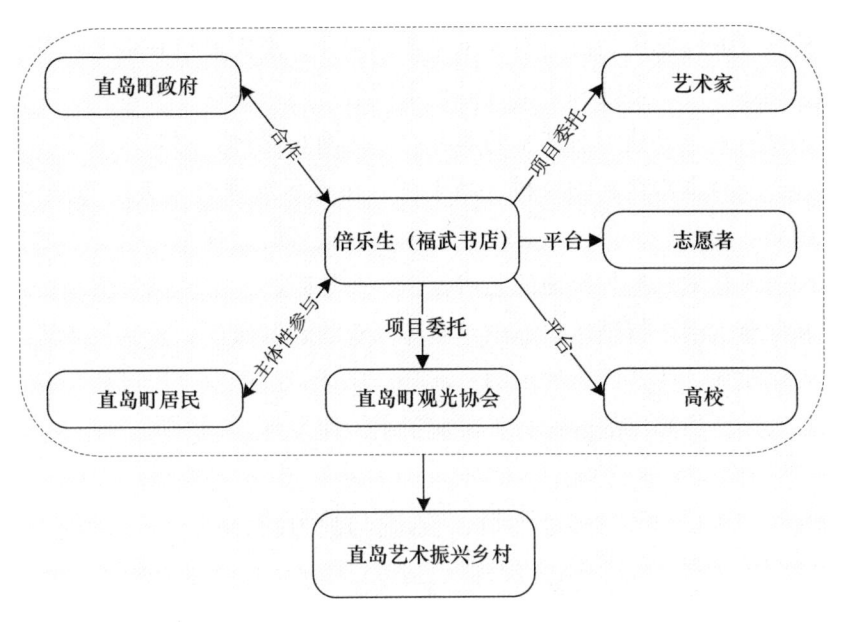

第九章 三重空间生产：日本香川县直岛艺术振兴乡村案例研究 ▶▶▶

图 9-13 直岛艺术振兴乡村的参与主体

第二，以在地艺术方式推进艺术与乡村的融合。在推进艺术振兴乡村的过程中，以美术、空间艺术、雕塑等为代表的现代艺术在嵌入传统村落过程中也面临艺术工具化抑或乡村工具化的拷问。如果将具有城市要素属性的现代艺术简单移植到乡村，将不可避免地面临着乡村沦落为艺术展示工具的风险。但如果艺术在与乡村融合过程中，注重艺术的在地性，基于乡村现有的村落文化、自然资源、人文风情创造在地艺术，将更有利于艺术与乡村的结构性融合。而且，推动艺术与乡村的结构性融合还需要在当地居民参与艺术创作或艺术展示过程中，培育当地居民的参与意识和参与能力，也为艺术客体化提供可能。艺术创作的过程也是空间生产的过程，美术馆的建设和艺术作品创作是艺术物理空间的生产，这种物理空间生产贯穿艺术与乡村融合的全过程。但是，艺术创造的初期阶段，或者以艺术振兴乡村项目的设计阶段，选择以艺术家或外来行动者偏好的艺术创作方式和艺术振兴乡村路径是较为便捷和高效的方式。这种创作模式或开发模式体现了外部行动者的意识，是一种被构想的精神空间。但是，为了项目的

· 277 ·

可持续发展以及满足游客对乡土艺术的偏好,需要通过在地艺术的方式,构建一个日常性和生活性的艺术社会空间,在这种艺术社会空间中,使当地居民获得对艺术的解释权,从而实现村民对艺术的主体性参与,同时也构建新的乡村区域表征。在直岛案例中,从20世纪90年代后半期开始,倍乐生在推进艺术振兴直岛的过程中,改变了之前单纯引入艺术家进行单纯的艺术创作,而是鼓励艺术家结合直岛的历史和社会生活进行创作,通过对直岛现有的老旧房屋、公共设施进行艺术化改造,使其成为艺术的一部分,在这一过程中,居民利用自己熟悉当地历史和生活的优势,实现了主体性参与。

第五节 结论与启示

列斐伏尔的空间生产理论告诉我们,空间具有多重面向,既具有物理空间的面向、精神空间的面向,更重要的是还具有社会空间的面向。三重空间的生产不是自发的,而是一种生产和建构活动的结果。艺术振兴乡村的过程也可以看作空间生产的过程,即通过物理空间、精神空间和社会空间的生产,破解艺术与乡村双重工具化的困境,实现艺术与乡村的结构性整合,并通过艺术振兴乡村最终提高乡村居民的收入,探索共同富裕的新路径。

倍乐生公司在推进直岛艺术振兴乡村的实践中,将美术馆建设和古民宅、古村落的更新作为物理空间的生产。物理空间的生产不是阶段性的,而是贯穿于直岛整个艺术振兴乡村的实践全过程。通过物理空间的生产为精神空间生产和社会空间生产提供了"容器"和载体,也为艺术与乡村的结构性整合提供了基础。在精神空间生产方面,艺术家以及倍乐生控股公司居于主导性地位,倍乐生公司通过邀请现代艺术家将创作的现代艺术在物理空间进行展示,或艺术家对直岛当地资源进行抽象创作。在此过程中,居民处于被动理解艺术的位置,但这并不能否定艺术空间生产的价值。精神空间作为物理空间生产与社会空间生产的过渡形态,一定程度上改变了当地居民对艺术的认知。

第九章 三重空间生产：日本香川县直岛艺术振兴乡村案例研究

他们认识到艺术可以通过与乡村的组合，将游客吸引到乡村，推动乡村旅游产业振兴。在物理空间生产和精神空间生产的基础上，倍乐生控股公司认识到，如果要实现艺术振兴乡村实践的可持续发展，以及艺术与乡村的结构性整合，则需要当地居民更深层次地参与。为此，倍乐生公司通过在地艺术创作方式，邀请艺术家挖掘和更新当地的人文历史资源，并发挥当地居民熟知当地人文历史的优势，运用日常生活可视化和口述景观的策略，满足当地居民对艺术和家乡的想象和认知，实现了文化（艺术）的客体化，从而创造了新的区域表征，并将创造出来的新的区域表征转为资源，从而实现乡村的内生性发展。

可以看出，为解决艺术与乡村的双重工具化困境，物理空间生产提供了空间容器和载体，精神空间生产为当地居民转变对艺术的认知提供了教育的空间，而社会空间生产则运用在地艺术方式，实现了艺术与乡村的结构性整合。在此过程中，三重空间生产不是割裂的，物理空间是精神空间生产和社会空间生产的基础，精神空间生产是社会空间生产的前置条件，通过对当地居民关于艺术认知的教育，为社会空间生产提供了认知层面的基础。

2019年，党的十九大提出乡村振兴的时代命题，直岛艺术振兴乡村的案例，为我国在推进乡村旅游产业振兴、文化振兴乃至乡村自组织振兴方面提供了一定的借鉴和启示。

第一，积极推动艺术设计参与乡村振兴。面对乡村内生动力不足的复杂现状，如何以艺术设计的育人力量，整合乡村振兴多元主体，构建乡村振兴共建机制，使村民成为乡村振兴的根本内生动力是艺术设计参与乡村振兴的重大使命。在直岛案例中，艺术设计通过美术馆、美术作品、艺术节等方式，培养村民艺术设计意识，将地方知识与资源通过设计转化为经济资产，使村民获得切实收益，提高幸福感。因此，我国在推进艺术设计参与乡村振兴过程中，一方面，需要充分挖掘艺术设计在育人方面的特色，形成与乡村本土力量的联动机制，激活村民的内生动力；另一方面，艺术设计参与乡村振兴需要开发不同的工具包，如"艺术设计美育工作坊""设计乡创周""艺节"等系列活动,为培养在地人才和当地居民参与提供平台。

第二,艺术振兴乡村不是简单地将原来集聚在城市空间的艺术表现形式移植到乡村,而是需要基于乡村自身的自然资源和人文历史特点,实现艺术在地性,推动艺术与乡村的结构性整合。八田典子认为,现代艺术之所以具有促进乡村发展的能力,是因为现代艺术不同于传统的艺术创作。传统的艺术创作重视的艺术家经过长期的艺术训练和技法学习,而现代艺术则重视"意外性",即从日常生活空间发现新的视角,给观众提供一种想象和反思的机会[1]。

第三,艺术振兴乡村的三重空间生产具有不同的功能,艺术物理空间的生产为艺术振兴乡村提供了载体与平台;艺术精神空间生产则转变了当地居民对艺术的认知,提供了一个认知学习的空间;社会空间通过在地艺术,实现了艺术客体化,促进了当地居民的深层次参与,并最终解决艺术与乡村的双重工具化困境。虽然,艺术振兴乡村的三重空间生产具有不同的功能,但是,在乡村振兴的语境下,并不意味着三重空间生产是一个纵向的进程,可以将精神空间生产和社会空间融入物理空间生产,即采用参与式社区营造的方式,让当地居民参与艺术振兴乡村的规划、实施以及运营的全过程中,从而更好地提升当地居民的参与意识和参与能力。

第四,艺术振兴乡村的落脚地在于培育当地居民的参与意识、参与能力和组织化参与的途径。为此,需要艺术项目组织者、艺术家和政府通过培训教育、实践参与等方式,引导当地居民有序参与和组织化参与。长畑实和枝广可奈子通过对直岛案例的分析指出,由艺术家、当地居民、地方政府、大学以及企业等构建的合作网络是直岛艺术振兴乡村案例成功的关键之一,在此基础上,将原来被动参与的居民转化为主动参与的行动者真正发挥了现代艺术在乡村振兴中的作用[2]。

---

[1] 八田典子:「地域創生に資する「現代アート」の力」、『総合政策論叢』2010年第19号、第65頁。
[2] 長畑実、枝廣可奈子:「現代アートを活用した地域の再生・創造に関する研究—直島アートプロジェクトを事例として—」、『大学教育』2010年第7号、第140—141頁。

第十章

乡村产业的转型升级：韩国清道郡一只柿子的六次产业

产业兴，百业兴。推进乡村产业转型升级，是巩固脱贫攻坚成果与实施乡村振兴战略的重要抓手。在脱贫攻坚阶段，中国乡村已经培育起了多种类型的产业，有力地推动了贫困地区的产业脱贫。但是，目前的大多数乡村产业是粗放的，仍然处于产业发展的初级阶段，如何因地制宜地推动产业转型升级，持续带动农民增收和促进乡村发展，具有重要的现实意义。发展自身，不能闭门造车，而要放眼世界，有必要"以史为鉴，以邻为鉴"，分析国际经验与教训，尤其是受儒家文化影响的国家的乡村振兴历史过程和创新探索，可以为走出一条立足国情的"中国特色"乡村振兴路径提供借鉴。

第一节 背景

一 韩国庆尚北道清道郡乡村发展面临的问题

韩国清道郡的乡村发展面临两个难题。一是人口老龄化严重，年轻人外流。清道郡位于庆尚北道最南端，面积是首尔的1.2倍，约为696.52平方千米，人口有45984人，50%的县民居住在清道邑和华阳邑这两个镇。年轻人陆续离开乡村，选择定居到城市寻求发展，而留在乡村的人群，则以中老年人为主，其中65岁以上老年人口占清道郡总人口的35%，属于超老龄化地区。二是产业同质化程度高，经济效益低下。清道郡是一个农业大县，在产业转型升级之前，清道郡和其他欠发达地区乡村一样，主要生产以水稻、大麦为中心的粮食作物，部分经济作物有柿子、桃、枣、红辣椒等，但产业的同质化程度高，产品没有特色，在市场上缺乏竞争力，经济效益低下，农民收入低。如何破解产业发展困境，以产业升级促进乡村发展，是需要破解的难题。

二 当地背景情况介绍

清道郡是韩国"新村运动"的发源地。之所以能成为发源地，有偶然因素，也有必然因素。偶然因素是来自总统朴正熙的一次视察。1969年7月，清道郡所在的庆尚北道发生特大洪灾，总统朴正熙于8月巡视灾区至庆尚北清道郡的神道村时，发现该村受灾程度很轻，而且这个村庄所展现出的宽阔整洁与秩序俨然，与其他村庄大不相同。总统朴正熙大为惊奇，询问村民是如何做到的，村民回答是由全村合力重建，该村自1957年开始实施自治，自筹资金改善生产生活环境，乡村的所有事务都有人处理，使得村庄能够井然有序。于是，朴正熙总统发现，新村运动需要一个基本的精神——村民"勤勉、自助、协同"。必然因素是由当时的宏观经济形势所决定的。在1970年以前，即韩国的"一五"计划（1962—1966年）和"二五"计划（1967—1971年）期间，工矿业的平均增长率达到17.9%，而农业仅为3.7%，经济增长主要由工业来完成，韩国面临着工农业发展严重失调、城乡差距急剧扩大的问题，严重制约了韩国经济的可持续发展。同时，农民群体是朴正熙政权最大的支持群体，是这位刚刚依靠军事政变获得政权的总统需要着力稳固的"大后方"。因此，无论从经济角度还是从政治角度，改善乡村和农民的生活环境与经济状态，缩小城乡差距和工农差距，都是必须面对的问题。因此，韩国在1971年发动了"新村运动"，从农民启蒙、社会建设和经济发展等多个方面入手，致力于改善农村生产生活条件，增加农民就业机会和收入。

随着"新村运动"的开展，清道郡在发掘本地资源、打造特色产业方面，探索出了一条以产业振兴带动乡村发展的路径，建立起了以柿子、苹果、桃子等水果为中心的差异化产业发展集群，有力地缩小了清道郡的工农差距和城乡差距。其中最突出的，是柿子产业，清道郡柿子研究所以及相关的产业公司，在提升柿子产业的价值增值能力、带动农民增收方面做出了宝贵探索。本文将分析清道郡最有特色的柿子产业案例，研究资源贫瘠的清道郡是如何通过开发柿子产业来带动乡村发展的。接下来的文章安排为，第二部分将对柿子产业中的发展主体进行梳理，第三部分分析以柿子为依托的一二三产业融合做法，第四部分呈现产业振兴的效果，第五部分是对中国的启示。

第二节　韩国清道郡发展柿子产业的主体分析

一　政府的角色

在清道郡柿子产业的发展过程中，政府是运筹帷幄的引领者角色。在1977年，韩国的人均收入超过1000美元，食物消费结构开始从"吃得饱"向"吃得好"转变，对于水果蔬菜的需求量猛增，而对粮食谷物的需求下降。韩国政府积极引导生产规划，在保证稻米和大麦自给自足的前提下，大力发展非粮食作物。在清道郡的农业生产上，体现为水果耕地面积的大幅度增加（见表10-1）。据统计，清道郡的水果耕地面积从1977年的132公顷增加到2017年的3990公顷，在40年间增加了300多倍。与此同时，粮食种植面积从1977年的15498公顷下降为2017年的2949公顷，下降了81.04%。耕地面积的变化，代表了生产结构的大幅度调整，韩国政府通过制定规划、财政补贴和政府信贷等方式，优化生产结构，发展高价值水果产业。韩国政府在2004年推行了《新活力农业项目》，在全国选取了64个县、6个城市作为欠发达地区予以支持，清道郡的柿子产业是项目之一，政府鼓励每一个地区选取一种代表性特产来重点发展，政府配套相关的加工设备，例如剥皮机、冷冻机、分拣机、烘干机等包装材料和设备，使得清道郡柿子加工产业得到快速发展。

表10-1　　　　　　　　清道郡耕地面积变化　　　　　　　（单位：公顷）

年份	粮食	蔬菜	水果	其他作物
1977	15498	797	132	246
1987	11817	731	2430	472
1997	5714	77	7181	152
2007	4171	936	3936	55
2017	2949	570	3990	50

资料来源：《清道郡统计年鉴（1978—2017）》。

二　农业技术中心的角色

清道郡农业技术中心扮演着经验丰富的教练员角色。清道郡农业技术中心是由政府财政负担的事业单位，由20个研究所组成，包括柿子研究所、苹果研究所、桃子研究所、蓝莓研究所、红枣研究所等。根据业务发展需要，清道郡农业技术研究中心入股成立了多家农业开发公司，用以进行农业技术转让、品种推广与合作开发等事宜。柿子是清道郡的常见果树，自公元980年起就有相关的书籍记载，但一直未能发展成为产业。柿子产量低、品相差，很难带来利润。但是，从1990年后期到2000年中期，柿子产量得到了快速增长。原因是1996年暴发了一场柿子树危机，是一种传染性极强的树落叶病，对整个清道郡的柿子树造成极大的破坏。这件事情让清道郡的农民认识到，习以为常的柿子树，也是需要做生产管理的。在政府的指导下，农业技术中心开始发挥自身的技术优势，承担起教练员的角色。从1997年开始，农业技术中心开始向村民宣传和培训柿子树管理的相关技术，一般是每年5月开始，全体农业技术中心的员工到各村播报、宣讲、教育，从6月起就要对柿子树进行害虫管理、枝杈修剪、灌溉技术、肥料施用、旱季管理及雨季管理等。1998年开始，柿子落叶病的防治教育宣传开始明显生效，农民积极寻求农业技术中心的帮助，主动邀请技术人员走访指导。2001年，农业技术中心开始提供柿子苗，低价分发给农民，节省了其大量的育苗精力。此外，也向关闭的桃园提供柿子苗,引导其种植柿子。经过近二十年的发展,清道郡的柿子产业已经成为当地的支柱产业,清道郡重点水果产业的基本数据见表10-2。

表10-2　清道郡重点水果产业的基本数据（截至2018年）

作物	面积（公顷）	种植户数（户）	产量（吨）	收入（亿韩元）
柿子	2025	5040	3230	1181
桃	1035	1717	16723	593

资料来源：清道郡农业技术中心网站。

三　柿子加工研究所的角色

柿子加工研究所是科技助农的开拓者角色。柿子加工研究所是清道郡农业技术中心最负盛名的一个研究所,开发出的柿子相关产品也是该中心的"拳头"产品。柿子加工研究所,在清道郡的柿子产业转型升级过程中,发挥了举足轻重的作用,充分体现了科技是第一生产力,乡村产业的转型升级需要科技的大力支撑。柿子加工研究所在前期提供了初级加工技术,帮助柿子产业启动起来,在后期提供了精深加工技术,让柿子产业转型为高价值产业,为发展一二三产业融合提供了坚实的技术基础。柿子加工研究所的工作内容包括柿子苗培育、柿子加工技术研发和农民技术培训等业务。清道郡的柿子产量随着落叶病防治水平、肥料施用水平的提高,产量开始增加,但是柿子价格依旧低廉。此时,柿子加工研究所通过创新加工方式来丰富产品形态,让柿子从出售鲜果的单一形态走向品类多样的加工产品。在这样的情况下,清道郡兴起了一种新的加工和销售方式,那就是把柿子切成四五块,或者脱皮,充分烘干后进行包装,当作零食售卖,在这样的加工销售方式下,每公斤柿子能为农民多带来1万韩元（折合人民币53元）的利润,这既解决了新鲜柿子储存问题,又增加了农民收入。

四　综合农协的角色

综合农协是联络各方的组织者角色。综合农协是韩国农协的基层组织。1961年，朴正熙政府颁布了新的《农业协同组合法》，目标是通过提高农业生产力和加强农民组织，提高农民的经济社会地位，确保国家经济的均衡发展。韩国农协在组织结构上分为两层，上层为农协中央会，下层为设置在乡镇的基层综合农协。清道郡的基层综合农协，对上联络县级以上政府，为政府承担了95%的地方税收缴任务；对下联络村庄组织、合作社等村级组织，为村庄开展金融贷款、流通加工和乡村福利三类事业。金融贷款业务，为柿子产业的农户提供生产资料购买、产品销售、在合作社内的利益分配等服务。流通加工业务，联合农业技术中心和柿子加工研究所，共同为柿子农户与企业提供生产资料供应、农产品交易场所、农产品的加工储藏和食品品牌打造等服务。乡村福利事业包括两个方面：一方面是政府通过农协向柿子产业的农户提供福利，例如引导发展柿子产业的补贴资金、购买柿子加工设备的低息贷款、农产品流通费用减免等；另一方面是农协盈利强的部门向农民返利，例如盈利能力最强的金融贷款事业，为柿子产业农户提供供销返利、子女教育基金、柿子加工技术培训基金以及乡村社区福利性服务。综合农协通过联络上级政府和基层村庄、合作社，为柿子产业相关的农户和企业提供金融、流通、福利三项服务，把产业上下游主体组织起来，有力推动了清道郡柿子产业的转型升级。

第三节　主要做法——以柿子为依托的产业转型升级

一　六次产业

"六次产业"的思想，并非中国首创，主要来自日本综合农协（JA）综合研究所今村奈良臣1994年首倡的"六次产业"。今村奈良臣最早提出的六次产业，是指在加法效应层次上农村地区各产业相加，即 $1+2+3=6$，即农业不仅指农畜产品生产，而且还应包括与农业相关联的第二产业（农畜产品加工和食品制造），以及第三产业（流通、销售、信息服务和农业旅游等）。此后，六次产业又升级为乘法效应层次，即六次产业还应是农村地区各产业之乘积，即 $1×$

第十章　乡村产业的转型升级：韩国清道郡一只柿子的六次产业 ▶▶▶

$2 \times 3 = 6$，即农村产业链中若其中一个产业的产值为零，则六次产业所带来的总体效益变为零；若为1以上，则上下游都会倍增。农业六次产业由加法效应向乘法效应转变，使农村各产业间的联结效应，升级为融合效应。同时，也警示人们，只有依靠以农业为基础的各产业间的合作、联合与整合，才能不断取得农村地区经济效益的提高。

二　第一产业"接二连三"

第一产业"接二连三"的做法，体现为六次产业的加法效应，是以第一产业为基础，开展第二产业的加工和第三产业的销售。柿子加工业，是在政府的大力支持下发展起来的，具体表现为政府通过基层农协，为加工企业、农户和农场提供加工设备购置补贴，让他们能低价购买到烘干机、剥皮机、分拣机等设备。在这样的激励下，加工企业如雨后春笋般迅速开办起来，据统计，清道郡的加工企业从2004年的99家上升为2016年的736家，增加了6倍多。柿子加工能力的提升，让清道郡的柿子产业很快从第一产业拓展到第二产业。在销售方面，相较于加工前出售鲜果，不仅价格大大上升，而且由于延长了保质期，能有较长的销售期。据清道郡农业技术中心统计，经过加工的柿子果干，能为农民带来1万韩元/千克的收入。"接二连三"模式下的加工方式，相对简单，如图10-1和图10-2所示，是以简单初级加工为主，经过脱皮或者切块，烘干包装出售。销售方式是线上线下

图10-1　切块烘干的柿子干

图 10 – 2　脱皮烘干的整颗柿子

相结合，一方面是通过开展实体展示店、参加柿子展销会、举办柿子节等线下方式出售，另一方面是通过电商来向更大区域的消费者出售。

政府补贴项目，大大提升了柿子加工业的发展进度。为了推进欠发达地区加快发展，韩国政府在 2004 年推动了缓解区域发展失衡的《新活力农业项目》，在全国 234 个基层地方政府中选取了 30% 的欠发达地区县市纳入项目，包括 64 个县、6 个城市。清道郡的柿子产业也被纳入项目，政府提供专项资金，通过基层农协，为各类加工企业和农场提供资助，能够低价购买剥皮机、冷冻机、分拣机、烘干机等包装材料和设备。大量发展起来的加工企业，让柿子加工项目得以快速推广，加工能力的上升，不仅促进了第一产业的生产，也大大增加了第三产业的销售。据统计，2004 年以后，清道郡的柿子生产（第一产业）产量增长了 5 倍，加工销售额（第三产业）则增长 20 多倍，真正实现了第一产业"接二连三"，让清道郡的柿子产业发展进入了快车道。

三　第一产业"跨二越三"

第一产业"跨二越三"的做法，体现为六次产业的乘法效应，主要体现在产品开发的深度和第三产业的功能性提升上，让整个柿子产业链有了深度融合，最终实现产业链的价值增值。在产品开发深度上，不再仅仅是简单加工，而是通过柿子深度发酵开发出柿子酒和柿

第十章　乡村产业的转型升级：韩国清道郡一只柿子的六次产业

子醋，在提取柿子色素的基础上开发天然染色的衣物，通过粉碎柿子果干得到粉末制成天然的食品添加剂等。多样化的深度加工产品，让柿子产业迎来了繁荣发展。柿子研究所、基层农协及其合作公司，共同开发出了这些产品。图10-3展示了部分产品，包括柿子酒、柿子醋、柿子营养茶等。这些都是经过深加工的柿子产品，随着开发的不断推进，柿子深加工产品越来越多元化，柿子产业的总产值也稳步提升。开发深度体现在技术增密和品类跨界两方面。技术增密是指从初级加工向精深加工转变，柿子的单位技术密度是增加的。品类跨界是指不仅仅是食用农产品的产品类型，还拓展到家纺用品、工业添加剂用品、日用品等跨界到非农部门的产品类型，如图10-4所示。

图10-3　柿子的深加工产品

图10-4　提取柿子天然色素制作的染布和家用产品

· 289 ·

柿子产业在发展过程中，是以公司+科研单位+基地+农户的模式来开展，柿子加工企业注重加强与柿子加工研究所、清道郡农业技术中心、基层农协等部门的合作，让柿子种植基地保持科学、规范、高产的良性种植，基地建设由科研选育基地—培育基地—示范种植基地—推广种植基地组成。柿子加工所研发出的新型加工技术，将与企业进行共同实践，提高成本效益和市场接受性。在第二产业发展的基础上，清道郡基于柿子发酵酒建立了柿子酒浪漫酒窖，吸引了游客前来观光旅游，如图10-5所示。游客量的增多，进一步激发了柿子相关的文创产业，柿子玩偶、雕塑、卡通人物等产品相继推出，并以柿子文化节等方式增加知名度，进一步促进第二产业的发展，并带动第一产业稳健发展。通过第一产业"跨二越三"，柿子产业已经成为清道郡的一张名片，一只小柿子为清道郡带来了大产业。

图10-5 清道郡柿子发酵酒浪漫酒窖

第四节 产业振兴的效果与原因分析

一 产品价值增值空间扩大

发挥加法效应延长产业链，通过提升要素配置效率带来价值增加。加法效应意味着通过产业之间的连接，实现第一产业"接二连三"。当第一产业向第二、第三产业形成延伸和连接时,乡村开始出现产品深加工和服务业,形成新的收入增长点,并刺激新的投入。此时产业连接形成的新生产要素,使乡村的供给能力突破了原有的第一产业生产边界,产品种类和数量丰富起来,价格得到提高,不仅增加了农民收入,也提升了乡村对于城市的供给能力,带来价值增加。清道郡的柿子产业,通过延长柿子生产、加工和销售的产业链条,增强了乡村供给能力,以更丰富的产品来与城市进行交换,带来了产业价值增量。延长产业链的加法效应,是以增加要素密集度、提升要素配置效率为核心,打破产业间隔,以技术、品牌、数字化等要素来连接和重塑产业链,提升一二三产业融合程度,是在供给端深耕。从表10-3中可以看出,柿子产品的价值增值幅度巨大,可以达到数十倍,增加的产品价值,不仅能够壮大柿子产业,也能为农民带来更多收入。

表10-3　　　　　　　　　　柿子产品的价值增值

第一产业	第二产业		第三产业
初级产品	加工产品	增值效益	衍生产品
新鲜柿子 5元/500克	脱水加工,成为柿子干,转化率30%,售价18元/50克	增值为54元/500克,附加值提升980%	柿子发酵酒浪漫酒窖,40元/人观光,每年10万人次,创收400万元/年
	磨成柿子粉,250元/1000克	增值187.5元/500克,附加值提升3650%	
	发酵成为柿子酒,转化率100%,268元/瓶(750毫升)	增值178.7元/500克,附加值提升3473%	
	柿子捣碎染色,制成衣服,售价1200元/套	增值为1200元/500克,附加值提升3900%	

发挥乘法效应提升价值链,依托农业多功能性带来价值创新。乘法效应体现为通过生产函数变革重组和创新生产要素,侧重于同一产品产业链的不同环节向同一个市场主体集中的过程,包括更高素质的劳动力、更先进的生产方式和更多样化的资金投入主体等。通过发挥农业多功能性,能够发掘"四洗、三慢、两养"所蕴含的巨大市场价值。具体而言,"四洗"是指乡村社会可以帮助城市人洗净铅华,

包括"洗胃、洗肺、洗眼、洗心";"三慢"是指乡村社会可以帮助城市人享受慢食、慢村、慢生活;"两养"是指乡村提供养老、养生空间。这些新需求的满足,需要突破农业的单一经济价值,重视乡村的独特价值,充分发挥农业的多功能性。清道郡的柿子产业,逐渐培育发酵酒浪漫酒窖、乡村研学基地等第三产业,让第一、第二产业更好地融合到第三产业中来,为城市消费者提供养生、慢生活等多元价值,是在需求端发力,如图 10 - 6 所示。

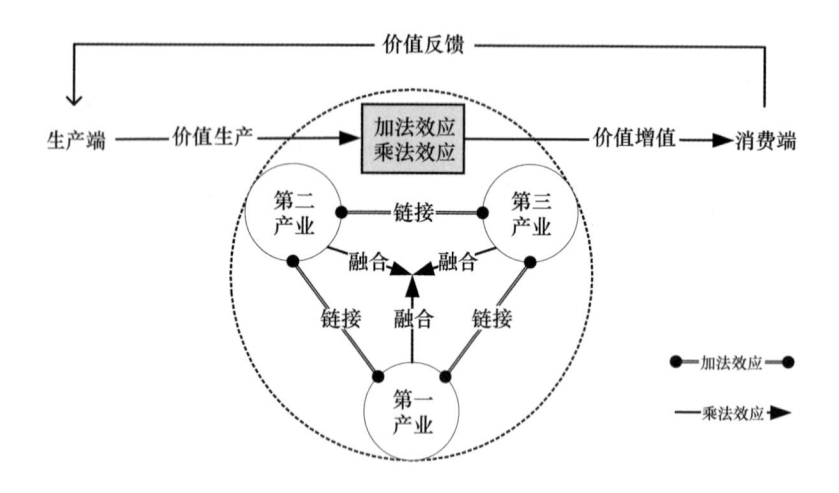

图 10 - 6 以加法效应和乘法效应带来产品价值增值

二 行业整体利润水平提升

第一产业"接二连三"、第一产业的产业融合模式,大大提升了整个柿子产业的利润水平。在清道郡的柿子产业被纳入 2004 年韩国《新活力农业项目》以后,加工企业在政府补贴资助下得到了快速发展,带动了第一、第三产业的融合发展,提升了整体的行业利润率(见表 10 - 4)。据统计,2004 年以前,清道郡的柿子加工企业数量增长了 743%,形成了支撑柿子产业发展的最有活力的产业"细胞";加工销售额也从 30 亿韩元上升为 703 亿韩元,提升了 2343%;柿子产业的总产值从 262 亿韩元上升到 1200 亿韩元,增加了 4.58 倍。同时，加工和销售的强劲发展也促进了第一产业规模的提升，柿子所占的耕地面积从 2004 年的 1611 公顷提升到 2016 年的 2095 公顷，增长了 130%；柿子总产量从 2004 年的 21 万吨，上升到 2016 年的 43 万吨，提升了 205%。第一、第二产业的快速发展，为开发第三产业的文创产品、文旅产业提供了坚实基础。经过一二三产业的全面融合，清道郡的柿子产业大大提升了整体利润水平。

表 10 - 4　　　　　　　　柿子行业发展情况对比

变量	2004 年（加工前）	2016 年（加工后）	前后增长（%）
耕地面积（公顷）	1611	2095	130
总产量（千吨）	21	43	205
加工销售额（亿韩元）	30	703	2343
加工企业数（家）	99	736	743
总产值（亿韩元）	262	1200	458

资料来源：清道郡农业技术中心 2017 年上半年答疑汇总。

第五节　结论与启示

一　重视科技力量，培育乡村产业公地

乡村产业的转型升级，需要重视发挥科技力量，积极培育产业公地。产业公地是不同产业之间共享的发展基础，包括一系列基础设施、组织、知识、技术等。产业公地是实现乡村产业融合发展、转型升级的前提条件，让原本分立的两个产业要统一在一个区域内协调发展，必须要产生使原本互不联系的分工存在联系的基础。韩国清道郡的柿子产业在发展过程中形成了自身的产业公地，包括柿子加工技术、柿子产品的销售网络、柿子上下游产业集群、柿子的加工包装冷藏设施、柿子产业的贷款服务、柿子产业的技术人员培训能力等。这一系列产业公地的培育，让清道郡从同质化、低效益的产业状态，通过第一产业"接二连三"、第一产业"跨二越三"的技术创新与社会

创新，成功转型升级为特色化、高附加值的六次产业。当下的中国乡村，面临着从产业脱贫到产业振兴的转型升级，大量粗放型、同质化的乡村产业需要提质增效，转变为有特色、高收益的新产业、新业态。从清道郡的柿子产业案例中，可以借鉴其发展经验，重视科技的力量，充分发挥科技是第一生产力的作用，积极培育产业公地，为粗放型产业的转型升级提供坚实基础。

二 注重发挥农业的多功能性，拓宽乡村产业转型升级空间

把握新需求，创造新供给，通过发挥农业多功能性，为市场创造出新产品，才能拓宽乡村产业转型升级的空间。"四洗、三慢、两养"的市场新需求，蕴含着很大的市场价值。清道郡培育的浪漫酒窖、乡村研学、乡村旅游、柿子文化节及文创产品等第三产业，为城市消费者提供了洗胃、洗肺、洗眼、洗心、慢食、慢村、慢生活、养生、养老的新型服务业态和产品，满足了消费升级的新需求，也为乡村产业的转型升级拓展了全新空间。在中国，随着人均GDP迈过1万美元大关，消费升级是客观趋势，能否抓住消费升级的机遇，充分发挥农业的多功能性开发出相应的产品，让乡村产业的新供给与城市居民的新需求匹配起来，成了乡村产业能否转型升级的关键。

三 整合多元力量，促成政府、市场和社会的跨界合作

乡村产业的转型升级，需要整合多元力量，促成政府、市场和社会的跨界合作。清道郡的柿子产业，在地方政府、农业技术中心、柿子加工研究所、柿子上下游产业、基层综合农协、村庄和广大农户的共同合作下，艰难又成功地完成了产业的转型升级，形成了政府有为、市场有效和社会有力的乡村产业振兴格局。对于当下的中国，需要借鉴这一宝贵经验。第一，实现政府有为。政府要为农村提供基础设施建设和农民教育培训，提升农村产业发展的软环境和硬环境。为市场力量和社会力量的进入奠定基础。第二，实现市场有效。围绕当地的农业发展禀赋，促进种植业、养殖业、手工业、运输物流业、文

第十章　乡村产业的转型升级：韩国清道郡一只柿子的六次产业

化创意产业和乡村旅游业等多产业融合发展，在第一产业的基础上实现转型升级。第三，实现社会有力。积极培育类似韩国综合农协这样的综合性乡村发展组织，与政府和市场开展平等身份下的跨界合作，在金融、经济和社会等多个方面为农民赋能，在产业发展的多个环节和阶段充分保障农民的利益。通过有为政府、有效市场和有力社会的多元合作，让广阔的欠发达地区乡村能够完成产业的转型升级，从过去的产业扶贫迈向未来的产业振兴。

第十一章

让沉寂的乡村活化起来：韩国山清郡蒲公英共同体的社区营造案例

中国在2020年完成了脱贫攻坚的伟大壮举，在2021年开启了乡村振兴元年。2022年中央一号文件强调，要让乡村振兴为农民而兴、乡村建设为农民而建，大力推进乡村发展。作为农民的生产和生活空间，乡村是一个重要载体，具有重要的经济意义、政治意涵和社会价值。但是破败沉寂的乡村，是无法承载产业、组织农民、达成善治的。如何让大多数沉寂的乡村活化起来，具有重要的现实意义。社会组织的公益性初心、陪伴式关怀和强烈的社会责任感，能在乡村活化方面发挥重要力量。本章以韩国山清郡的蒲公英共同体为例，分析社会组织如何通过社区营造，让一个沉寂的乡村活化起来，以期为中国提供借鉴。

第一节 背景

一 韩国山清郡乡村发展面临的问题

韩国山清郡面临着老龄化严重与年轻人外流的双重挑战。国际上通常把60岁以上的人口占总人口比例达到10%，或65岁以上人口占总人口的比重达到7%，作为国家或地区进入老龄化的标准。而山清郡的老龄化程度超过了70%，这意味着乡村劳动力严重不足，乡村空心化严重。经过多年的城市化运动，韩国的城市化率达到了

第十一章 让沉寂的乡村活化起来：韩国山清郡蒲公英共同体的社区营造案例

91.04%，虽然兴起了逆城市化的潮流，但是在实际情况中，年轻人外流比例依然很高。原因可能有两个。一是乡村没有体面的就业机会，空心化的山清郡乡村凋敝衰败，没有产业机会和工作岗位，让年轻人无法安放"身体"。二是乡村没有一套体面的承载年轻人价值实现的精神体系，"成功"的定义是在城市中拥有房子、车子和工作，收入丰厚且受人尊敬，但是乡村缺乏这样一套给人"尊严感"和"价值感"的精神体系或话语体系，这使年轻人无法安放"心灵"。缺乏年轻人、几乎全是高龄老人的山清郡乡村，是十分沉寂凋敝的。但是蒲公英共同体在山清郡的新南村，通过开展生态教育、打造生态建筑和发展生态农业，吸引年轻人和市民来到乡村，让沉寂的乡村活化了起来。

二 蒲公英共同体概况

蒲公英共同体是在山清郡注册成立的社团法人机构，聚焦于"人"和"业"进行社区营造，主要发展生态教育、生态建筑和生态农业。之所以取名为"蒲公英"，是源于蒲公英的三大特征。一是纯粹，蒲公英无论放到哪里都能成活；二是扎根，蒲公英的根很深很粗，它地面上的部分并不是很大，下面的根却深深地扎入土地；三是坚韧，无论蒲公英被赋予什么样的条件和环境，它都能高高兴兴地生存，落到哪里，在哪里就成为一粒生命的种子，扎根生长。发起人希望借助蒲公英纯粹、扎根和坚韧的品质，把乡村社区共同体做成小而美、和而美的事业。蒲公英共同体的使命是人尽其能、物尽其用，进入乡村，帮助穷人自力更生。组织运营模式，是在校长负责制下推动生态建筑、生态农业和生态教育为一体的共学共建。资金来源包括学生缴纳的学费、下属公司的盈利和外部捐赠，支出包括教师薪酬、校舍图书馆等硬件投入费用、国际交流费用和对外捐赠。自1991年成立以来，蒲公英共同体持续开展的社区营造行动，让沉寂的山清郡新南村焕发出了新的活力。

第二节 参与主体分析

一 政府的角色

韩国政府对乡村的重视和支持,是民间主体发挥力量建设乡村的大背景。韩国的乡村振兴实践是一场自上而下,由政府发动、组织实施的国家战略。韩国在启动新村运动时,其出口导向型经济发展战略已极大推进了工业化进程。但城乡差距急剧拉大,农村劳动力流失、老龄化,以及农业机械化水平低下等问题也暴露出来,农村出现衰落的趋势。所以,如何促进工农业和城乡的协调发展以及社会的和谐进步,成为当时韩国政府的重要课题。韩国政府在组织实施新村运动的过程中,制定了阶段性目标,至今已开展30年,取得了超出预期目标的效果,实现了一个发展中国家跨越式、超常规发展的模式。韩国新村运动的过程包括四个阶段,如表11-1所示。

表11-1 韩国新村运动的乡村建设重点

发展阶段	具体措施	影响
1971—1980年 政府主导的新村建设	政府组织农民改善居住条件,并改良农业生产品种。政府帮助修建了村庄的基础设施。政府通过"一村一特色",鼓励发展畜牧业、加工业和特产农业,积极推动农村保险业的发展	改善农村居住条件,形成勤勉、自助、协同的核心精神。有力推动韩国现代化建设。同时,农民收入大幅提高,农业丰收
1981—1988年 社会主导的新村建设	政府侧重发展对农村金融业、流通业的建设。民间组织开始大量发展起来,承担教育培训工作,社会力量凸显	实现城乡融合发展,农村居民经济收入和生活水平接近城市居民生活水准
1988—2000年 反思市场化影响/强调农业多功能性	反思高度市场化对乡村发展的副作用,应对韩国加入世贸组织带来的冲击,开始强调农业多功能性对农业农村发展的重要性	乡村产业出现发展垂直系列和多产业融合发展
2000年以后 新一轮乡村振兴实践	侧重社区文明建设与经济开发、农村综合开发,提出"六次产业"政策,保护国内农产品价格,完善乡村基础设施建设,鼓励青年回到农村就业、创业,重视对乡村现有资源的重组与开发	出现了"农工商+政产学研"合作模式的商业生态系统,一批具有可持续发展潜力的乡村重新焕发活力

第十一章　让沉寂的乡村活化起来：韩国山清郡蒲公英共同体的社区营造案例

韩国的新村运动通过制度建设和文化建设，创造了一种与农村社区和农民需求相适应的生活方式，提高了农民对乡村生活的长期期望值，使乡村成为农民可以安身立命的地方，让村庄成为农民实现其人生价值的场所。从不同阶段的发展目标来看，韩国乡村在政府引导下，通过发挥农业多功能性，促进农业一二三产业融合发展等措施，带来乡村产业振兴；新村运动中农村基础设施建设和基层治理、乡风文明建设，带来了城乡融合发展；将农业农村优先发展纳入国家现代化整体规划设计，并推动工业化、信息化等支持农业现代化建设，带来了"四化"同步发展。可以看出，以新村运动为代表的乡村建设，是韩国由发展中国家转型为发达国家的决定性环节。山清郡的蒲公英共同体正是在这样的背景下发展起来的，发挥社会组织的力量，通过发挥农业多功能性，在地化培养乡村人才，建设乡村社区共同体。

二　社会组织的角色

蒲公英共同体是在山清郡正式注册的社团法人机构，使命是人尽其能、物尽其用，进入乡村，帮助穷人自力更生。发起人和团队具有宗教信仰背景，拒绝精英主义和物质主义，倡导"敬天爱人"，关注土地，关爱穷人。蒲公英共同体的理念是，教育好一个孩子，需要一个村庄。人生最宝贵的不过两件事，一个是关注土地，一个是关注人。而乡村，刚好是把这两个关注点连在一起的最好载体。离开土地，人们会失去生存的基本资源；离开人，人们会失去社会关系。1991 年，刚刚博士毕业的金博士夫妇，便决定"知行合一"地践行信仰，回到乡村创办蒲公英共同体，把位于山清郡新南村的祖产房屋，改造成一个乡村学校，面向初中和高中学生，开展"全人"教育和生态农业，建立起"与穷人在一起、与土地在一起"的全新生活方式。

蒲公英共同体的组织运营模式，是在校长负责制下推动生态建筑、生态农业和生态教育为一体的共学共建。经过近三十年的发展，蒲公英共同体目前有 16 位教师，向在校的 20 多位学生，开展哲学、建筑、合唱、管弦乐、数学、历史、论文写作、公共关系、国际区域发展、劳动、养蜂、咖啡制作、家禽管理、野外生存技能、国际区域发展等多门课程。蒲公英做的是实践教育，需要边学边干，即"干中学"，以学校为载体，吸引年轻人回到乡村，以乡村为依托完成学习和成长，通过开展在地化的生态农业、生态建筑和生态教育活动，连接人、土地与乡村，把年轻人和本地人、城市和乡村、教育与土地整合到山清郡新南村的大社区当中，把一个废弃的农村山区，改造为一个生态家园。让沉寂的新南村活化起来，变得生机勃勃。

蒲公英共同体的资金来源包括三个方面。一是学生缴纳的学费。蒲公英共同体面对中学生和高中生开展教育，学费是每个月约合人民币1500元，生活费约合人民币2000元，全年10个月学习期间，需要花费3.5万元人民币。和公立学校相比高一些，但若把城市孩子的各类辅导班、课外班等算在里面，实际上整体的家庭教育支出较低。二是下属公司的盈利。蒲公英共同体下设生态技术研究中心和蒲公英食品公司，用以研发生态农业技术和销售自产食品，各类取水、取热、建筑等技术，让蒲公英共同体能以较低的成本维持日常运营。三是来自外部捐赠。捐赠方包括个体和组织，捐赠个人的来源广泛，有来自十多个国家的热心人士，捐赠组织包括印度仁马浸信会、柬埔寨可持续农业与社区发展中心和美国圣经社区发展研究所，这些组织不仅在募资上有合作，在开展对外交流方面，也展开了广泛的合作。

蒲公英共同体重视国际教育，提倡劳动教育。让学生们真正身体力行，深入不同国家的民间，去劳动、学习和交流。蒲公英共同体为年轻人提供多样的营会活动，组织丰富的研讨会，与当地乡村和大学（如庆尚南道大学）开展交流。在这个过程中，年轻学生们慢慢形成了清楚的理念——要关心农民、帮助穷人，要共同生活，要自力更生。近十多年，他们不仅在韩国的农村，又陆续到了印度的农村、柬埔寨的农村，去帮助农民自力更生，开展乡村建设。在蒲公英共同体中，老师和学生们经常反思和讨论，21世纪教育的目的是什么，每一个人所受的教育，应该是自助并且助他的。先能够自立，不依赖别人，之后有余力去帮助别人，这才是真正的教育。通过学习融入乡村和贫穷的人，和他们一起生活、一起呼吸，协助改善乡村、改善村民的生活。人和土地是相连的，"当我们与土地一起生活的时候，我们就成为真正的人"。

第三节 主要做法

一 发展生态农业：自给自足的乡村

在蒲公英共同体里，有多种生态农业实践。共同体中开展了生态养殖和生态种植，在食物上达成社区内的自给自足。此外，蒲公英共同体还发展出了能源自足的方式，通过分布式设置太阳能板，让蒲公英共同体的能源可以不依赖外部而实现自我满足，实现了整个社区的高度自主、低成本的运营。生态农业的开展，不仅仅只有共同体内部的学生和老师们参加，周边的村民也共同参与进来了。村民能为蒲公英共同体提供养殖的饲料原材料，能传授轮作、套种等种植技术，也能协助购买和安装太阳能板。蒲公英共同体能借助自身的销售网络，帮助村民销售农产品。蒲公英共同体还邀请村民的孩子们参加共同体内的生态农业课程，为孩子们提供交流学习的机会。在这样的互动交流下，蒲公英共同体与村民们共享彼此的资源，共建自给自足的乡村。

发展生态农业，不仅帮助蒲公英共同体实现了自给自足，还能带来经济收入，增强经济可持续性。蒲公英共同体的养鸡场，已有1000只母鸡，100只公鸡，按1:10配置。鸡饲料是以花生麸、炒黄豆饼和海贝颗粒作为原材料，进行科学配比，提高鸡蛋的营养价值，出品的鸡蛋即便3倍于市价，也供不应求。养鸡场的产量是500枚蛋/天，一年下来，整个养鸡场约有20万元人民币收入。养鸡场的前期投入成本是60万元人民币，3年可以收回所有成本。每只鸡生命周期约为 1 年，买入 75 天的雏鸡，前 4 个月饲养，后 6 个月下蛋，约 1 年宰杀。核算下来，每只鸡能够有 600 元人民币左右的鸡蛋和鸡肉收入。刨去所有成本，每年养鸡场可以净贡献 20 万人民币。同时，蒲公英共同体自主建设了完善的农业基础设施。这些基础设施包括养猪场、养鸡场、饲料研发基地。通过发展可持续的产业，让年轻人与产业连接起来，形成经济可持续、生机勃勃的乡村社区。

二 共建生态建筑：会呼吸的房屋

蒲公英共同体的生态建筑，连接了人、自然和土地。在蒲公英共同体的宿舍里，挂着这样的牌子——"事人和天，建乡经世"。蒲公英的学生宿舍，是茅草屋，屋顶是泥巴和茅草做的，上面长了各种各样的草，是有生命的屋顶。他们在屋角的墙壁上，专门露出来一块，将建筑材料展示出来——屋子的外墙是土坯，里面是稻草，使用当地最传统的建筑材料和工艺做成。这种墙壁会呼吸，会调节温度和湿度，冬暖夏凉，当空气比较潮湿的时候，墙壁会吸收湿气，等到干燥的时候，墙壁里又会释放出一些湿气，以此来调节室内的湿度，是一座会呼吸、有生命的房子。在生态建筑的角落，还创设了各式各样的"第三空间"。例如，专门设置了一个博物馆用于展示各种老物件，老旧的咖啡机、各类交通工具、各类旧书籍等，使蒲公英共同体不仅是学校，更是美好的旧时光。生态建筑的优势，在各方面都有体现。通过让年轻学生参与劳动，共同建造乡村生态建筑，把人和自然、土地连接起来。

三 开展生态教育：集装箱图书馆

在蒲公英共同体里，有一个"集装箱图书馆"。蒲公英共同体的师生们使用废弃的集装箱，将其改造为图书馆，环境凉爽透风，藏书非常丰富。图书馆的改造实践，不仅锻炼了学生们的动手能力和创造能力，增强了自主性，还改善了当地的公共服务设施，让当地的村民和儿童们都可以来到图书馆学习。图书馆接受外界的捐赠，捐赠人可

第十一章 让沉寂的乡村活化起来：韩国山清郡蒲公英共同体的社区营造案例

以随时到这里放松和游玩。一般的集装箱，是比较闷热的，但是它上边加了一个遮阳棚。遮阳棚是用太阳能板做的，不仅能发电，还能遮阳，下边又可以当走廊喝咖啡，再往下就是图书馆，资源和空间都得到了充分利用。通过集装箱图书馆，蒲公英共同体向学生、向本地乡村的村民，开展了一场生态教育，也成为城市居民和乡村农民连接的一个载体，变成了当地村庄的一个亮点。

四 输出社区营造模式：从本土走向海外

蒲公英共同体以独立自强的人才为媒介，向海外输出社区营造模式。蒲公英共同体的一个重要特色，是通过一系列社区营造实践，培养出了一批独立自强、愿意帮助农民、主动融入乡村的年轻人。他们在获得生存和发展本领以后，走出山清郡，走向韩国，走向海外，将蒲公英共同体的社区营造模式复制到世界各地。

蒲公英共同体从初中便开始训练学生。初中学生进校的第一课，就是250千米的国土旅行（10天时间，每天至少25千米），新生们常常一边走一边哭，但是多数孩子在老师的陪伴和激励下，基本完成了这一挑战。走完这250千米，学生们就理解了自立精神。他们仿若脱胎换骨，未来遇到再大的困难，也不再退缩。另外，蒲公英学校每年秋季会有至少7天时间断水断电，隔绝一切现代化设施的使用。7天时间里，学生们自求生存——他们学习钻木取火、学习锡箔纸做聚光灯去烧饭、学习寻找水源并净化等。

通过长距离国土旅行、野外生存训练、替代式能源学习等一系列实践，年轻人普遍都有了自立能力和自力更生精神。以这样方式培养出来的年轻人，可以适应各种各样的环境，即便是去到陌生、艰难、贫穷的地方（如他们已经去到的柬埔寨、印度喜马拉雅山南麓等），也仍然可以扎根社区生活，将这些技能带给当地的村庄和国外贫困乡村，以自己的能力帮助贫苦农民，更新破败的乡村。年轻学生们在自强、自信、给予、帮助的教育下，学习到劳动技能、生活技能、社会交往、自我价值实现，成为一个灵魂和体魄健全的人，也让蒲公共

· 303 ·

同体与当地乡村以及受到帮助的海外贫困乡村连接起来，把蒲公英共同体的社区营造模式推广到海外，就像蒲公英种子一样，播撒到世界各地需要帮助的贫穷乡村。

第四节　社会组织社区营造的效果与走出去经验

一　"沉寂"的乡村重获生机

蒲公英共同体的社区营造实践，在三个方面"活化"了乡村。一是活"业"，通过开展生态农业，为乡村建立了种植和养殖基地，形成了固定资产，并借助良好的销售网络为村庄带来了现金流，最终为村庄带来产业利润。一个有产业、有利润的乡村，不仅能吸引上下游的合作伙伴，与村庄达成合作，还能为年轻人带来收入、带来自信、带来价值实现感，让乡村也有了承载年轻人生计和价值的基础。二是活"人"，蒲公英共同体的育人理念，培养出了自强自信、愿意融入乡村帮助农民的年轻人，他们像蒲公英种子一样，走出山清郡，落入全国、全世界的贫苦乡村，将蒲公英共同体的社区营造模式推广出去，连接起人、土地、自然和乡村，帮助农民，改造乡村，把所在的乡村活化起来。三是活"村"，蒲公英共同体从硬件和软件两个方面，把乡村活化了起来。在硬件方面，通过共建生态建筑，开办图书馆和博物馆，建立种植场和养殖场，诸多的生产、生活和文化方面的固定资产投资，让乡村呈现出崭新的面貌。在软件方面，蒲公英共同体所倡导的独立自强精神、村民与蒲公英共同体年轻人的互助和信任、市民与蒲公英共同体的交流互动，这些精神气质与信赖互助，让沉寂的乡村变得生机盎然。

二　"走出去"开展国际援助

蒲公英共同体向发展中国家的贫困乡村开展国际援助。蒲公英共同体在合作伙伴仁马浸信会的帮助下，在印度设立了一个移动学校，通过社区营造实践，帮助当地村民实现自力更生，共同建设乡村。社区营造的资金来自蒲公英共同体和当地的合作伙伴，人员来自蒲公英共同体自己培育的年轻人。印度政府对农村的投资严重不足。据调查，印度60%的农村地区没有电，女性受教育的可能性很小，繁重的体力劳动，都是由女性来承担的。根据印度女农民运动组织统计的数据，74%的农业劳动力是妇女。在大马路上日晒雨淋的修路工人，都是女性。男性从事的是端盘子、开出租等不需要日晒雨淋的工作。蒲公英共同体工作的地区，在印度最东北角，观念更为传统，女性地位更为低下。针对青年人没有工作机会，蒲公英共同体帮助乡村开展生态农业，为当地青年人提供工作机会。对于女性没有受教育机会和社会尊严，蒲公英共同体就培训妇女缝纫技术，让其帮助制作学生制服，为她们提供工作和收入机会。同时，蒲公英共同体教导男人学习木匠等手工技术，让更多人能够提高生活能力和福利水平。

蒲公英共同体在柬埔寨也开展了乡村扶贫和社区营造活动。柬埔寨的情况比印度更糟糕，农村普遍没有生产生活用电，也没有干净的水源。蒲公英共同体的团队，帮助当地乡村开发低成本的替代性能源，并培训他们稻米种植技术。为了给当地人提供就业机会，蒲公英共同体利用自身的人脉网络，发动了韩国一个省级政府，在柬埔寨投资加工肉类和香肠，出口到韩国，通过与柬埔寨的学校、能源部门和企业开展多方合作，为上百位年轻人提供了体面的就业机会。与印度类似，蒲公英共同体在柬埔寨开展了生态农业、生态教育和生态建筑的相关活动，帮助当地乡村建立成为一个自给自足、低成本、高效运营的大社区。社区营造的资金来源也是由蒲公英共同体和当地的合作伙伴共同分担，人员来自蒲公英共同体培育的年轻人。对于蒲公英共同体来讲，让自己培育的年轻人承担国际援助的任务，不仅降低了走出去的成本，也进一步锻炼了这些自强独立的年轻人，让他们能成为更坚韧、更纯粹、更扎实的行动者。

第五节 结论与启示

一 发掘有强大内驱力的社会组织

对于韩国的发展奇迹,除了外在的强人政治、美国支持、历史机遇、国家战略等各类已有解释,乡村内部的驱动力在哪里?从蒲公英共同体的案例中可以看出,愿意扎根乡村的社会组织是极其宝贵的,如何发掘更多的社会组织投身建设乡村,是非常关键的。在城市化、工业化、全球化高歌猛进的时候,这样富有强烈的社会责任感,又具备改造乡村教育化人能力的社会组织,他们埋首乡村、躬耕田野、服务本土,走了一条少有人走的乡村振兴之路,让一个个沉寂的乡村活化起来,正是这样一个个看似微小的实践,撑起了宏观层面上韩国的汉江奇迹。蒲公英共同体在社区营造中开展的乡村教育以及培养出的年轻人,走出山清郡,走向一个个工作岗位,甚至走向全世界,如同蒲公英种子一般,由小小的一粒,经年之久,能长成参天的大树。

二 重视"三生共赢"的社区营造实践

发展生态农业、共建生态建筑、开展生态教育的"三生共赢"的社区营造实践,有力地活化了沉寂的乡村。通过对"业""人""村"的赋能与活化,让乡村由内而外地焕发出新的生机。对于当下的中国来讲,如何围绕乡村需求开展生产、生活、生态活动,培育年轻人掌握契合乡村需求、贴合乡村资源现状的本领,增强人才与乡村的适配性,成为社区营造的关键,也是大多数沉寂的乡村所急需的。当前,中国政府投入了大量的财政资金用于支持乡村发展,但如何高效地用好扶持资金,因地制宜地培养出产业起点,以产业现金流和利润来增强乡村经济的可持续性;如何借助扶持资金,发动和支持社会组织,培养出一批乡村振兴的"种子"选手,像蒲公英共同体的年轻人一样,具有自强自信的品质、懂农业爱农民的品格,是需要重点关切的问题。蒲公英共同体的社区营造实践,提供了一套完整的产业培育、人才培养、乡村培植的模式，比较完善地处理好了"业""人"和"村"的关系，使三者互相支撑、相得益彰，成功地让沉寂的乡村活化起来。

三 促进多元主体的有效合作

让沉寂的乡村活化起来，是一个艰巨的挑战，需要政府、市场和社会的有效合作，而且要注重各自角色的变化性。政府、市场和社会这三种力量，能根据不同的阶段扮演合理角色。在社区营造前期，需要政府发挥主导力量，搭建乡村建设平台，能让市场力量和社会力量有渠道进入乡村，并在财政、金融等政策方面给予支持，用于启动社区营造活动。在中期，当社会的力量壮大以后，政府就可以从主导者变为参与者，退居幕后，将治理的任务交给社会主体，充分发挥社会组织的力量，政府则侧重于提供更多的公共服务。在后期，当发展到一定规模时，可以大力引入市场力量，让市场完成人才、土地、科技等多种生产要素在乡村的有效配置，形成契合乡村特点、人才能力结构的在地化产业，以产业反哺乡村、成就人才，进而完成业、人、村的良性互动，让沉寂的乡村活化起来，为推动乡村振兴、实现农业现代化奠定基础。

后　　记

2017年，党的十九大报告提出了乡村振兴战略。实施乡村振兴战略，是解决新时代我国社会主要矛盾、实现"两个一百年"奋斗目标和中华民族伟大复兴中国梦的必然要求，其具有深远的历史意义。在这一背景下，2018年清华大学公共管理学院成立了社会创新与乡村振兴研究中心，中心的定位是成为乡村振兴研究领域的高端智库，旨在通过高校研究平台的人才优势，探索政府以及社会力量参与乡村振兴的创新性思路和路径，通过学术成果转化，为各地区探索乡村振兴路径提供理念、方法和工具等方面的支持。

中心成立以来，扎根祖国大地，积极开展乡村振兴的案例研究，努力讲好中国故事。一方面，通过案例研究，探讨我国乡村发展的规律，为实践领域提供理论指导；另一方面，通过案例研究，总结各地乡村产业振兴、人才振兴、文化振兴、生态振兴、组织振兴的成功经验，为全国各地乡村振兴的实践提供参考。同时，考虑到东亚的日本、韩国于20世纪70年代开始进行乡村建设行动，在乡村建设方面积累了很多经验与教训，因此，我们也开展了日本、韩国乡村建设的案例研究，试图为我国的乡村振兴实践提供一些借鉴。2020年，中心出版了《中日韩乡村振兴的创新实践》，自出版以来，受到政府、企业、社会组织等各方面的关注和好评。为此，中心再次策划了《乡村振兴创新案例分析》，试图进一步挖掘国内外乡村振兴的创新性做法，跟踪国内外乡村振兴的最新进展，为我国的乡村振兴事业添砖加瓦。

后　记

"农村'时间银行'创新探索：基于大余县水南村的案例分析"主要介绍了江西省赣州市大余县水南村实施"时间银行"的故事。大余县为提升乡村治理水平，激发群众内生动力，在乡村引入了"时间银行"这一治理工具，鼓励和引导群众互助互帮，建立了全县统一的积分制管理模式，回应了乡村养老助残等公共事务村民参与意愿低、公共精神不足等问题，在村庄内部形成了"我为人人，人人为我"的良好氛围，对于培育村民志愿精神与公共精神，提升乡风文明与乡村治理效能起到了十分积极的作用。

"构建多元主体参与的农业社会化服务体系：莱西市金丰公社案例研究"主要介绍了青岛莱西市通过社会化服务企业实现农村耕地的规模化经营的主要做法，并分析了政府、企业、乡村和村民等不同主体在社会化服务经营体系建构中的定位与功能。

"发展集体经济　促进乡村振兴：西滑封村案例研究"主要介绍了河南省焦作市武陟县西陶镇西滑封村通过"三产融合"的做法发展农村集体经济的经验。

"信息赋能社区治理：黄山甘棠镇甘棠社区案例研究"主要介绍了安徽省黄山市黄山区甘棠镇甘棠社区通过信息数字化推进乡村治理体系和治理能力现代化。甘棠社区通过善用互联网信息化工具，创新基层治理载体；运用"为村"深入体察民意，提升村干部能力素养，改进群众工作方法；利用"为村"凝聚人心、激发活力，构建以认同为基础的乡村治理共同体。

"科技赋能乡村治理：杭州市萧山区戴村镇乡村振兴案例研究"主要介绍了杭州市萧山区戴村镇数字理念和技术融入乡村治理，探索科技赋能乡村治理的有效路径。在推进科技赋能乡村治理过程中，充分尊重和保障村民的主体性地位，构建村民参与乡村治理的制度化渠道。同时，借助数字技术发展乡村产业，筑牢治理基础，构建共建共治共享的机制。

"社会工作参与乡村治理的创新模式：以赵庄子村为个案"主要介绍了北京市大兴区魏善庄镇赵庄子村通过引入专业社工的方式，解决乡村凝聚力弱、社区治理成效不彰等问题。

"乡村留守儿童问题的创新探索：以'童伴妈妈'为例"主要介绍了中国乡村发展基金会通过"童伴妈妈"项目，解决0—18岁留守儿童面临的身体健康和精神健康等方面的问题，进而为乡村振兴提供潜在的人才基础。

"构建不同产业的晕轮效应：日本小布施町打造比较优势的乡村发展之路"主要介绍了日本长野县小布施町乡村产业振兴的创新性做法。小布施町通过探索在同一个地理空间整合景观营造项目、开放花园（Open Garden）项目、栗子点心项目等，实现艺术文化、景观营造和栗子生产、加工和销售的有机融合，实现不同产业的晕轮效应（Halo Effect），打造具有地方特色的体验式商品和服务。

"三重空间生产：日本香川县直岛艺术振兴乡村案例研究"主要介绍了日本香川县直岛通过艺术嵌入乡村推动乡村文化振兴和文旅产业振兴的案例。直岛通过"倍乐生之家"美术馆、"Out of Bounds""THE STANDARD"艺术展、"家"艺术项目等，构建艺术的物理空间，在此基础上，艺术家通过艺术作品等符号和艺术话语构建营造了被构想的公共空间（精神空间），形成了以记忆、情感、生活准则以及人与人之间的互动关系网络为表征的日常生活的公共空间（社会空间）。

"乡村产业的转型升级：韩国清道郡一只柿子的六次产业"主要介绍了韩国庆尚北道清道郡通过柿子的"一产接二连三"和"一产跨二越三"，促进了当地乡村产业的升级和发展，较好地缩小了城乡差距。

"让沉寂的乡村活化起来：韩国山清郡蒲公英共同体的社区营造案例"主要分析了韩国山清郡通过蒲公英共同体社会组织开展社区营造，促进乡村教育发展，进而为乡村提供人才支撑。

本书各个案例的作者如下：第一章，程令伟，清华大学公共管理学院博士生；第二章，王猛，青岛大学政治与公共管理学院副教授，邓国胜，清华大学公共管理学院教授；第三章，曾梦杰，河南牧业经济学院讲师；第四章，刘航，清华大学公共管理学院博士后；第五章，黄锋，苏州大学社会学院讲师；第六章，李彩虹，清华大学公共管理学院博士后；第七章，王阶飚，芝加哥大学博士生，韩萧纹，清华大学公共管理学院社会创新与乡村振兴研究中心助理；第八章，谢宗睿，中国社会科学杂志社编辑中心副主任，王猛，青岛大学政治与公共管理学院副教授；第九章，王猛，青岛大学政治与公共管理学院副教授，邓国胜，清华大学公共管理学院教授；第十章，李彦岩，清华大学公共管理学院博士后；第十一章，李彦岩，清华大学公共管理学院博士后。案例所引用的内部资料、人物实名及化名均获得许可，可以使用。

  本书的出版得到了中国社会科学出版社的大力支持，感谢中国社会科学出版社责任编辑，她的认真负责与敬业精神，让本书得以顺利出版。

  由于时间仓促，本书在撰写过程中尚有许多疏漏之处，恳请读者批评指正！

邓国胜 王 猛

2022 年 10 月 25 日